SOUVENIRS

NANTAIS ET VENDÉENS

Par Francis LEFEUVRE

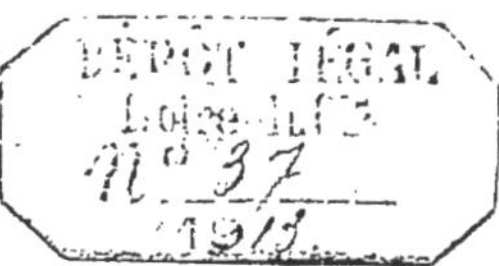

PRÉFACE

Par Alfred LALLIÉ

NANTES
Imprimerie C. MELLINET — BIROCHÉ & DAUTAIS, Successeurs
place du Pilori, 5
1913

SOUVENIRS

NANTAIS ET VENDÉENS

Par Francis LEFEUVRE

PRÉFACE

Par Alfred LALLIÉ

NANTES
Imprimerie C. MELLINET — BIROCHÉ & DAUTAIS, Successeurs
place du Pilori, 5

1913

Tiré à deux cents exemplaires

N°

AVANT-PROPOS

La Bruyère dit quelque part, que c'est un métier de faire un livre, comme de faire une pendule, et que tel, de grand mérite, faute de savoir ce métier, a fait un livre rare par le ridicule. Tout maître critique que l'on soit, on ne pense pas à tout. La Bruyère, quand il s'exprimait ainsi, oubliait certains hommes d'esprit qui, sans prétention, racontent ce qu'ils ont vu ou entendu. En mettant bout à bout des pages et des pages, ils arrivent, sans s'en douter, à composer des volumes qui captivent mieux et plus le lecteur, que des livres composés par des gens du métier. Francis Lefeuvre était de ceux-là. Il y a une trentaine d'années, il publia, dans la *Revue de Bretagne et de Vendée*, quelques récits empruntés, soit à ses propres souvenirs, soit au souvenir de parents ou d'amis, qui furent très remarqués et très prisés des gens de goût. Les revues n'ont qu'une publicité éphémère; on les lit quand elles paraissent, mais comme on ne les relit pas, les articles intéressants s'oublient comme les autres au bout de quelque temps. Les parents de Francis Lefeuvre ont décidé avec raison qu'ils ne pouvaient mieux honorer sa mémoire qu'en réunissant ses articles en volume ; son œuvre dispersée ne peut que gagner à être présentée tout entière à la fois. Elle aura l'attrait de la nouveauté, pour la plupart des lecteurs, pour ceux d'autrefois elle réveillera d'agréables souvenirs.

Francis Lefeuvre, jusqu'à son âge mur (1), n'avait rien écrit que des lettres. Je ne les connais pas, mais je gage qu'elles devaient

(1) Né le 20 janvier 1820, mort le 7 mai 1888.

être charmantes. Causeur aimable, doué d'une bonne mémoire, il émaillait sa conversation d'une foule d'anecdotes qui faisaient le plaisir de ses amis. Quand on sait tant de choses qui mériteraient d'être retenues, et qu'on les raconte si bien, pourquoi, lui disaient ceux-ci, en priver le public? Francis Lefeuvre hésita d'abord, mais il était doué et les récits arrivèrent au bout de sa plume, aussi bien tournés qu'il les traçait en causant.

Habile et zélé chasseur, son premier essai fut une histoire de chasse : *Le bon vieux Curé d'Aigrefeuille*. Cette histoire ne ressemble que de très loin à celles qui se racontent au fumoir le soir après dîner ; on ne trouve ni les coups doubles, ni les défauts relevés, ni tout ce que les chasseurs racontent d'ordinaire, pour étonner leurs auditeurs et s'en faire admirer. Le Curé d'Aigrefeuille était un saint prêtre, qui jeune encore à l'époque de la révolution, exposé à toutes les misères de la déportation en Espagne, avait été réduit à la nécessité de tuer du gibier pour se nourrir, lui et ses compagnons d'exil, et avait acquis, à cet exercice, une adresse de tireur tout à fait surprenante. De retour en France, en bon et vertueux prêtre, fidèle à toutes les exigences de son caractère sacré, pouvait-il conserver une habitude qui n'était plus qu'une satisfaction d'un goût agréable, un plaisir en contradiction avec l'adage *Ecclesia abhorret à sanguine ?* Si l'adage a toute sa force en ce qui concerne le sang humain, il peut être discuté lorsqu'il s'agit du sang des lièvres et des perdrix. Il est propable que, dans les conférences mensuelles, tenues chez le Curé du canton, les Casuistes joutèrent malicieusement plus d'une fois à ce sujet, mais le bon Curé n'en continuait pas moins d'approvisionner de gibier son garde-manger et celui de ses amis Enfin, un beau jour, il parut bien qu'il avait raison ; ce jour fut celui où Mgr l'Evêque vint à Aigrefeuille pour donner la confirmation. Le menu du dîner était varié, composé de volatiles et de quadrupèdes que les bouchers n'ont pas coutume de vendre. L'Evêque était sur le point de gronder le Curé du luxe de sa table, quand tout se découvrit ; il donna pleine autorisation de continuer, à la condition de lui payer la dîme d'une bourriche tous les ans. Aussi longtemps que le pieux chasseur conserva son coup d'œil la dîme fut correctement payée. Quand l'âge l'eût privé de vue, il parcourait encore les champs en compagnie d'un neveu devenu lui aussi un habile chasseur. De même que Michel-Ange aveugle se plaisait à promener ses mains sur un beau marbre antique, le bon Curé d'Aigrefeuille ne manquait jamais de manier quelques instants, la pièce que son neveu venait d'abattre. De ce sujet très simple, l'auteur a su tirer un récit qui ne serait qu'amusant s'il ne contenait en même temps le portrait édifiant de l'un de ces prêtres qui, par leur charité, sont l'honnenr du clergé de nos campagnes.

Pour nous autres Nantais, la guerre de la Vendée, c'est la guerre que Charette a, pendant plusieurs années, conduite avec les ressources d'un incomparable talent de partisan, dans la région sud du département de la Loire-Inférieure. On ne peut se garder d'admirer ce jeune officier de marine qui, avec quelques bandes de paysans, dont il avait su faire de véritables soldats, a pu, si longtemps tenir tête à la toute puissante Convention. Des historiens bien informés nous ont fait connaître les péripéties de cette lutte où d'incessantes escarmouches troublaient et affaiblissaient l'ennemi bleu autant qu'auraient pu le faire des batailles rangées. Le talent de Charette était d'être à l'endroit où on ne s'attendait pas à le rencontrer, et de n'être jamais à celui où l'on espérait le prendre.

On connaissait ses combats, ses marches, ses rencontres, mais ce qu'on connaissait beaucoup moins, c'était le triste sort des habitants de la zone située, entre la banlieue de Nantes, qui était pacifiée, et le pays insurgé. Cette zone étant indéterminée, elle était incessamment parcourue, soit par des escouades de volontaires, soit par de prétendus commissaires du Comité révolutionnaire de Nantes, qui transformaient en exploits guerriers les pillages et les assassinats les plus odieux, sous prétexte que le théâtre en avait été le territoire ennemi où tout était permis.

Deux écrits, *Le Village de la Hautière* et *Les Bouët*, contiennent, sur la situation des paysans de cette zone indéterminée, des renseignements du plus haut intérêt qui ont le grand mérite d'avoir été recueillis de la bouche même de témoins survivants de la Révolution. Francis Lefeuvre les avait notés, à une époque où tant d'autres ont négligemment perdu l'occasion de fixer par écrit des faits et des propos qui seraient entrés dans l'histoire de ce temps-là. Il s'excuse bien à tort de n'apporter que des miettes d'histoire. Nous sommes rebattus des morceaux d'histoire. Les miettes, ce sont les petites anecdotes qui caractérisent mieux les hommes et les choses à un certain moment, que ne le feraient les évènements, les hautes considérations. L'histoire instruit; les anecdoctes, bien trouvées et bien contées, instruisent et amusent à la fois. « Je n'aime dans l'histoire que les anecdoctes, disait Mérimée, et, parmi les anecdotes, je préfère celles où j'imagine trouver une peinture vraie des mœurs et des caractères à une époque donnée... Ce n'est point dans Mézerai, mais dans Montluc,

Brantôme, Tavannes, etc., que l'on se fait une idée des Français au XVIe siècle. »

Quelques mots, quelques actes, comme ceux *Des Bouët*, nous apprennent à quel degré de vertu pouvaient, à la fin du XVIIIe siècle, s'élever de simples paysans. N'avait-il pas aussi une âme d'artiste et de guerrier, ce vieux père Drouard, quand il disait un soir de vendange : « Nous nous sommes battus en Anjou. Ah ! Monsieur Francis, qu'il était beau M. Stofflet quand, quelques instants avant la bataille, il passait au grand galop devant nous, la tête inclinée sur le cou de son cheval, pour éviter les balles des bleus qui l'avaient reconnu à son grand plumet blanc. » N'est-ce pas un joli croquis de paysanne vendéenne que cette rencontre de l'auteur avec la bonne Marion. « D'où revenez-vous ainsi, ma bonne Marion ? lui dis-je en l'abordant. D'un service, me répondit-elle, que je fais dire tous les ans pour mon mari et mes vieux parents qui ont été tués pendant la guerre. — Combien en avez-vous donc perdus ? Ah ! beaucoup dont cinq, parmi lesquels, mon père et ma mère ; vous savez que toutes nos maisons avaient été brûlées par les Mayençais. »

Dans l'histoire de deux ou trois villages remplie de détails d'un réalisme saisissant se reflète, on peut le dire, celle de la Vendée tout entière. On doit savoir gré à Francis Lefeuvre d'avoir dépeint l'arrivée de Charette à la Maillardière avec ses cavaliers auxcostumes disparates ; les historiens sont friands de pareils souvenirs.

Sauf de très rares exceptions, les royalistes, qui avaient pris à la guerre de la Vendée la part la plus active, semblent avoir eu à cœur, lorsqu'ils furent rentrés dans la vie privée, de laisser tomber en oubli leurs exploits. Ils croyaient avoir simplement rempli leur devoir. Insouciants de faire parler d'eux, on les aurait presque étonnés si on leur avait dit que la postérité serait un jour curieuse de connaître par le menu, pour les célébrer, leurs actes de bravoure. Tel fut Amand de Lepertière, l'un des parents des Lefeuvre, qui, à l'âge de dix-sept ans, élu chef des gars de la paroisse de Saint-Viaud, fut mêlé à tous les épisodes des Campagnes de Charette. L'histoire cependant avait retenu son nom, et Alphonse de Beauchamp (1), le premier en date des annalistes de la Guerre de la Vendée, avait, dès 1806, loué la présence d'esprit avec laquelle il avait, par quelques paroles dites à propros, rendu possible le rapprochement des parlementaires républicains, désireux de conclure la paix, et

---

Beauchamp, *Histoire de la Guerre de Vendée*, 4e édit. t. III, p. 108.

des chefs vendéens qui, eux aussi, se sentaient à bout de forces. Amand de Lepertière avait vécu soixante-quinze ans après cet épisode important de sa vie. Les interrogations pressantes de ses proches avaient pu seulement le décider à fournir quelques détails. Aussi pieux, aussi vertueux, aussi charitable durant sa longue vie, qu'il avait été brave dans sa jeunesse, Amand de Lepertière méritait d'avoir son médaillon dans la galerie des Notables de la Vendée. Tous les lecteurs remercieront son parent Lefeuvre de leur avoir fait faire ample connaissance avec un si brave homme.

En écrivant *Les Bassets de mon oncle*, Francis Lefeuvre a-t-il voulu montrer qu'il était aussi capable d'exercer son esprit dans des œuvres d'imagination que dans des récits de fait empruntés à la tradition? On serait tenté de le croire, car cette petite nouvelle est certainement un conte. La trame en est des plus légères, et par la façon dont il l'a troussée, il a trouvé néanmoins le moyen d'y introduire une peinture de la vie conjugale d'un ménage comme il y en a tant, où la femme usurpe l'autorité maritale, les illusions doucement déçues d'un bon vieillard à propos de bassets dont il croit entendre la voix, tandis qu'il n'entend que celle d'une espèce particulière de grenouilles, et enfin la description d'une race de chiens tout à fait surprenante, puisqu'elle tient à la fois du quadrupède et du reptile. En l'étendant un peu il en aurait fait un joli proverbe, car on y trouve les éléments de l'action, des péripéties et un dénouement. N'est-ce pas en effet un dénouement, aussi inattendu que bien trouvé, la prise au collet de ce lièvre, dont les déprédations dans le potager étaient le seul prétexte que pût avoir ce bon vieux de se procurer des bassets?

Après avoir, dans trois de ses récits, rendu aux héros de la Vendée l'hommage qu'il croyait leur devoir, en bon royaliste qu'il était, Francis Lefeuvre se souvint qu'il était nantais, de vieille famille nantaise, et que ses grands-parents lui avaient raconté, sur la société de cette ville, à la fin du dix-huitième siècle, des choses que l'histoire, pour donner une peinture exacte du passé, a le devoir de recueillir aussi bien que les agrandissements successifs de la cité, et les noms des édiles qui ont présidé à ces embellissements et à ces agrandissements. Et, pourtant les livres de Travers, de Mellinet, de Lescadière ne contiennent rien sur les entreprises commerciales de nos arrière-grand'pères, qui avaient fait de notre cité l'un des centres les plus importants de la richesse mobilière de la France à cette époque.

Avant le développement des grandes industries, avant l'établissement du marché financier de Paris, les grandes fortunes n'avaient guère d'autres origines que le maniement des impôts et le commerce d'importation. A Paris, il y avait la noblesse de de Cour et les fermiers généraux qui possédaient des revenus considérables, mais en province les principaux centres de la richesse mobilière étaient Marseille, Bordeaux et Nantes. Marseille avait le monopole des transactions avec le Levant, Bordeaux exploitait de concert avec Nantes le commerce des Antilles, dont Saint-Domingue était la perle la plus riche et la plus précieuse. Aux bénéfices de cette exploitation qui procuraient aux négociants de Nantes des millions et des millions, s'ajoutaient ceux de la traite des nègres, dont la justice et la moralité ont été à bon droit condamnées à notre époque, mais que les contemporains, les plus sensibles et les plus humains, de Voltaire et de Rousseau, regardaient comme un négoce parfaitement honorable.

L'aïeul de Francis Lefeuvre, qui avait l'âge d'homme à l'époque de la Révolution, avait vu de ses yeux les riches négociants de Nantes, mis avec richesse, se rendant avec des attitudes de grands seigneurs, à la Bourse, qu'ils regardaient comme le champ de leurs exploits financiers. Ces puissants armateurs, si fiers de leur crédit, ne se doutaient guère alors que la Révolution, dont ils devaient peu après saluer l'aurore avec enthousiasme, susciterait une révolte qui leur enlèverait leurs possessions d'outre-mer et que leur avoir du Continent sombrerait également dans le naufrage universel de la fortune commerciale de la France. Tous les détails sur le haut négoce de Nantes, de la façon dont il sont présentés et assaissonnés par notre auteur, ont une couleur et une saveur d'ancien régime, qui caractérisent une époque, et les pages qui les contiennent sont des pages qui resteront.

La tradition sans doute est pour l'histoire une source précieuse d'information, et il est regrettable qu'on ne l'ait pas plus souvent mise à contribution pour les évènements d'ordre secondaire que les historiens locaux ont le grand tord de négliger. Cette sorte d'évènements, qui échappe à l'histoire générale, est de leur ressort. La tradition néanmoins est loin d'avoir la sûreté du document écrit.

Non seulement il lui arrive de dévier de la vérité en passant de bouche en bouche, mais il arrive aussi, qu'avec le temps, et avec la meilleure foi du monde, les souvenirs d'une personne se transforment et s'altèrent dans le sens de ses opinions. L'exagération, dit Joseph de Maistre, est le mensonge des honnêtes gens. Il est rare que la tradition propose un fait complètement faux, mais souvent elle accompagne le fait de détails qui l'embellissent ou l'enlaidissent pour le rendre plus piquant, ou plus frappant.

D'après le portrait que le petit fils nous donne de lui, et qui n'est pas banal, le grand-père Lefeuvre était un homme curieux, ardent et actif, qui, pendant la Terreur, voulait tout voir, et qui avait vu et entendu beaucoup de choses. Aussi les impressions qu'il avait conservées de cette époque terrible, et qu'il avait transmises à son petit-fils, me semblent, généralement parlant, assez vraies et assez exactes. Ce n'est que grâce à une longue familiarité avec les hommes et les choses du temps de la terreur à Nantes, que je me vois en mesure de contester la véracité de quelques unes de ses affirmations. A notre insu, notre propre imagination, ou celle d'autrui, travaille quelquefois avec notre mémoire, quand nous nous reportons à des faits vieux de plus d'un quart de siècle.

Ainsi, par exemple, les exécutions par la guillotine n'étaient pas tellement nombreuses qu'il fallût transporter à pleins tombereaux les têtes des suppliciés. Il n'y avait pas de cortèges de charrettes conduisant les condamnés au supplice, puisque les condamnés à mort n'avaient que quelques pas à faire pour aller de la prison du Bouffay à l'échafaud, l'usage étant d'emprisonner au Bouffay les prévenus, dans les jours qui précédaient leur comparution devant les tribunaux révolutionnaires. Les données les plus précises sur les nombreuses fusillades de bandes de prisonniers vendéens ne permettent pas d'admettre qu'on ait pu voir de ces bandes traverser la place Graslin pour aller directement aux Carrières de Gigant y recevoir la mort. Les bandes errantes de l'armée vendéenne, que les colonnes républicaines capturaient, étaient conduites à l'Entrepôt. Ce qui est vrai, c'est qu'après les avoir conduites dans cette vaste prison, on les jugeait d'une façon dérisoire, en prenant simplement les noms des prisonniers, et qu'on les menait aux Carrières de Gigant en leur faisant traverser une partie de la ville alors presque inhabitée.

La description de la table d'hôte de la demoiselle Miché, sur la place Graslin, est un petit tableau de genre très réussi et qui est certainement vrai. Une table d'hôte, tenue par une demoiselle de renommée douteuse, et commanditée par un ancien membre du parlement de Bretagne, est une de ces choses qui étonnent le chroniqueur le mieux averti, et que l'imagination la plus fertile ne saurait inventer. Le grand'père me paraît avoir été mal renseigné quand il a raconté qu'à cette table, dont les menus n'étaient pas vraisemblablement renouvelés de ceux de Lucullus, venaient s'asseoir des représentants en mission et des membres du Comité révolutionnaire. Les représentants en mission avaient les Spartiates en haute estime, et ils rappelaient volontiers leur austérité dans leurs harangues patriotiques, mais ils ne les imitaient pas pour le régime du brouet noir. Dans toutes les villes où ils allaient, ils étaient toujours les mieux logés et les mieux nourris, et leurs cuisinières auraient regardé de haut celles de la demoiselle Miché. Lorsque, dans les premiers jours de septembre 1793, le représentant Cavaignac arriva à Nantes, son premier soin fut de prier le Directoire du département de lui faire tenir une provision de vin des caves des émigrés. Les autres représentants venus à Nantes en firent autant. Un état dressé par le District constate que du 16 ventôse an II au 14 nivôse an III, 2.377 bouteilles de vins fins, sans compter les liqueurs, leur furent délivrées.

La cave de Mme Greu en avait fourni, à elle seule, 1.308, et celle de M. Lebouvière-Desmortiers, devenu plus tar dl'historien de Charette, 486, le tout en vins de Champagne et d'Espagne. Les liqueurs provenaient, porte cet état, des magasins du Comité révolutionnaire.

Je ne crois pas davantage que la demoiselle Miché ait compté les membres du Comité révolutionnaire au nombre de ses clients. Goullin, que les muscadins de l'an III qualifièrent de buveur de sang, avait un mauvais estomac et ne se nourrissait que de laitages. Grandmaison, Chaux et Perrochaud aimaient leurs aises et préféraient certainement la table des représentants à celle de la demoiselle Miché. Bachelier menait la vie d'un petit bourgeois et ne fréquentait pas les tables d'hôte. Dans les dernières années de sa vie, il était devenu un chrétien pratiquant. Cependant la sève révolutionnaire qui l'avait envahi dans son âge mûr ne s'était pas complètement desséchée dans sa vieillesse, et je tiens de Dugast-Matifeux, qui se faisait honneur d'aller causer, de temps à autre, avec ce rare survivant de l'époque révolutionnaire, qu'il suffisait d'évoquer le souvenir des grands ancêtres de 93 pour rallumer ses vieilles ardeurs républicaines. Il se levait alors tout debout, et appelait Dugast mon camarade. « Oui, mon camarade, s'écria-t-il un jour, nous avons été indignement calomniés. On a dit que nous tirions profit de nos fonctions pour faire bonne chère, c'est faux ; la plupart du temps, nous déjeûnions à la table du Comité d'un morceau de pain et d'un peu de fromage. » Les autres membres du Comité révolutionnaire étaient de si petites gens que le cérémonial d'une pension bourgeoise les aurait intimidés.

La plaisanterie de M. Daniel qui, pour narguer le calendrier républicain, mit à sa fenêtre, durant les jours dits sansculottides, tout ce qu'il possédait de culottes, et affecta de se montrer derrière ses vitres en simple caleçon blanc est bien trouvée et bien contée, mais pourrait bien être une de ces farces qui a pu être inventée après le danger passé. A y regarder de près, on remarque que, si elle eût lieu en pleine terreur pour se gausser des sans-culottes, elle était une extravagance des plus dangereuses pour son auteur.

Grandmaison demeurait précisément, comme M. Daniel, en face de la Bourse, et Grandmaison était un sans-culotte qu'on ne bravait pas impunément. Un certain Berthou-Gaviollays, « vieillard atteint d'un tic nerveux », un jour qu'il s'était arrêté dans la rue à lire des affiches patriotiques, avait été à ce moment pris de son tic, et ses gestes ayant paru à certains témoins être des signes de désapprobation de ces affiches, il n'en avait pas fallu davantage pour qu'il fût arrêté et conduit en prison où il demeura près de six mois.

Si la plaisanterie eut lieu réellement, comme il est dit, à l'époque des sansculottides, elle aurait eu lieu au mois de septembre 1794, et elle perd une grande partie de sa valeur. A ce moment elle n'était plus une bravade à l'adresse des sans-culottes, car, en septembre 1794, la réaction, à Nantes, battait son plein.

La tradition est coutumière d'inexactitudes plus graves que celle-là, et la vision de la terreur à Nantes, telle que le grand' père Lefeuvre se l'était faite et l'a transmise en un tableau en général assez fidèle, vérifie une fois de plus ce mot de Mme Swetchine : « les vieillards sont les vrais liens des siècles entre eux ».

Napoléon Ier avait si bien réussi à comprimer tous les partis qu'il n'y en avait qu'un seul, le sien, dont les manifestations fussent tolérées sous son règne. Les royalistes entretenaient secrètement leurs espérances, et les républicains acceptaient avidement les titres et les faveurs dont le vainqueur de brumaire, le maître tout puissant, daignait les gratifier. Mais aussitôt qu'un prince libéral et débonnaire l'eût remplacé sur le trône, les partis reparurent plus ardents qu'au lendemain de la révolution. Les uns prétendaient la continuer, c'est-à-dire remettre la nation sur la voie démocratique, et les autres voulaient la maintenir au point où Napoléon avait su l'arrêter. La France avait si longtemps jeûné de politique, qu'aussitôt qu'il fut permis à tous de s'en occuper, elle devint le pain quotidien de la société cultivée. Tous ceux qui, vingt-cinq ans auparavant, avaient pactisé avec la révolution en haine de l'ancien régime, craignaient de le voir rétablir en partie, tandis que ceux qui avaient acclamé le drapeau blanc, espéraient qu'il leur reviendrait quelque avantage de son retour. Il y avait ainsi, à ce moment, d'un côté de graves intérêts qui semblaient menacés par le rétablissement de la royauté, et, de l'autre, des intérêts également graves dont ce rétablissement faisait espérer la satisfaction. Cependant la répulsion générale du pays contre le régime impérial, les sérieuses et prudentes garanties de la charte constitutionnelle contribuaient puissamment à consolider l'institution royaliste, quand le retour de l'Ile d'Elbe remit tout en question. Les palinodies des nouveaux convertis au royalisme, la déception des partisans du drapeau blanc, l'auréole de patriotisme dont la guerre avec l'étranger entourait le drapeau tricolore, réveillèrent et envenimèrent la discorde à peine assoupie.

Si l'histoire ne nous avait transmis les fidèles échos des discussions de ce temps-là, à notre époque de scepticisme et de découragement politique, nous ne pourrions nous faire une idée de l'animation que les soi-disants libéraux et les royalistes apportaient à la discussion des affaires publiques. C'était à Paris, siège du gouvernement et du parlement, que se décidait le sort du pays. Mais les événements de Paris concernaient tous les habitants de la province, et l'atteinte contre-coup qu'ils en recevaient y était vivement sentie. Personne n'avait, mieux que le père de Francis Lefeuvre, connu les menus faits de la ville de Nantes durant cette période, aussi les quarante pages des *Souvenirs de Nantes pendant les premières années de la Restauration* sont-elles une histoire en miniature, un petit miroir qui reflète mieux les faits et les passions de 1814 à 1820 que bien des histoires volumineuses.. Qu'elles trônent dans un ministère ou qu'elles régissent les intérêts d'une commune, les passions, les ambitions, les déceptions ont la même nature, la même ardeur, la même amertume, et provoquent, selon le caractère des gens, des bassesses ou des fidélités.

Dans l'histoire comme au théâtre, ce qui captive, c'est le jeu varié des sentiments et des intérêts humains, et l'importance des personnages n'ajoute rien à l'intérêt du drame ou de la comédie.

Il faut convenir néanmoins que, sur un petit théâtre comme l'est une ville de province, le chroniqueur n'a point les coudées aussi franches pour écrire que sur le grand théâtre de la ville de Paris. En province on est exposé à rencontrer tous les jours les héros des historiettes locales, ou bien leurs fils ou petits-fils, et l'anecdote, pour peu qu'elle soit piquante, a communément le défaut d'être plus agréable à celui qui la dit qu'à celui qui en est le sujet. Cette considération ne pouvait manquer d'influencer le galant homme qu'était Francis Lefeuvre, et l'a malheureusement arrêté dans la publication de ses souvenirs nantais au-delà de 1820. C'est dommage, car nous y avons perdu la peinture du mouvement produit dans la société de notre ville par la révolution de 1830, mouvement sur lequel son père, juge (1) démissionnaire, et royaliste aussi convaincu que désintéressé, était si bien renseigné.

L'opuscule sur *L'Education des garçons au temps passé* ne doit rien aux souvenirs du grand'père et du grand oncle de l'auteur. Il l'a composé avec ses propres souvenirs. Il prend l'enfant dés ses premières années, au temps où il était encore aux mains de femmes qu'on appelait des *bonnes ;* il décrit ses jeux et ses ébats sur les promenades, les friandises, plaisirs, oublis, caramels, spéciaux à notre ville, qui faisaient alors l'objet de sa convoitise. Il y a trente ans, il y avait encore de vieux Nantais qui pouvaient se complaire à la lecture de ces pages empreintes d'une si charmante bonhomie, parce qu'elles reportaient leur esprit à une période de la vie, dont les années, si nombreuses qu'elles soient, n'effacent pas les impressions. Aujourd'hui les Nantais, auxquels il est donné de pouvoir se rappeler ces choses, sont bien rares ; je suis de ceux-là et je puis apporter le témoignage que ces descriptions sont d'une frappante exactitude.

L'amour des parents pour leurs enfants est un sentiment naturel. Dieu l'a mis au cœur de tous les êtres créés; il a été, il est, il sera toujours le même; les temps et les lieux ne sauront l'accroître ni le diminuer. Ce sont les manifestations de cet amour qui diffèrent selon les lieux et les temps. Il y a une notable différence entre le Spartiate qui jetait au fleuve son enfant mal conformé et Mme de Sévigné qui était à la recherche de nouveaux tours de phrase pour exprimer toute l'étendue de de son affection pour Mme de Grignan. Le Spartiate croyait rendre service à son avorton en lui épargnant les désagréments d'une existence qu'il prévoyait devoir être pénible ; au fond Mme de Sévigné n'aimait peut-être pas sa fille plus que les autres mères, mais elle le croyait et elle se plaisait à le dire. Le père de Châteaubriant était certainement un père de famille très honorable, cependant on sait à quel point ses rapports avec son fils étaient emprunts d'une sévérité glaciale. Pour s'arrêter

(1) François-Henri Lefeuvre, né à Nantes en 1789, — mort à Nantes en 1868 — avocat — nommé substitut du Procureur du Roi au tribunal de Nantes en 1815, puis juge au même siège. — En 1830 refusa de prêter serment au gouvernement de Louis-Philippe et donna sa démission.

à ces différences d'attitude des parents qu'explique la diversité des caractères, il est bien certain qu'avant la révolution, le quatrième commandement de Dieu était, dans les familles chrétiennes, interprété d'une manière plus sévère qu'il ne l'est aujourd'hui.

Francis Lefeuvre ne remonte pas si haut, et il constate qu'entre son enfance et son âge mûr, il a vu s'opérer un changement plus marqué, et que la situation des enfants dans la famille, au lieu d'être une situation subordonnée, devient prépondérante.

A l'en croire, sous la restauration, l'usage des familles bourgeoises de Nantes était de se débarrasser des soins du premier âge des enfants en les envoyant en nourrice, à la campagne, d'où ils ne revenaint que sachant bien marcher et avec toutes leurs dents. Il cite l'exemple d'une excellente mère de famille qui interrogée sur le nombre des enfants qu'elle avait mis au monde, demanda, pour répondre, un moment de répit, et compta sur ses doigts. La mémoire de Montaigne était moins fidèle et plus insouciante; car on raconte qu'il répondit à la même question qu'il avait eu quatre ou cinq enfants, et qu'il en avait perdu un ou deux.

La petite école de Mme Sanbain avait à Nantes, il y a quatre-vingts ans, une véritable célébrité; dans mon enfance elle était déjà passée à l'état de souvenir. Tous ceux qui ont beaucoup fait parler d'eux dans une ville, et c'est le cas de Mme Sanbain, méritent d'avoir, sinon leur portrait, au moins leur médaillon dans une histoire locale; aussi on regardera avec plaisir celui de Mme Sanbain qui n'est point banal. Moins plaisante est la figure de ce maître de pension, qui demeurait sur la place Edouard-Normand, désignée vers 1830 sous le nom de la place Brancas et plus communément sous celui de *Motte aux cochons*. Disons à l'honneur de notre temps que les pensions de nos jours sont beaucoup mieux tenues La cessation des punitions corporelles dans l'éducation a été aussi un véritable progrès et, d'après l'auteur, cet adoucissement dans les mœurs scolaires ne serait pas aussi ancien qu'on pourrait le croire.

Sommes-nous pires, sommes-nous meilleurs que nos pères? Dieu seul le sait. Mais ce que nous savons, c'est que du petit au grand, ici bas avec le temps tout change, tout évolue, comme on dit aujourd'hui. Et comment le saurions-nous, s'il ne se trouvait de temps à autre, d'aimables esprits comme celui de Francis Lefeuvre, qui se donnent la peine de nous faire connaître les mœurs et les coutumes du passé?

ALFRED LALLIÉ.

Le Bon Vieux Curé d'Aigrefeuille

Un grand saint uni à un grand chasseur était chose ordinaire autrefois. N'avons-nous pas saint Hubert ? Beaucoup doutent que ce soit encore possible aujourd'hui, et c'est pour eux que je veux retracer, avant qu'ils ne soient entièrement oubliés, les traits, quelque peu effacés aujourd'hui par un éloignement de près de cinquante ans, du bon vieux curé d'Aigrefeuille, qui fut à la fois un passionné chasseur et presque un saint. Heureuse bonne fortune que celle qui me permet d'édifier les âmes pieuses, en même temps que d'égayer mes confrères en saint Hubert. Peut-être aussi, malchanceux, comme le nautonnier jeté de Charybde en Scylla, n'arriverai-je qu'à ce résultat peu enviable de scandaliser les gens pieux qui ne trouveront pas mon récit assez sérieux, ou, ce qui serait aussi grave, d'ennuyer les camarades qui le trouveraient trop mystique. Bah ! on ne meurt que bien rarement d'ennui... et jamais de celui qu'on procure aux autres. J'aime donc à espérer que mes lecteurs en réchapperont. En avant donc ! *Go an head !* comme disent les Anglais.

Quand commença à souffler la tourmente révolutionnaire, l'abbé Berthaud (1), entré depuis quelques années dans les ordres, exerçait, avec l'ardeur d'un néophyte, les modestes fonctions de

(1) Berthaud, Alexandre, né à Bouguenais le 11 février 1759 ; devint vicaire de Vigneux ; forcé, à raison de son refus de serment, de s'éloigner de sa paroisse en mai 1791 ; se retira à Guémené-Penfao, avant son départ pour l'Espagne en septembre 1792 ; résida plusieurs années en Espagne ; curé d'Aigrefeuille en 1815 ; mort le 11 août 1837. *(Note de M. Lallié.)*

vicaire dans une petite paroisse rurale du diocèse de Nantes. Comme presque tous ses confrères, il refusa avec horreur le serment civique qu'on exigeait alors de tous les ecclésiastiques. Une page assez peu connue de l'histoire de la Révolution, c'est celle qui a trait aux prêtres insermentés. Quelque temps avant la Terreur, un grand nombre d'entre eux, incarcérés en raison de ce refus de serment, furent jugés sommairement, puis embarqués et déportés sur la côte nord-ouest de l'Espagne. C'était, en apparence, moins cruel que la guillotine ou les bateaux à soupape de Carrier, auxquels ils n'eussent pas échappé plus tard ; mais ce n'était guère plus humain, en réalité. Qu'on se figure la position de ces infortunés, étrangers par leurs études professionnelles à tous les travaux manuels, abandonnés sans moyens d'existence dans un pays pauvre, peu peuplé et dont ils ignoraient la langue ! Des prodiges de charité, dont le souvenir n'est pas encore éteint parmi nous (1), furent accomplis en leur faveur par les populations ; mais, pauvres elle-mêmes, elles ne purent empêcher trop souvent la faim de venir s'asseoir au foyer de nos malheureux compatriotes. Ces jours-là, on revenait, comme de coutume prendre place autour de la table dégarnie et l'on essayait de donner le change aux tiraillements des estomacs en se lançant à corps perdu dans la discussion des plus profondes questions théologiques.

Ainsi que ses confrères déportés, l'abbé Berthaud faisait tous les petits métiers qu'il pouvait pour subvenir à ses besoins et à ceux de la communauté. Un jour il lui revint en mémoire qu'à l'époque où il était enfant de chœur, un de ses camarades, à leur grande joie commune, avait réussi à prendre, à l'aide de lacets de crin, des grives qui venaient manger les baies des lierres de la vieille église paroissiale. Il en arracha quelques brins à la queue d'un mulet, en fit des nœuds coulants qu'il tendit et, par une chance inespérée, il se trouva que les grives d'Espagne ne mirent pas moins de bonne volonté à se laisser prendre que celles de France. Le soir, sur la table du réfectoire, on servit des grives... absolument comme chez Lucullus, et quoique la part de chacun fût un peu mince, on n'eut pas

(1) Nous avons été assez heureux pour pouvoir acquitter en partie cette dette en faveur d'Espagnols réfugiés.

besoin de recourir à la théologie pour *croire* qu'on avait soupé.

Mais le lendemain, ce fut bien autre chose! Levé à la pointe du jour... sans nul doute pour achever sa digestion, l'abbé vit s'appuyer, à quelques pas de lui, une magnifique compagnie de perdrix rouges. A cette vue, se souvenant encore que, du temps de ses vacances de séminariste, il avait parfois accompagné, *sans fusil*, un ami laïque à la chasse, il courut emprunter celui d'un voisin complaisant. Se dissimulant ensuite derrière les buissons, il parvint à approcher à portée des perdrix et, d'un coup de sa rouillarde, il en étendit une demi-douzaine sur le sol, avant d'avoir même songé que l'Eglise avait horreur du sang: *Ecclesia abhorret à sanguine!* A son retour et à la vue de ce beau gibier, l'abbé fut embrassé par tous et *l'on dîna réellement*, ce jour-là. Mais ce ne fut pas tout: au déssert, ou, pour mieux dire, à la fin du repas, l'assemblée, électrisée par ce réconfort inaccoutumé, déclara, à l'unanimité, que la volonté de la Providence se manifestait par des signes trop évidents pour qu'on pût la méconnaître. Il fut décidé que, puisque l'abbé Berthaud avait reçu du ciel de si merveilleux dons d'adresse, il devait les mettre au service de la communauté, pour que la théologie, viande creuse, quand elle était servie seule, ne fût plus l'ordinaire habituel de ses dîners.

En entendant cet arrêt redoutable, l'abbé, tremblant pour le salut de son âme, mit en avant, pour le combattre, les plus puissantes argumentations théologiques et, en particulier, la plus sérieuse d'entre elles: *Ecclesia abhorret à sanguine.* Il lui fut répondu qu'il y avait ici cas de force majeure et qu'un refus de sa part appellerait sur sa tête l'excommunication, tout au moins. Le sentiment du devoir l'emportant alors sur ses répugnances, il se résigna à chasser. Mais, le dirai-je! une fois sur cette pente, il subit la loi commune qui nous fait aimer les choses dans lesquelles nous réussissons, et insensiblement le travail, auquel il avait été *obligé* de se livrer d'abord, devint pour lui une violente passion. Dieu seul sait quels abatis de gibier il fit pendant ces longues années d'exil dans un pays qui en fourmillait, dans ces montagnes où la clôture légale de la chasse n'était connue que de nom, alors que des estomacs exigeants ne lui permettaient pas de s'accorder une seule journée de relâche!

2

Des jours meilleurs luirent enfin pour ces malheureux exilés. Le premier consul venait, par le Concordat, de rouvrir les églises, fermées depuis plus de dix ans, et ce n'était pas trop pour les administrer de tout ce qui restait des anciens prêtres. L'abbé Berthaud, non sans quelques larmes de regrets données à ce giboyeux pays d'Espagne, mais heureux d'avoir enfin à remplir des devoirs conformes à son état, prit avec joie le chemin de la France, suivi de *Sancho*, gros braque gris à double nez; l'auxiliaire habituel de ses chasses. Presque immédiatement après son retour, il fut promu à la cure d'Aigrefeuille, au diocèse de Nantes.

Il y avait bien des misères dans cette pauvre paroisse qui, comme nos pays de l'Ouest, avait littéralement été saccagée pendant la guerre de la Vendée; la plupart des maisons y avaient été incendiées; toutes les familles y avaient perdu quelques-uns de leurs membres, et la majeure partie des terres restaient en friche, faute de bras pour les cultiver. Par contre, le gibier, déjà abondant avant la guerre, s'y était multiplié d'une façon exubérante; c'était presque l'Espagne avec la perdrix grise en plus inconnue aux pays méridionaux.

Tout en se heurtant, pour ainsi dire à chaque pas, à ce brave gibier, notre bon abbé n'eut guère le temps de s'en occuper au début, accablé qu'il était de tâches de toutes sortes. Au point du jour, à l'autel, après sa messe, il confessait, catéchisait les enfants, puis rentré chez lui et en attendant midi, l'heure réglementaire du dîner, il préparait son prône dominical, constatant avec étonnement qu'il avait un peu perdu sa facilité et son élégance de parole d'autrefois. Heureusement qu'alors les bons paysans d'Aigrefeuille n'étaient pas bien difficiles en fait d'éloquence de la chaire.

Un jour pourtant, quand le plus gros de sa besogne fut à peu près déblayé, il se trouva que le bon curé avait devant lui une belle après-midi d'automne. A ce moment même, son chien Sancho, qui ne comprenait rien à cette inaction prolongée, vint le regarder avec des yeux si singulièrement expressifs, que machinalement le maître prit son fusil et partit pour la chasse absolument comme en Espagne. Dois-je le dire? il y trouva tant de plaisir qu'il recommença le lendemain et les jours suivants. Cette distraction n'était pas précisément dans les habitudes du clergé nantais; aussi ses confrères trouvant ces façons un peu singulières, lui en firent faire des représentations par la bouche du plus autorisé d'entre eux, le vénérable M. Courtais (1), curé de Maisdon. M. Courtais, docteur en sciences théologiques, lui rappela doucement que l'Eglise avait horreur du sang : *Ecclesia abhorret à sanguine.* L'abbé Berthaud, depuis l'Espagne, avait totalement oublié la fameuse maxime et fut bien un peu surpris de ce discours. Se ravisant, il répondit avec ingénuité à son respectable confrère qu'il lui semblait impossible que Dieu se déjugeât comme les hommes et qu'il lui défendît à lui, curé, ce qu'il lui avait ordonné de faire dix ans auparavant. — On eut beau lui représenter que les circonstances n'étaient plus les mêmes; il s'était retranché de la meilleure foi du monde dans cet argument comme dans une citadelle inexpugnable et il fut impossible de l'en débusquer. Au fond, comme il était zélé observateur de tous ses devoirs, ses confrères qui l'aimaient cordialement finirent par le prendre tel qu'il était, et cela d'autant plus facilement qu'il n'arrivait jamais à leurs réunions ecclésiastiques que les mains pleines de gibier, adjutorium précieux aux modestes dîners presbytériaux.

J'ai parlé de son zèle à remplir ses devoirs professionnels; mais celui dont peut-être il s'occupait avec le plus d'amour était la visite des malades. A première vue, on pouvait s'étonner qu'ils fussent si nombreux dans un pays en apparence le plus sain du monde, surtout quand on le comparait au petit nombre des enterrements qui s'y faisaient. Chaque jour donc, ses grâces dites, le curé sifflait son chien et passait au cou de son choriste habituel son fusil et une carnassière gigantesque *en forme de bissac* (historique). Quant à lui, il ne se chargeait que de son seul bréviaire qu'il récitait tout en suivant les *chaintres* (bordure des champs), pendant que le chien les sillonnait en tout sens. Au bout d'un quart d'heure à peine (car il n'était jamais besoin d'une longue recherche à cette époque) le bon

(1) Courtais, Joseph, né à Tilliers (Maine-et-Loire), en 1752; vicaire à Aigrefeuille puis à Sainte-Croix de Nantes, docteur en théologie; avait obtenu au concours la cure de Maisdon en 1784; obligé de quitter son église au milieu de 1791, resta caché dans le pays; maintenu dans sa cure au Concordat; était l'un des membres les plus distingués de l'ancien clergé; il tint, dans son presbytère, une école de jeunes gens qu'il préparait à l'état ecclésiastique; chanoine honoraire, mort à Maisdon le 7 décembre 1829. *(Note de M. Lallié.)*

abbé se sentait tiré par la manche de sa soutane : — « Monsieur le curé, disait l'enfant, Sancho est à l'arrêt. » L'abbé, troquant alors son bréviaire contre le fusil, allait servir le chien, on sait avec quel succès ; puis, la pièce logée dans le bissac, il reprenait son psaume à l'endroit précis où il l'avait laissé. Un peu plus tôt, un peu plus tard, il arrivait à la maison où il était attendu. On sait l'effet moral produit sur les malades par une visite sympathique. Affable et bon aux petits comme son divin Maître, le cher homme avait certainement hérité de lui du don de les guérir par sa seule présence ; c'était l'explication toute naturelle du petit nombre de ceux qui mouraient dans la paroisse d'Aigrefeuille. Quelque argent pour acheter des remèdes qu'il leur laissait..... quand il en avait, des paroles toujours affectueuses et encourageantes, et souvent quelques pièces de gibier tirées de sa carnassière, achevaient promptement une guérison si bien commencée par sa simple venue. Il ne réclamait pour tous honoraires que quelques prières dont il n'avait guère besoin et, souvent aussi, quelques points de couture bien autrement nécessaires à sa soutane déchirée pour qu'il pût rentrer décemment à son presbytère. (Authentique.)

Nombre d'années s'étaient écoulées ainsi dans cette douce monotonie d'existence dont les goûts simples du curé s'accommodaient si bien, quand arriva le grand événement de sa vie, événement si grand que la tradition en est restée au pays. L'évêque de Nantes était venu à Aigrefeuille pour y donner la confirmation. Tenant à faire honneur à son chef, le curé Berthaud avait convié pour la cérémonie et le dîner qui devait la suivre, en plus de ses principaux paroissiens, le ban et l'arrière-ban de ses confrères et quelques notables des paroisses voisines, parmi lesquels mon père et mon grand-père. C'est d'eux que je tiens ce récit.

C'était vers le milieu de la Restauration (1). Il faut croire (encore que je n'ose l'affirmer) que la chasse était alors ouverte, à en juger par la quantité de gibier accumulé sur les tables en fer-à-cheval qui faisaient le tour de la vaste salle à manger presbytériale. Cette vue provoqua tout d'abord un murmure général d'admiration dont le curé jouit largement *in petto*. On

---

(1) Nicolon de Guérines, évêque de Nantes de 1822 à 1838. *(Note de M. Lallié.)*

était arrivé au café, quand un de ces amis comme il s'en trouve partout... un ami adroit comme l'ours qui lançait des pavés affectueux à la face du jardinier, se tournant vers l'évêque : — « Monseigneur, dit-il, sera sans doute heureux d'apprendre que tout le gibier qui nous a été servi aujourd'hui provient exclusivement de la chasse de Monsieur le curé d'Aigrefeuille. » — L'évêque, qui connaissait, mais en gros seulement, l'histoire du bonhomme et qui fermait volontairement les yeux sur son petit faible, enchanté de se dépouiller un instant des solennels ennuis de la grandeur, feignit de prendre un air sévère et se tournant de son côté : — « Est-ce vrai, Monsieur le curé, et ignoreriez-vous que « *Ecclesia abhorret à sanguine?* » — Monseigneur... Monseigneur... » balbutiait celui-ci, dont l'éloquence n'était pas, nous l'avons dit, le plus remarquable don naturel... et il en serait vraisemblablement resté là, si le curé de Maisdon ne fût venu généreusement à son aide. – « Monseigneur voudrait-il me permettre, dit-il, de lui apprendre par suite de quelles circonstances notre excellent confrère a été obligé de devenir chasseur? » — Et sur un signe d'assentiment de l'évêque, à la grande confusion du héros principal, il raconta, avec le charme de parole qui lui était propre, l'histoire touchante que vous savez. Tous les assistants étaient émus et l'évêque plus qu'aucun d'eux. Tout à coup, se tournant vers l'abbé Berthaud et lui ouvrant les bras : — « Mais venez donc, curé, que je vous embrasse! Ah! Messieurs, qu'un pasteur est heureux de posséder des auxiliaires comme ceux que je rencontre ici! Des auxiliaires qui, comme vous, cher curé d'Aigrefeuille, au prix d'incessantes fatigues et d'un dévouement quotidien, avez pu conserver à l'Église des chefs dont elle devait avoir si grand besoin plus tard. J'ajouterai comme vous aussi, Monsieur le curé de Maisdon, qui, pendant les jours les plus mauvais de la Terreur, traqué comme une bête fauve, exposé à mille morts chaque jour, n'avez pas voulu abandonner un seul instant votre troupeau. » — Puis souriant en essuyant une dernière larme : — « Ah! ça, curé, continua-t-il gaîment, je n'ai tout de même entendu que la moitié de votre confession et pas par votre bouche, encore! Pour que je vous absolve en toute connaissance de cause, il me la faut complète. Voyons dites-moi *exactement* le chiffre de vos victimes. » Un éclair de fierté irradia le visage du bonhomme; il réfléchit un moment, tournant la tête de droite et de gauche, et examinant en tous sens la vaste salle à manger. Enfin, faisant un effort sur lui-même : — « Tenez, Monseigneur, dit-il, je craindrais que cette chambre ne fût pas assez grande pour contenir tout le gibier que j'ai tué, tant en Espagne que depuis mon retour. » Bonté divine! s'exclama l'évêque, je ne m'attendais pas à être obligé de vous accorder une absolution aussi large; aussi proportionnerai-je la pénitence à la grandeur du péché. Je ne crois donc pas me montrer trop sévère en vous condamnant... à m'envoyer chaque année une bourriche de gibier... tué par vos propres mains; j'y tiens expressément. » — Puis tirant sa montre et se tournant vers les ecclésiastiques qui l'entouraient: « Allons, Messieurs, il faut que je vous quitte, heureux que je suis de vous laisser sous les yeux d'aussi beaux exemples de vertu. Je dois vous dire pourtant que je ne tiens pas à ce que vous la pratiquiez de la même manière que le bon curé d'Aigrefeuille. L'exception ne doit jamais faire la règle et à l'ordinaire, vous savez, « *Ecclesia abhorret à sanguine.* » — Terminant sur la fameuse citation, l'évêque salua gracieusement de la main l'assemblée, en vrai gentilhomme de race qu'il était, et, malgré son grand âge, il s'élança légèrement dans son carrosse. Il était déjà loin quand on put arracher du perron pour le porter en triomphe le pauvre curé qui, les yeux baignés de larmes et les mains jointes, ne cessait de s'écrier : « Merci, merci, Monseigneur! »

Pour obéir à des ordres si précis, il eût chassé encore plus que par le passé si la chose eût été possible, ses visites aux malades étant déjà quotidiennes. Grâce à elles, ses paroissiens ne mouraient plus que de vieillesse. Il n'en était pas de même du gibier qui, sans que le curé se l'expliquât bien clairement, commençait à diminuer assez sensiblement au bon pays d'Aigrefeuille. La raison en était pourtant bien simple : c'est que non seulement il le traquait incessamment, mais que, grâce au peu de sauvagerie qu'il avait, malgré l'infériorité des armes d'alors, comparativement à celles d'aujourd'hui, ainsi que nombre de chasseurs du temps passé, il ne manquait pour ainsi dire jamais sa pièce. Une fois cependant, un lièvre, parti à l'arrêt de Sancho et en plein à découvert, reçut, sans dommage pour sa peau, les deux coups de fusil du bonhomme, qui resta pétrifié sur place en le voyant continuer à courir. Pendant qu'il arrondissait automatiquement ses deux bourres de *filasse de chanvre*, il entrevit son choriste qui se cachait pour rire à la dérobée.

— « Pourquoi ris-tu, petit malheureux ? » s'écria-t-il d'une voix tonnante.

— « Monsieur le curé, ne vous fâchez pas, fit l'enfant tout tremblant, je vous jure que ce n'est pas moi. — Comment, ce n'est pas toi ? Qu'est-ce que cela veut dire ? — Non, monsieur, ce n'est pas moi, mais bien Jean, mon camarade, qui, ayant perdu un de nos palets, a enlevé hier au soir le plomb de vos deux canons de fusil pour en fondre un nouveau. » (Historique). — Les traits crispés du curé se détendirent ; ce n'était donc pas sa faute s'il avait manqué sa pièce ! Jean, ainsi que son camarade, fut pardonné *in petto* ; il n'y eut que le pauvre Sancho qui, malgré son intelligence habituelle, ne comprit absolument rien à la chose.

Cependant la maturité d'âge du bonhomme, maturité si longtemps conservée, avait insensiblement fini par se transformer en vieillesse. Ses oreilles et ses yeux jadis si bons avaient baissé à ce point que souvent il n'entendait ni ne voyait le gibier au départ. Ne pouvant se résigner à renoncer pour si peu (!!) à la chasse, il entreprit de former des disciples, dont le plus glorieux fut son neveu Joseph. Avançant vers le chien en arrêt, côte à côte avec le jeune compagnon auquel il avait définitivement abandonné le fusil, il lui recommandait à voix basse le sang-froid et la modération au moment du départ du gibier. Mais quelquefois aussi, il lui arrachait brusquement l'arme des mains : — « Bah ! petit maladroit, tu manquerais encore ces perdrix comme celles de l'autre jour, disait-il à l'enfant, peu flatté du procédé. » (Historique).

Il n'avait guère à redouter cet inconvénient avec son neveu Joseph, digne héritier d'un si grand oncle, encore bien qu'il ne l'ait jamais égalé. — « Tu n'as pas manqué, petit, n'est-ce pas ? quand il avait entendu la détonation du fusil. » — « Non, mon oncle, » lui cornait celui-ci dans l'oreille, — et il lui déposait dans la main la pièce que le bonhomme palpait avec amour. Après quoi, humant avec délices sa prise de tabac : — « Allons, disait-il tout joyeux, Monseigneur n'aura pas encore trop à se plaindre cette année de son vieux curé d'Aigrefeuille. »

Il avait depuis longtemps renoncé aux visites lointaines des malades; mais ses jambes devinrent faibles à leur tour, si faibles qu'un jour, au bout de quelques centaines de pas, il fut obligé de rentrer au logis et de laisser son neveu continuer à chasser seul. Le lendemain et les jours suivants, il ne put même plus songer à l'accompagner, mais il l'attendait à son retour pour se faire minutieusement raconter les moindres détails de sa chasse. Une fois qu'il fut arrivé à ce terme, la Providence, sans nul doute en récompense de ce qu'il avait fait pour elle, n'oublia pas trop longtemps sur la terre son bon vieux serviteur. On était à l'époque de l'envoi annuel à l'évêché et le bonhomme s'était fait porter en dehors de sa chambre sur son grand fauteuil pour profiter des derniers rayons d'un soleil d'automne. Appelant son neveu et se penchant à son oreille : — « Joseph, dit-il d'une voix affaiblie, promets-moi, que quand je n'y serai plus, tu n'oublieras jamais la bourriche de Monseigneur. - Je vous le jure, mon oncle, répondit celui-ci tout en larmes. — Merci, mon enfant ; maintenant je puis m'en aller en paix. » — Puis, souriant et entremêlant sur ses lèvres le nom toujours béni de Monseigneur à celui du Seigneur, le bon vieillard s'endormit pour ne s'éveiller que dans l'éternité.

Que diriez-vous, cher et saint homme, si du ciel que vous avez si bien gagné par vos vertus, il vous était donné de pouvoir revoir cette chère paroisse d'Aigrefeuille, que vous aviez laissée encore si giboyeuse, désolée et dépeuplée comme elle l'est aujourd'hui ! Votre premier mouvement serait certainement de demander au Seigneur de lui restituer un peu de ce gibier dont vous avez peut-être bien contribué à diminuer le nombre. A défaut de perdrix, qu'il lui envoie au moins le reste de ces troupeaux de cailles qu'il semait sur la route des Israélites errants dans le désert. Elles seront, j'en réponds, mieux accueillies qu'elles ne l'ont été de ce peuple ingrat par mes neveux Henri et Léon, vos infortunés successeurs dans ce pays de chasse, et ce nouveau bienfait leur fera, une fois de plus, bénir votre mémoire vénérée.

Le Village de la Hautière

SOUVENIRS VENDÉENS

A Mme Emile Téreygeol

La Vendée et l'héroïque lutte qu'à peu près seule, parmi les provinces de l'ancienne France, elle ne craignit pas d'entreprendre contre le plus odieux despotisme, ont eu, de tout temps, le privilège de me passionner. C'est si beau la révolte de la conscience contre l'oppression et l'iniquité ! Quelque infimes qu'ils soient, je recherche donc avidement tous les souvenirs qui se rattachent à cette mémorable époque. Ce sont miettes de l'histoire, si l'on veut, mais les miettes de la table du riche ne suffisent-elles pas pour rassasier le pauvre, et les plus petites pierres ne trouvent-elles pas leur place dans l'édification de nos monuments, aussi bien que les puissantes assises de granit ?

Dans nos pays de l'Ouest, théâtre de cette noble guerre, il existe peu de localités, si humbles soient-elles, qui n'auraient aujourd'hui leurs légendes glorieuses, s'il s'était rencontré quelqu'un pour prendre soin de les recueillir, avant qu'elles n'aient été effacées par le temps. J'ai été assez heureux, dans un bien modeste hameau, d'en récolter quelques-unes ; et je demande aux lecteurs de la *Revue de Bretagne et de Vendée* la permission de les leur présenter.

La Hautière est un tout petit village de la commune de Maisdon, dans la pointe qu'elle fait entre Saint-Fiacre et Monnières. Il est placé au sommet même du coteau qui borde la Sèvre. A le voir émerger, coquet et riant, du milieu d'un fouillis d'arbres, on a peine à s'imaginer qu'il ait jamais pu être autre chose qu'un séjour de repos et de paix. Il a pourtant été, au moment de la Révolution, le théâtre de scènes de carnage et de dévastation ; et, chose que je n'ai vue que là, dans notre pays où les ruines de toutes sortes s'effacent si rapidement qu'elles ne laissent même pas leur enseignement forcé, il n'y a pas plus de cinq ou six ans, on en voyait encore les dernières traces. C'est à la Hautière que se sont écoulées les années pleines de charme de mon enfance ; il me serait doux d'en retracer les aimables souvenirs, mais je ne veux, pour l'instant, m'occuper que de ceux qui sont relatifs à l'époque vendéenne.

Donc, au village de la Hautière, mon grand-père, propriétaire d'un assez important vignoble, était devenu, plus tard, acquéreur d'une modeste maison bourgeoise, placée entre cour et jardin. A moitié brûlée pendant la Révolution, il existait, encastrée dans un coin d'une des murailles qui entouraient son enceinte, une statuette de la Vierge, en faïence coloriée, qui, par une sorte de miracle, restée inaperçue, a pu échapper à la destruction. Nous la conservons religieusement comme un talisman précieux.

Il me souvient qu'aux fins des soirées de vendanges, mon père, pour divertir ses journaliers, s'armait d'un vieux crincrin et râclait une couple de contredanses, inévitablement terminées par un formidable cri de : VIVE LE ROI ! C'était alors l'expression unanime des sentiments du pays (1). La fête était complète et l'enthousiasme porté à son comble, quand, nouveau Tyrtée, le vieux Renaud Moreau y apportait le contingent de ses propres chansons royalistes. Solennel et pompeux, comme il ne messied pas d'être aux poètes, Moreau aimait à se proclamer *catholique, apostolique et romain*. Sa

---

(1) M. Charon, alors curé de Saint-Fiacre, qui avait suivi l'armée vendéenne, terminait invariablement sa messe par ce même cri. Au mois d'octobre 1820, un dimanche, après son *Ite, missa est,* avant de se retourner vers l'autel : « J'ai appris, dit-il, que M. Lefeuvre, juge au tribunal de Nantes, ici présent, a composé une fort jolie chanson, à l'occasion de la naissance de Mgr le duc de Bordeaux. S'il voulait nous faire le plaisir de nous la chanter ? » Est-il utile de dire que mon père ne crut pas devoir lui donner cette satisfaction *dans la maison du Seigneur ?*

piété même s'accentuait tout particulièrement, les dimanches soirs des années de grandes vendanges. (Quel héros, hélas! n'a pas son côté faible?) Tour à tour il chantait la gloire, toute récente encore, du duc d'Angoulême au Trocadéro, et, sans se rendre un compte bien exact du concours qu'apportaient au prince lés maréchaux qui l'accompagnaient, « L'duc d'Angoulême, disait-il,

« L'duc d'Angoulême n'forge pas l'acier :
« Il a des maréchaux assez. »

Ou bien il célébrait les hauts faits dont abonde l'épopée vendéenne. Aux noms glorieux des grands chefs il entremêlait ceux des Gaudet, Morillon, Cormerais, Barbotin, Brochard, Viaud, le cordonnier, héros obscurs, mais véritables héros, tous de la paroisse, quelques-uns du village même, et confondus au milieu de nos vendangeurs ; avec eux, il avait pris part à cette lutte de géants. Rappelant ces grands souvenirs, pour ranimer les cœurs à la mode d'Homère, il ne dédaignait aucun moyen. Faisant appel au patriotisme *de clocher* des Maisdonniens, corde qui, pour cause, avait fait défaut au vieux poète, il invectivait leurs voisins et adversaires politiques, les habitants de Saint-Fiacre, qui avaient laissé brûler le leur et leur église avec lui, par quelques mauvais drôles de la localité! — « Honte, disait-il,

« Honte aux habitants d'Saint-Fiacre,
« Qui sont tous des démocrates
« Et à ceux d'Château-Thébaud,
« Dont plus d'moitié sont patauds. »

L'indulgence, indulgence seulement relative, qu'il avait pour ces derniers, ne leur était accordée que parce que, pendant la guerre, ils avaient toujours défendu le leur contre l'incendie. Je veux croire, je puis même affirmer, puisque Château-Thébaud est encore une des meilleures communes, qu'emporté par le dieu des vers, Moreau était trop prodigue dans la distribution de ses anathèmes ; mais la poésie a droit à des licences de plus d'une sorte, licences dont, on peut le voir par ma citation, notre poète ne craignait pas d'user largement.

Placée sous le commandement direct du comte de Bruc-

Livernière, père de l'excellent ami que nous venons de perdre, la paroisse de Maisdon relevait de l'autorité militaire de Charette. Toutefois, sa situation sur les confins du haut et du bas pays vendéen explique la présence de ses enfants sur les champs de bataille de la grande armée. — « Avec Charette, me racontait le brave père Drouard, notre vieux fermier, nous avons pris Noirmoutiers (1); mais nous nous sommes battus aussi avec M. Stofflet, à Coron, en Anjou. Ah ! monsieur Francis, qu'il était beau, M. Stofflet, quand, quelques instants avant la bataille, il passait au grand galop devant nous, la tête abaissée sur le cou de son cheval pour éviter les balles des Bleus qui l'avaient reconnu à son grand plumet blanc !...

« C'est égal, ajoutait-il après une courte pause, nous ont-ils f...ichu une fausse déroute, ce jour-là, à Coron ! » Cet aveu naïf, si différent de la jactance soldatesque ordinaire, ne nous révèle-t-il pas le caractère tout particulier de cette noble guerre vendéenne, si en dehors de tout vain souci de gloire (2)?

Malgré la pénible impression que me laissait d'habitude la *fameuse déroute de Coron,* la joie me revenait instantanément au cœur, si j'avais la chance d'apercevoir, remontant le coteau, son épervier sur le dos, le bon père Louis Métaireau, le père Louison, tout court, comme on l'appelait généralement. Le

---

(1) Le père Jean Gaudet, notre ancien tonnelier, y était aussi. Un heureux hasard m'a fait apprendre tout récemment que, resté dans l'île avec d'Elbée, il y fut pris et qu'il put, avec deux de ses camarades, échapper à la mort réservée aux prisonniers, en pénétrant dans le clocher de l'église où on les avait renfermés. Ils y restèrent trois jours entiers sans manger et, par une lucarne, ils virent fusiller le général et leurs compagnons. Ayant réussi à s'en échapper, pendant la nuit, ils trouvèrent un peu de nourriture chez une bonne vieille femme et, grâce à l'obscurité, ils franchirent le passage du Gua et parvinrent à gagner leur pays.

Gaudet assistait également à la triste exécution de Bernard de Marigny ; mais, sur ce dernier fait, les détails manquaient au neveu qui a eu la complaisance de me donner les premiers. A la Restauration, il reçut la récompense, trop maigrement répartie, hélas ! d'un fusil d'honneur, que j'ai tenu entre les mains. Montés en cuivre, ces fusils étaient ornés de deux plaques d'argent, l'une aux armes de France, gravées, avec l'inscription : « *Vive le Roi* », l'autre portant la mention : « *Donnée par le Roi* ».

(2) Il est probable que le corps seul de l'armée dont faisait partie Drouard avait subi un échec, car la journée de Coron fut une victoire pour les Vendéens.

moyen de rester triste, devant cette figure rougeaude et émoustillée, illuminée par deux petits yeux gris bridés et encadrés de cheveux plats et rouges? Sa parole était un inextricable enchevêtrement d'exclamations, d'éternûments et de grognements joyeux. Excellent homme et bon chrétien était le père Louison, si bon même, qu'aux sept sacrements de l'Eglise il n'avait pas trouvé trop d'en ajouter deux autres pour son usage personnel... *la pêche à l'épervier et le petit muscadet du pays.* Quand, vers sa quatre-vingtième année, *les fraîcheurs*, comme il le disait, l'eurent contraint de renoncer à la fréquentation du premier, il reporta sur le second toute la piété qu'il partageait entre les deux. C'était un culte, aussi sincère que profond, dont il entourait ce produit béni du sol, mais un culte éclairé et sans abus, bien différent, en cela, de celui que lui rendait le poète Moreau. Louison n'aimait à me faire ses récits et à me chanter ses vieux refrains royalistes, — que j'ai trop tardé à recueillir, hélas! — qu'au bout de sa barrique. Je ne peux m'empêcher de rire encore en me rappelant le ton de commisération avec lequel, me voyant refuser son pichet, toujours cordialement offert, il me disait : « Comment! vous ne buvez pas de vin! »

Trop jeune pour avoir pu être un des combattants de la première guerre, le père Louison s'en était dédommagé aux deux soulèvements de 1815 et de 1832; à ce dernier, soit dit en passant, avaient pris part *tous* les habitants de la Hautière, moins trois infirmes. Comme je lui exprimais, un jour, mes regrets de ce qu'il ne pouvait me fournir que des souvenirs impersonnels de la grande époque : — « Mais non, mais non, me dit-il, j'en ai tout de même un, mais bien ancien, car je n'avais guère alors que trois ans. Une après-midi, je jouais avec les autres gamins du village, dans les prés qui bordent la Sèvre, quand une bande de soldats vint à la passer, au gué même de la Hautière. »

— « Enfants, que nous dit un grand monsieur à plumet tricolore qui les commandait, où sont vos parents?

— « Nous ne savons pas, » répondirent les plus grands.

Ils savaient pourtant bien qu'ils étaient partis avec Charette, mais ils ne voulaient pas le dire.

— « Parlerez-vous, petites vermines (1)?... Non? Eh bien, je

(1) Vermine, petits serpents; expression populaire du pays.

vais vous faire fusiller. A genoux donc, maudite engeance, et vous, soldats, en joue! »

Les plus âgés d'entre nous, qui avaient entendu parler de semblables exécutions, pleuraient et demandaient grâce; mais ne parlaient pas tout de même. A ce moment, je fus pris d'un fol accès de rire. Je riais, mais je riais aux éclats, m'ont redit bien des fois les camarades; je ne l'avais, d'ailleurs, pas oublié. Il me semblait tout drôle qu'on nous fît mettre à genoux *dans les prés,* comme on le faisait chez nous pour la récitation de notre prière. Ça m'amusait bien aussi de voir les canons de fusils reluire au soleil. Fut-ce la singulière figure que je faisais, au milieu de ces pleurards, qui désarma l'officier? Je ne sais. Pas vrai aussi, monsieur Francis, ajouta-t-il en clignant de l'œil, que de tout temps et partout il y a du bon monde en France, puisque l'officier se mit à rire, lui aussi?

— « Relevez les armes, dit-il brusquement à ses hommes. Quant à vous, petits drôles, fichez-moi le camp, et que je ne vous revoie jamais (1). »

Malheureueement, le gai Louison n'était pas toujours là pour désarmer par ses rires les officiers humains ou bons enfants. Une autre fois, une bande de soldats rencontra également des bambins, plus jeunes ou moins héroïques que les précédents.

— « Petits, où sont vos pères? demandèrent-ils.

— « Ils sont à la guerre.

— « Où sont vos mères?

— « Elles sont cachées dans la petite gîte qui borde le grand clos des Chasse-Loire.

---

(1) Ce fut vraisemblablement la même raison qui sauva la vie à Mlle Chevalier, tante du regretté abbé de Lépertière. Elle suivait la grande armée vendéenne, et pendant le combat de Torfou, elle fut rencontrée dans un champ de genêts par un soldat républicain. — « Crie : Vive la Nation, brigande! » lui dit-il en la menaçant de sa baïonnette. — « Vive le Roi! » lui répondit-elle, en le regardant bien en face. — « Voilà toujours une b... gresse qui n'a pas froid aux yeux! » dit le soldat en détournant son armê. « Il n'aurait peut-être pas agi comme il l'a fait, disait la vieille tante, toujours un peu méfiante à l'endroit des Bleus, s'il avait su que je portais, enroulés dans une ceinture autour de moi, cinq cents bons louis en or. »

— « Voulez-vous nous y conduire? On vous donnera des sous.

— « Oui, vraiment. »

Et les pauvres enfants, tout joyeux, guidèrent eux-mêmes les bourreaux jusqu'à l'endroit où étaient cachées leurs mères et leurs grandes sœurs. *Toutes*, au nombre de *quatorze*, furent impitoyablement massacrées, et les pauvres maris, de retour, quelque temps après, à leurs foyers vides, errèrent pendant *trois jours*, au hasard, pour chercher leurs femmes. Ils ne les retrouvèrent, vers la fin du troisième... qu'à l'odeur, apportée par le vent, de leurs cadavres en putréfaction! *à la sente*, comme me le disait la mère Saillant!!!

C'est une brave femme, mais une rude paysanne que cette mère Saillant, et l'on ne pouvait, certes, pas lui reprocher trop d'excès de sensibilité. Eh bien! après plus de soixante-dix ans écoulés, elle ne pouvait faire ce récit sans frémir encore d'horreur.

Plus effroyable : un *réfugié* (celui-là n'était heureusement pas de la Hautière) guida lui-même une colonne infernale jusqu'à une cachette, au village de la Pertuisière, où s'étaient réfugiées toutes les femmes des environs. Parmi elles, — il l'ignorait, — se trouvaient la sienne et ses propres enfants. Par un châtiment, on peut bien le dire providentiel, il les vit immoler sous ses yeux!

Pauvre bonne vieille Marion Gaudet! C'était la veuve de l'ancien soldat de Charette dont j'ai raconté l'heureuse évasion du clocher de Noirmoutiers. Vers 1860, dans une des dernières années de sa vie, je la rencontrai, un jour, sur la semaine, revêtue de ses beaux habits du dimanche, et revenant, bien essoufflée, sur la route de Saint-Fiacre à notre village.

— « Et d'où revenez-vous donc ainsi, ma bonne Marion? lui dis-je en l'abordant.

— D'un service, me répondit-elle, avec le bon sourire qu'elle avait d'habitude, d'un service que je fais dire annuellement pour mon mari et mes pauvres vieux parents, qui ont été tués pendant la guerre.

— Et combien en avez-vous donc perdus?

— Ah! beaucoup, dont cinq, parmi lesquels mon père et ma mère, dans la même journée!... Vous savez, ajouta-t-elle, que toutes nos maisons avaient été brûlées par les *Mayençais* (1)! Nous avions donc été obligés de nous réfugier dans le coteau boisé de l'Ébaupin, juste en face du bourg de Château-Thébaud. Il faut croire que nous fûmes dénoncés par quelques patauds du pays, puisqu'au matin, à la pointe du jour, nous fûmes surpris dans notre asile.

— « Sauve-toi, ma fille, et emmène les petits, me cria mon père, tandis que nous allons arrêter quelque temps les bleus, pour vous donner le temps de fuir. »

« Je n'avais guère alors qu'une douzaine d'années. Ma mère, qui était infirme, me mit sur le dos mon dernier petit frère, qui ne marchait pas encore. Je pris par la main les deux aînés et me voilà *m'encourant* avec les autres femmes. Affolées par les coups de fusil que nous entendions par derrière, nous marchâmes tout droit devant nous jusqu'au bout de nos forces. Nous ne nous arrêtâmes qu'à quatre lieues de là, au Landreau, dans la paroisse du Loroux, où nous pûmes nous réfugier au château de Beauchêne, alors abandonné. Trois jours après, n'entendant plus parler de rien, nous revînmes au coteau ; mais quelle désolation ! Mon père et deux de mes oncles avaient été tués en combattant, et je trouvai ma pauvre mère, qui n'avait pu s'enfuir, et une vieille tante, percées de coups de sabre et de baïonnettes. On en a enterré *trente*, qui ont

---

(1) Héros à Mayence, ils furent condamnés, dans la Vendée, où ils furent transportés après leur glorieuse capitulation, à être les exécuteurs des atroces décrets de la Convention

Dans un assez long séjour que j'ai fait à Paris en 1860, j'ai eu la chance de me trouver en rapports presque quotidiens avec l'un de ces terribles soldats. On imaginerait difficilement une physionomie plus sympathique et plus respectable que celle de ce vieillard dont je veux, à grands traits, esquisser la vie. Engagé volontaire, en 1792, aux premières nouvelles de l'envahissement de la patrie, M. H..., qui allait entrer dans les ordres ecclésiastiques, prit part aux premières campagnes de la République ; après Mayence, à celle de la Vendée, à l'expédition d'Egypte ; aux dernières campagnes de la République et à celles de l'Empire jusqu'à 1808. A cette époque il quitta le service pour se marier, criblé de blessures, avec le modeste grade de capitaine et une croix d'honneur, certes bien gagnée. Qu'on juge ce qu'il dut souffrir en Vendée, quand j'aurai dit qu'il n'avait pas un seul instant perdu la vivacité de sa foi ni les sentiments de piété du jeune séminariste.

été tués ce jour-là, dans une même grande fosse, au coteau de l'Ébaupin (1). »

Brave Marion, je suis bien sûr que Dieu ne vous aura pas plus oubliée là-haut que vous n'oubliiez ici-bas vos chers défunts.

Je ne voudrais pas laisser mes lecteurs sous l'impression de tant d'horreur et je terminerai ce travail par un récit consolant, s'il est encore triste. J'aime à croire que tous n'auront pas oublié la mention que, dans *Le Bon Curé d'Aigrefeuille*, j'ai faite de l'abbé Courtais, qui administrait, à cette époque, la paroisse de Maisdon (2). Dussé-je étonner quelques personnes, qui s'imaginent que, sous l'ancien régime, *tout avancement* n'était accordé qu'à la faveur, je rappellerai que, reçu docteur ès sciences théologiques, l'abbé Courtais, peu de temps avant la Révolution, venait d'obtenir, *au concours*, la cure encore importante et avantageuse de Maisdon. Je vois encore, comme si c'était hier (car il n'est mort que le 7 décembre 1829), ce bon vieillard, avec sa grande taille un peu voûtée et sa figure digne et affable, encadrée de longs cheveux blancs. Plus heureux que son confrère d'Aigrefeuille, qui avait été déporté en pays étranger, il put, grâce à l'affection de ses paroissiens, ne pas les abandonner, quand il lui eut été facile de trouver un asile sûr au dehors. *Tous*, on peut dire, le cachèrent, et ce n'est pas le moindre titre d'illustration de notre pauvre vieille maison, qui ne nous appartenait pas encore, hélas ! d'avoir plus d'une fois abrité sa tête. Il y avait alors, au village de la Hautière, une jeune fille, déjà grandette : Thérèse Douillard, qui, après un long service *auprès des mêmes maîtres*, y est revenue mourir (comme un lièvre à son gîte). Elle était presque centenaire,

---

(1) Ce détail m'était encore affirmé, il n'y a pas plus d'une quinzaine de jours, par le doyen des habitants de la Hautière.

(2) Lors du rétablissement du culte, avant que les petits séminaires n'eussent été relevés, et longtemps plus tard encore, le curé Courtais recueillait à son presbytère nombre de jeunes gens auxquels il fournissait, à ses frais, gîte et couvert. Il leur donnait lui-même l'instruction nécessaire pour qu'ils pussent entrer dans les ordres ecclésiastiques. Plus d'un prêtre du diocèse peut encore témoigner de ce que j'avance.

Son autorité morale était telle, que, plutôt que d'aller chez le juge de paix, ses paroissiens venaient soumettre à son arbitrage leurs petits différends et acceptaient aveuglément ses décisions.

mais elle avait conservé jusqu'au bout son intelligence et la fidélité de ses souvenirs. — « Une fois, me racontait-elle, pendant le rigoureux hiver de 1794, mon père, qui était allé se battre, rentra chez nous avec un *gros rhume* (1) et fut forcé de s'aliter. Au bout d'une couple de jours, ne se trouvant pas mieux : — « Mes enfants, nous dit-il, je sens que je vais mourir. J'aurais pourtant bien désiré, auparavant, voir notre curé ; mais on le recherche plus que jamais et je ne veux pas l'exposer à tomber aux mains des méchants. Si seulement on pouvait lui faire connaître mon état, il prierait certainement bien pour moi et je m'en irais tranquille en l'autre monde. » A la nuit tombée, un brave garçon du village partit pour la Clavelière, propriété de la famille Gullmann, située à l'autre extrémité de la paroisse ; nous savions qu'il y était alors caché.

— « Monsieur le curé, dit-il en entrant, le père Douillard de la Hautière est bien malade, mais il ne veut pas vous déranger à cause du risque qu'il y aurait pour vous. Il vous fait demander seulement de bien prier pour lui.

— C'est trop fort ! s'écria le curé en se levant d'un bond. Ah ! parce qu'il y a du danger, je laisserais mourir sans consolations ce pauvre Douillard, qui, pour me prévenir de ceux qui me menaçaient, n'a pas craint maintes fois d'exposer sa vie ! Allons, mon enfant, marche, je te suis. »

Puis, emboîtant le pas derrière lui et posant ses pieds dans les traces que faisaient les sabots du jeune gars dans la neige (les empreintes de sa chaussure étaient connues ! (2), il arriva péniblement chez nous, vers une heure de la nuit. Mon père pleura de joie en le voyant, se confessa, reçut le bon Dieu, et mourut une demi-heure après son départ (3).

Ah ! comme disait le père Louison, il y a toujours eu *du bon monde* en France ; mais il y a mieux que du bon monde, il y a de grands cœurs, qui rehaussent les nôtres par les exemples qu'ils leur donnent. Il y a aussi des enseignements qu'on ne

---

(1) Une fluxion de poitrine.

(2) Historique.

(3) J'ai reproduit textuellement les paroles de la bonne Thérèse, bien éloquentes dans leur simplicité.

devrait jamais laisser perdre, pour les jours possibles de l'épreuve.

Quel dommage, comme je le disais en commençant, qu'on ne se soit pas occupé partout de cette tâche, car on eût trouvé dans tous nos hameaux de l'Ouest une moisson aussi abondante que celle que j'ai recueillie à mon cher petit village de la Hautière !

LES BOUËT

A Mlles Modeste et Joséphine Picard

On dit ordinairement d'un homme chanceux que « les alouettes lui tombent toutes rôties dans la bec. » Quoique cette chance ne soit pas ordinaire, elle est plus commune qu'on ne le pense, mais sous l'expresse condition que, pour les recevoir, *on tende le bec en l'air*. Pour ma part, je l'ai rencontrée une fois que je m'en allais flairant le nez haut, en quête de certains documents historiques tous autres que ceux-ci. C'est l'histoire, absolument authentique, d'une modeste famille de paysans nantais pendant la Terreur. Cette histoire gisait dans la mémoire fidèle de deux bonnes vieilles filles qui en sont les descendantes, et elle se serait éteinte avec elles, si le hasard ne les avait amenées à me les raconter. Pourquoi n'ajouterais-je pas, si notre excellente *Revue*, hospitalière aux petits comme aux grands, ne s'était empressée de lui ouvrir toutes grandes ses portes, absolument comme s'il se fût agi de Louis XIV ou de Napoléon? Mon récit en vivra-t-il plus longtemps pour cela? J'en doute un peu, mais j'aurai eu du moins la consolation d'avoir remis pour quelques instants en lumière des faits bien honorables pour de pauvres et obscurs braves gens, qui ont fait le bien sans penser à la louange. A mes lecteurs de décider si l'oiseau que j'ai reçu tout rôti dans le bec, et dont conséquemment je n'ai pu constater le plumage, est une fine alouette, comme j'ai cru lui en avoir trouvé le fumet, ou n'est qu'un grossier et insipide passereau.

Dans les jours les plus affreux de la Révolution, vivait comme fermiers, à la Jaunaie, en Saint-Sébastien, près Nantes, la famille des Bouët, excellentes gens, craignant Dieu et aimant le roi. A part quelques grappillages de fruits ou de volailles qu'ils subissaient, comment pouvaient vivre à peu près tranquilles les paysans des environs de Nantes, quand la Convention se montrait si féroce dans ses ordres de répression contre tout notre pauvre pays rural? Par une raison bien simple : par la nécessité de ne pas laisser manquer une grande cité des denrées de toutes sortes, comme lait, fruits et légumes, indispensables à son alimentation. Il existait donc un accord tacite entre les gouvernants révolutionnaires de la ville et les producteurs de ces denrées.

Il n'en était déjà plus de même à quelques kilomètres plus loin, et Bouët, voisin de la route de Clisson, recevait souvent des uns et des autres les plus navrantes confidences. Tantôt c'étaient des soldats, je devrais dire des bourreaux, qui, s'étant emparés de quelques pauvres femmes dans la traverse de Maisdon à Saint-Fiacre, leur avaient ficelé les jambes, préalablement reployées, et s'étaient *amusés* (!!) à les faire rouler comme des boules du haut du coteau escarpé du Luneau jusque dans la Sèvre. Pour se reposer de ce bel exploit, ils étaient allés tranquillement se coucher sur le foin nouvellement fauché de la prairie d'en face ! Mais ils avaient compté sans la colère vengeresse d'une courageuse femme, mère, sœur ou fille de celles qu'ils avaient si cruellement immolées. A l'abri de leurs poursuites par la rivière, elle vint troubler les douceurs de leur odieux sommeil par une fusillade qui en tua ou blessa un certain nombre (1).

Une autre fois, c'était son propre neveu, à lui, Bouët, Cathelineau (2), qui lui racontait qu'à Basse-Goulaine, à moins d'une lieue de la Jaunaie, il avait failli voir massacrer sous ses yeux sa femme et son petit garçon, enfant encore à la mamelle. Surprise par une bande de soldats et couchée en joue par eux, la jeune mère avait élevé au-dessus de sa tête le pauvre innocent, pour implorer leur pitié ! — Une première fois, elle avait réussi à les attendrir; mais, à une seconde, un monstre n'avait

---

(1) Ce fait m'était encore confirmé, l'an dernier, sur les lieux mêmes.

(2) Rien de commun que le nom avec le général vendéen. Ce Cathelineau était originaire de Saint-Léger.

pas craint de tirer sur l'enfant même, n'ayant réussi, heureusement, à lui enlever que la petite mèche qui surmontait son bonnet (1) ! Pour se soustraires à ces incessantes visites, toujours suivies de massacres, les pauvres habitants de son village avaient été réduits à abandonner leurs maisons et à se réfugier, *comme des bêtes fauves,* dans les hautes herbes des marais de Goulaine et de Saint-Julien. Lorsque la faim les y pressait trop fort, ne pouvant allumer du feu, qui eût trahi le lieu de leur retraite, ils revenaient furtivement à ceux des anciens fours qui n'avaient pas été détruits, et quand leur pain était à peu près cuit, ils l'emportaient précipitamment dans les roseaux qui leur servaient d'asile (2).

En écoutant ces lamentables histoires, Bouët bénissait Dieu de tout son cœur pour le bonheur relatif dont il le laissait jouir; mais comme il était aussi bon royaliste qu'il était bon chrétien, il avait permis à son fils aîné d'aller rejoindre Charette, s'arrangeant *comme il le pouvait* pour faire son travail avec les petits qui lui restaient.

Les temps d'épreuves allaient cependant arriver aussi pour lui. Un jour, il reçut la visite d'un meunier de la Haye-Fouassière, une *connaissance* plutôt qu'un *ami*, qui, lui aussi, venait lui confier ses misères. Celui-là était un *réfugié,* dont la femme était sur le point d'accoucher. Il lui avait été déclaré par les médecins qu'il y avait grand danger, pour elle, habituée au grand air de la campagne, si ses couches se faisaient dans une atmosphère viciée comme était celle de Nantes dans ce triste temps. Bouët n'aimait guère les *réfugiés,* gens en désaccord de sentiments avec leurs frères de la campagne, qui, retirés à la ville, ne craignaient pas de se charger du rôle odieux de guider, dans leurs propres pays de naissance, les colonnes infernales chargées d'y porter l'incendie et la mort. En présence, pourtant, du service signalé qu'il pouvait rendre, par un peu de complaisance, à de pauvres gens dans la peine, il n'hésita pas et offrit au mari, qui y avait bien un peu compté, la propre maison de la Jaunaie pour les couches de sa femme.

Je ne sais si Bouët avait fait grand fond sur la reconnais-

---

(1) Historique.

(2) Historique.

sance des réfugiés ; en tout cas, elle lui fut témoignée de la façon la moins attendue. A peine son hospitalière demeure venait-elle d'être quittée par eux, qu'elle fut envahie par une bande de soldats et de gendarmes. On lui demande où est son fils aîné. Et comme, surpris, il ne sut trop, au premier abord, que répondre, on le mit en état d'arrestation, on le chargea de liens, on se disposa à l'emmener à Nantes. Avait-il confié au meunier que son aîné était avec Charette, ou celui-ci l'avait-il deviné? Je ne saurais le dire ; mais c'était lui qui avait dénoncé son bienfaiteur. Comme Bouët, aux termes de la loi, était responsable de son fils mineur, il avait donc toute chance de payer de sa tête l'hospitalité qu'il avait offerte avec tant de générosité à des misérables. Heureusement qu'avant d'être enlevé de sa demeure, il avait pu faire prévenir de son arrestation M. de la Ville (1), le propriétaire de la Jaunaie. M. de la Ville appartenait à cette grande classe d'armateurs et de planteurs de Saint-Domingue d'avant la Révolution, dont j'ai parlé dans un autre travail. C'était, de plus, un excellent homme, et malgré tous ces titres à être arrêté lui-même, il avait été assez heureux pour conserver de bonnes relations, peut-être de reconnaissance, avec quelques-uns des gouvernants du jour, moins ingrats que l'abominable meunier. Par leur crédit il put obtenir un ordre d'élargissement pour son fermier. Le messager qui l'apportait rencontra le convoi qui emmenait l'infortuné Bouët sur la petite lande de Beautour, à un kilomètre à peine de la Jaunaie, et, à la grande joie de tous les siens, le prisonnier fut mis en liberté immédiate (2).

Pour pouvoir oublier un procédé aussi noir que celui du meunier, ce n'eût pas été trop que la vertu d'un saint. Qu'on ne s'étonne donc pas si Bouët, qui, après tout, n'était qu'un excellent homme, ne réussit pas à en chasser le souvenir de sa

---

(1) De la Ville, Armand-François, marié à une demoiselle Portier de Lantimo, négociant, né en 1734, mort en 1806, auteur de divers écrits économiques et politiques.

(2) Jusqu'à sa mort, Bouët terminait chacun de ses repas par *deux bouchées de pain sec*, et quand on eut l'idée de remonter à la source de cette habitude sur laquelle il refusait gaiement de s'expliquer, on crut découvrir qu'il s'imposait cette petite mortification depuis sa libération et en remerciement de la protection que Dieu lui avait accordée.

mémoire. Il le fit bien voir, une vingtaine d'années plus tard, dans les premiers temps de la Restauration, où il se rencontra un jour avec le traître dans une auberge, à la sortie de la grand' messe. Tant que le drapeau tricolore, qui avait été celui de la Révolution, avait flotté sur nos clochers, les gens de campagne, toujours un peu timorés, n'osaient guère que se chuchoter à l'oreille les méfaits des anciens *patauds* du pays. Mais, quand ils virent reparaître le drapeau blanc, ils ne craignirent plus de parler haut, et ce fut alors à ces derniers de se taire. Seul peut-être parmi eux, le meunier si longtemps redouté n'avait pas compris que, plus qu'un autre, il devait mettre une sourdine à sa langue. Il pérorait donc comme d'ordinaire au cabaret, quand Bouët l'interrompant brusquement et lui montrant le nouveau drapeau qui décorait le clocher : « Silence, misérable! dit-il d'une voix indignée! Apprends, si tu ne le sais, que nous ne sommes plus au temps où tu me faisais traîner sur la lande de Beautour! » Et sous cette apostrophe, aussi sanglante que méritée, il fit verser au vieux révolutionnaire des larmes de honte... ou de rage; que ne puis-je dire de repentir!

Mais si Bouët n'avait pu *oublier*, tout bon chrétien qu'il était, je crois pouvoir rassurer les casuistes qui ne peuvent séparer l'*oubli* du *pardon*, en leur affirmant qu'il pardonna réellement; car, jusqu'à sa mort, il continua à donner à *moudre* sa modeste *pochée* de grain à celui qui avait failli lui faire couper la tête.

Revenons, nous aussi, à la lande de Beautour, sur laquelle nous avons laissé le pauvre prisonnier libéré. A la suite de cette vive alerte, Bouët avait repris ses travaux habituels, quand, un jour, une nouvelle stupéfiante arriva aux oreilles des habitants de la Jaunaie. Grâce à l'intervention de quelques gens de cœur, tant du parti royaliste que du parti républicain, la paix allait se faire entre la Vendée et la République, et c'était précisément la Jaunaie, sa demeure à lui, Bouët, qui avait été choisie pour le lieu où s'en débattraient les conditions. Si jamais nouvelle était faite pour combler de joie tous les cœurs, c'était bien celle-là. Entre mille exemples dont je n'ai que le choix, j'ai indiqué, par ceux du cousin Cathelineau et des pauvres *brigandes* de Saint-Fiacre lancées dans la Sèvre comme des boules, à quel degré de férocité était arrivée cette affreuse guerre. On allait donc pouvoir rentrer dans ses foyers abandonnés, reprendre en paix la culture de ses champs, et embrasser des parents dont on n'était souvent séparé que par quelques lieues, mais dont on ignorait parfois jusqu'à l'existence!

Une joie d'une autre nature, quoique non moins vive, remplissait le cœur des enfants de Bouët: ils allaient voir ce fameux Charette dont on parlait tant et que les récits enthousiastes de leur grand frère, quand il revenait de guerroyer avec lui, leur représentaient comme si grand! Oh! quel désappointement fut le leur, quand, au jour indiqué, ils virent arriver et s'arrêter devant leur porte une troupe de cavaliers aux costumes disparates et déchirés par un long usage, bien différents de ceux des beaux hussards républicains de la Mort, qu'ils admiraient en tremblant! Du milieu de ce groupe se détacha un homme à l'air vif et décidé, qui sauta prestement de cheval. A la déférence affectueuse dont il était l'objet, il était facile de reconnaître *leur chef*. C'était lui, c'était Charette; mais Dieu, qu'il était *petit!* alors que tous le *disaient si grand!* Pour les enfants, un *grand homme* devait nécessairement se mesurer à la taille, et celle d'un tambour-major n'était pas de trop pour traduire l'idée qu'on devait se faire d'un héros.

A quelques jours de là, le traité de la Jaunaie était signé, et pour caractériser le pied d'égalité sur lequel il était conclu, il avait été spécifié que Charette et son état-major, *la cocarde blanche au chapeau,* feraient leur entrée à Nantes, mêlés aux généraux et à l'état-major républicains. Etait-ce de sa part goût naturel, comme chez certains officiers de la République et de l'Empire, ou bien était-ce pour se donner plus de prestige auprès des masses populaires toujours amoureuses de l'éclat, toujours est-il que Charette, pour la circonstance, avait revêtu une toilette un peu théâtrale, qui, du reste, était celle de l'époque. La taille entourée d'une large ceinture, il portait ce frac à grands revers, cette culotte blanche collante, ces bottes à retroussis sous lesquels la gravure l'a si souvent reproduit. Mais, au-dessus de sa tête et de toutes les autres, émergeait un gigantesque panache blanc, qu'il ne réservait pas du reste pour les seuls jours de représentation, connu qu'il était des Bleus comme des Blancs. Tout à coup, au moment où il allait mettre le pied à l'étrier pour se rendre à la ville, la femme de Bouët, tout émue, fendit le rang des officiers qui l'entouraient, et, élevant dans ses bras sa dernière fille, âgée de cinq ou six ans : « Regarde bien, mon enfant, lui dit-elle, et tâche de graver dans ta mémoire le souvenir de ce qui se passe aujourd'hui sous tes yeux; car, en ce moment, *tu vois un grand homme!* » — « Dieu merci, racontait avec bonhomie soixante-dix ans plus tard l'excellente mère Picard, la digne fille des Bouët, je n'ai encore oublié aucun des détails de cette mémorable journée, tant ils me frappèrent. Charette, à bon droit flatté, sourit à ce compliment naïf et me donna une petite tape amicale sur la joue; mais j'avais beau écarquiller les yeux, quoi qu'en eût dit ma mère, je ne pouvais voir de grand en lui... que le plumet qui surmontait son chapeau (1). »

Cette ère de paix et de tranquillité pour tous qu'amena le traité de la Jaunaie d'abord, puis la soumission définitive de la Vendée, n'en fut pas une pour le pauvre Bouët. La misère était grande, à la fin de la guerre civile, et le voisinage de la route de Clisson attirait sur la Jaunaie de nombreux maraudeurs. Ce n'était plus seulement ses fruits et ses légumes qu'on enlevait, mais encore ses bestiaux qui lui étaient volés. Il prit alors le parti de quiter cette ferme et de s'établir dans une contrée plus retirée et conséquemment moins exposée.

Il faut reconnaître qu'il eut la main heureuse dans le choix de la nouvelle ferme qu'il prit. La Maillardière, c'était son nom, était une petite propriété appartenant à la famille Baron, celle de ma grand'mère maternelle. Elle est située dans cette partie

---

(1) On sait le succès que cette fière entrée, avec les couleurs sous lesquelles il avait combattu, valut au héros vendéen, surtout auprès de la population révolutionnaire des Ponts. Si, vers le milieu de la journée, il voulut bien retirer son panache blanc, ce ne fut que par déférence pour des hôtes qui l'accueillaient avec les égards les plus délicats. Après un grand banquet, on lui avait réservé la surprise d'un bal, à la salle de spectacle. Bien jolie fut la façon dont il s'esquiva, pendant une contredanse, d'un cercle formé par les plus fines mains de Nantes, qui l'avaient enlacé : — « Général, lui dit gracieusement une jeune fille, vous êtes notre prisonnier. » — « On ne me prend pas comme cela, » répondit Charette, en s'élançant légèrement, d'un bond, hors du cercle. — Le fait est rapporté par Le Bouvier des Mortiers, un de ses officiers et son historiographe. J'ai tout lieu de croire qu'il en avait été le témoin oculaire. Il m'a été confirmé par le petit-fils par alliance de cette jeune fille d'alors.

de la Haye-Fouassière comprise entre la Sèvre et la route de Clisson, assez proche des deux villages de la Cornillère et de la Cochonnière. Que mon lecteur veuille bien excuser la vulgarité de ces deux noms, singulièrement expressifs, d'ailleurs, des deux célèbres industries du pays : la fouace cornue et le boudin. Aucune route n'y conduisait alors; mais, quoiqu'elle soit placée au milieu d'une région vignoble accidentée et d'aspect riant, il est impossible de rêver rien de plus triste, de plus maussade que cette propriété s'enfonçant soudainement dans une dépression du sol, cachée au regard par un épais bocage. A l'embranchement même du bout de chemin qui y accède, on n'en soupçonne pas l'existence, et l'impression toute particulière qu'on éprouve en y arrivant est « *qu'elle doit fournir une précieuse retraite pour se cacher en temps de révolution.* » La Maillardière, du reste, on le verra, n'a pas fait défaut à son enseigne naturelle.

Si Bouët était plus sensible que ne le sont d'ordinaire les paysans aux beautés de la nature, il a dû y être bien malheureux. Par contre, il avait retrouvé pour ses récoltes et son bétail une sécurité dont il avait perdu l'habitude, compensation qui avait bien son charme pour un honnête fermier plus désireux que certains de nos paysans d'aujourd'hui de s'acquitter des obligations qu'il avait à remplir vis-à-vis de ses maîtres.

A la Haye, grâce au dévouement du plus grand nombre des habitants, qui les cachaient à tour de rôle, les membres de l'ancien clergé n'avaient pas été contraints de quitter le pays. Comme ses confrères, MM. Courtais à Maisdon, Charon (1) à Saint-Fiacre, Agaisse (2) à Château-Thébaud (3), le vicaire

(1) Charon né à Maisdon en 1737, curé de Saint-Fiacre en 1782, obligé d'abandonner sa cure en mars 1791 ; regardé comme émigré pendant la révolution, suivit l'armée vendéenne ; rétabli dans sa cure au concordat, mort en 1823. *(Note de M. Lallié.)*

(2) Agaisse, Pierre-Henri, né à Rezé en 1763 ; vicaire de Trans, il passa pour s'être embarqué pour l'Espagne avec les autres prêtres déportés, mais s'était échappé, et était revenu à terre dans un canot ; se cacha pendant la révolution et administra la paroisse de Château-Thébaud ; fut curé de cette paroisse de 1803 à 1847 ; mort le 8 janvier 1850. *(Note de M. Lallié.)*

(3) Ces deux derniers étaient si profondément heureux du retour des Bourbons, en 1814, que, séparés seulement l'un de l'autre par la petite rivière de

Gancel (1), plus tard nommé curé de Monnières, continuait à assister ses anciens paroissiens, aidé dans cette tâche par un prêtre du diocèse de Bordeaux, miraculeusement échappé aux noyades de la Loire. Ce pauvre homme avait conservé du souvenir de l'affreuse scène à laquelle il avait assisté une impression nerveuse bien concevable, mais tellement forte, qu'il mourut de frayeur, rapporte la chronique, à *cheval* sur le mur d'un petit enclos, un jour où il crut avoir été découvert. Autant qu'il était possible, chaque dimanche la messe se disait dans la maison de quelque village, et les fidèles, secrètement prévenus, se faisaient un devoir d'y venir aussi nombreux que possible.

Si, par son isolement, la Maillardière se prêtait plus qu'aucune autre habitation du pays à cette noble destination, Bouët, de son côté, avait trop de foi pour ne pas croire sa maison grandement honorée, quand Dieu daignait venir la visiter. Un petit dressoir, précieusement conservé par sa petite-fille et qu'elle me montre avec une fierté bien légitime chaque fois que je vais la voir, servait d'autel pour le saint sacrifice. Pieusement recueillis, les fidèles priaient, agenouillés à ses pieds, tandis qu'au dehors veillait une sentinelle prête à donner l'alarme en cas de danger. Nous connaissons tous cette scène émouvante qu'a si bien rendue le pinceau de Muller dans son beau tableau : *Une messe sous la Terreur*.

Un jour, où, nouvelle nourrice, la femme de Bouët remplissait cet office de sentinelle, elle vit venir vers elle une voisine, qui certainement n'avait pas été invitée à la cérémonie, car on se défiait d'elle au pays. Ce n'était pas assez pour qu'elle crût devoir donner l'alarme, mais ça ne laissait pas que de l'inquiéter. Pour comble de malheur, son nourrisson, éveillé soit par besoin, soit par les lumières et par le bruit insolite qui

---

la Maine, ils s'interpellaient du plus loin qu'ils s'apercevaient : — « Agaisse, vive le roi ! » criait Charon. — « Vive le roi ! » répondait Agaisse en élevant son chapeau en l'air.

(1) Gancel, Jean, né à Nantes en 1773, sous-diacre, sacriste et professeur des enfants de chœur à la Collégiale Notre-Dame de Nantes ; suivit les armées vendéennes ; prêtre en 1802 ; vicaire à la Haye-Fouassière de 1804 à 1817, curé de Monnières en 1817, mort en 1857 à 84 ans, le dernier survivant des prêtres de la Collégiale. *(Note de M. Lallié.)*

se faisait dans la chambre, criait à perdre haleine. Il fallait donc à tout prix donner le change à l'indiscrète voisine, et ce n'est pas toujours facile avec les femmes. La conversation suivante s'engagea donc entre elles :

— Bonjour, mère Bouët.

— Bonjour, voisine.

— Qu'est-ce que vous faites donc là de si bon matin ?

— Mon Dieu... je cherche *mon homme,* à qui j'ai quelque chose à dire.

— Votre homme? Je viens de l'apercevoir entrant dans votre cellier avec un Monsieur, que je ne me souviens pas avoir jamais vu. Quel est donc ce Monsieur? (C'était précisément le prêtre de Bordeaux, qui, s'il eût connu la nature des renseignements qu'on demandait sur son compte, fût certainement mort quelques années plus tôt qu'il ne le fit).

— Ce Monsieur, dit tranquillement la Bouët, qui avait repris tout son sang-froid, c'est un marchand de vin qui est venu goûter celui de notre dernière récolte.

— Ah ! tant mieux, car mon mari en a lui aussi à vendre. Et quel est son nom ?

-- Son nom ? Ah ! je serais bien embarrassée pour vous le dire. Depuis que la paix est faite, il nous en vient tant de ces marchands de vin de la ville, qu'on ne s'inquiète seulement pas de savoir comment ils se nomment.

— Vous êtes chanceux, vous autres, car chez nous il n'en vient jamais. Mais, si vous voulez, nous allons aller lui parler.

— Gardez-vous-en bien, reprit la Bouët, en s'efforçant de rire. Quand mon mari est en affaires, il déteste être dérangé. Mais, j'y pense, pour vous éviter la peine de l'attendre, je préviendrai ce marchand, et il passera chez vous, dès qu'il aura fini avec Bouët : vous pouvez y compter.

Quoique battue et bien battue, la voisine n'avait pas du tout renoncé au désir de savoir ce qui se passait dans l'intérieur de la maison, dont elle voyait bien qu'on lui interdisait l'entrée. A ce moment, l'enfant, redoublant ses cris, vint lui en fournir un prétexte tout naturel.

Mais, mère Bouët, dit-elle, c'est bien votre nourrisson qui crie là-bas, dans la chambre? Il doit être malade ou avoir besoin de quelque chose. Allez donc donner à téter à ce pauvre petit.

— Lui donner à téter ! répondit la brave femme, affectant une dureté qui n'était certes pas dans son cœur. Il ne faut pas *accorder à chat comme il miaule*. J'ai habitué mes enfants à ne prendre leur nourriture que quand cela me convient. Celui-là fera comme les autres, et, quand il sera fatigué de crier, eh bien ! il se taira lui aussi. » (*Historique.*)

Cette fois, absolument à bout d'arguments, la voisine fut obligée de s'en aller, non sans rechigner, j'en mettrais ma main au feu, et, pour comble de malheur, rentrée chez elle, elle dut attendre *bien longtemps* le marchand de vin, que, par une fatalité inexplicable, on avait aussi oublié de prévenir.

Ici, ou plutôt en 1814, quand Bouët remit si rudement dans son chemin le perfide meunier de la Haye, ici s'arrêtent ce que j'appellerai *les souvenirs politiques* de cette famille. Rentrés dans l'obscurité de la vie des cultivateurs, lui et les siens ne cessèrent jusqu'à leur mort d'y pratiquer le bien, tant de fait que d'exemple, et ma mère qui les avait suivis de près, m'a toujours répété que c'était de *la crème de braves gens*. J'en puis dire autant de leur fille, la bonne mère Picard, celle qui nous a conservé ces récits et que j'ai vue s'éteindre doucement, il y a une douzaine d'années. Dans sa dernière maladie, celle qui la cloua si longtemps sur le lit, en tête à tête avec ses vieux souvenirs, arriva-t-elle à rectifier son erreur de croire que « la valeur des grands hommes se mesure exclusivement à leur taille ? » C'est possible, mais je n'oserais l'assurer, tant les impressions de l'enfance sont profondes. Quant à ses petites-filles, encore bien qu'il soit constant *que le monde va toujours en dégénérant*, je suis à peu près certain que, le cas échéant et à l'exemple de leur aïeul, elles accueilleraient toujours avec empressement les pauvres prêtres obligés de demander un asile, et que le vieux dressoir des Bouët s'ouvrirait, pour ainsi dire de lui-même, pour reprendre son ancienne et pieuse destination.

AMAND DE LÉPERTIÈRE

Si personne n'ignore les noms ni même l'histoire des principaux chefs vendéens, combien en est-il qui connaissent, même de réputation, les chefs qui ne venaient qu'en sous-ordre? Pourtant ils avaient quelques droits à ne pas être oubliés, car c'est avec la même abnégation que les premiers qu'ils s'étaient dévoués à la cause de Dieu et du Roi.

Un jour de l'an dernier, où je me trouvais avec les excellentes dames de Lépertière, j'appris par elles, non sans surprise, que leur père, ancien officier de Charette, leur avait laissé par écrit quelques pages de souvenirs de la Grande Guerre. Des souvenirs vendéens authentiques et inédits encore en 1883, quelle trouvaille pour un chercheur curieux comme je le suis! et avec quel empressement, je le laisse à penser, je me rendais, à quelques jours de là, à leur hospitalière demeure du Pé-au-Midi en Saint-Viaud! Hélas! j'avais mal compris, et cette fois, comme plus d'une autre dans ma vie, j'ai éprouvé une déception. Ces souvenirs ne consistaient qu'en quelques notes sommaires, qui n'étaient même pas écrites par l'acteur lui-même. Recueillies par la piété filiale et bien précieuses à ce titre, elles n'étaient en somme que d'un intérêt secondaire pour l'histoire. L'une d'elles, cependant, m'a paru en présenter un réel et l'on voit, au développement que le narrateur lui a donné, qu'il a dû plus d'une fois y revenir avec plaisir. C'est le récit de la part qu'un accident heureux l'amena à prendre aux préliminaires du traité de la Jaunaie qui mit momentanément un terme à la guerre de la Vendée. Toutefois, avant d'y arriver, je demanderai à mon lecteur la permission de résumer succinctement ces souvenirs et de lui faire connaître celui qui en fut l'acteur avant d'en avoir été l'historien.

Amand de Lépertière (1), né en 1776, était le deuxième garçon d'une famille du pays de Retz, anoblie vers le milieu du dernier siècle, en raison des fonctions que son chef avait remplies à la Chambre des Comptes. En 1789, son père avait été nommé, à la presque unanimité des voix, maire de Paimbœuf; mais les réformes réclamées par tous au début n'avaient pas tardé à se transformer en une violente révolution. Celle-ci, après avoir remplacé l'ancien culte par un culte schismatique, venait de couronner son œuvre en renversant la Royauté, et le modeste maire de Paimbœuf, nommé à ce poste trois ans auparavant, par acclamation, on peut le dire, voyait à son tour ses biens mis sous le séquestre et était incarcéré sous la prévention d'aristocratie. Deux partis étaient à prendre : l'un, de se soumettre honteusement à l'oppression, ou celui de la combattre, si c'était possible. Justement, à ce moment, La Cathelinière (2), gentilhomme du pays de Retz, présumablement ami de la famille de Lépertière, venait de lever l'étendard de l'insurrection. Le jeune Amand n'hésita pas et il accourut s'enrôler sous ses ordres.

Détail charmant, qu'on dirait tiré de la Bible ou de l'Odyssée. Pour faire connaître aux parents qu'il quittait son heureuse arrivée auprès du chef vendéen, il avait amené avec lui son *fidèle chien de chasse* (*sic*), qu'il leur renvoya avec un billet

---

(1) Amand de Lepertière était le beau-frère d'une tante à la mode de Bretagne de Francis Lefeuvre.

Madame Barré née Rose Baron grand'mère maternelle de Francis Lefeuvre avait deux frères. L'un Baptiste Baron président du tribunal de Nantes sous la Restauration. L'autre François Baron, qui épousa Mademoiselle Sue dont il eut deux filles, mariées l'une à Louis de Lepertière, frère de Amand de Lepertière mort sans postérité et l'autre à Prosper Coinquet.

Amand de Lepertière laissa trois enfants : l'abbé de Lepertière, Mademoiselle Sophie de Lepertière et Madame Angebaud. *(Note de la famille).*

(2) Ripault de la Cathelinière, Louis, de Frossay ; servit dans la marine ; guerroya en Vendée ; commanda une division importante; fait prisonnier par les troupes républicaines ; amené à Nantes, et condamné à mort par la Commission militaire Lenoir le 12 ventôse an II, 2 mars 1794, il n'avait que 25 ans. *(Note de M. Lallié).*

attaché sous le dessous de son collier. Je ne dirai pas si la nouvelle recrue fut bien accueillie au camp royaliste. La meilleure preuve en est que, malgré sa grande jeunesse (17 ans), en raison de la haute considération dont était entourée sa famille, il fut nommé d'emblée *capitaine de paroisse*, c'est-à-dire chef des bons gars de son propre pays de Saint-Viaud. Ce serait un tort de trop crier au privilège. Le privilège, si privilège il y avait, était, pour un enfant trop inexpérimenté pour commander tout de suite à des hommes, était, dis-je, de combattre toujours au premier rang. De plus, en raison de son éducation, il dut remplir les fonctions, périlleuses, en ce qu'il était forcé de se porter le plus souvent seul en avant, de fourrier dans le corps que commandait le brave Guérin. — « Je n'ai « jamais connu soldat plus intrépide que Guérin, redisait sou- « vent Lépertière. Les paysans le regardaient comme invincible « et le suivaient sans hésitation partout où il les menait. » — Hélas! peu de temps après, La Cathelinière était pris et guillotiné à Nantes; mais ses soldats dispersés revenaient promptement, avec Guérin, se mettre sous le commandement immédiat de Charette.

En raison de ses fonctions, il advint probablement qu'à ce moment Lépertière se trouvait séparé de ses compagnons d'armes. N'ayant pas réussi à les rejoindre et dans l'impossibilité où il était de rentrer ostensiblement chez lui, connu qu'il était pour avoir pris part à l'insurrection, il fut obligé, à l'exemple de Joseph, de se cacher dans un puits desséché, et il y vécut, trois longs mois, des vivres que lui apportaient pendant la nuit les Clergeau, de braves et anciens fermiers de sa famille. Enfin, après une inaction sûrement bien pénible, il put rallier Charette, qu'il ne quitta pour ainsi dire plus.

Ce serait ici que les détails touchant les hommes et les événements seraient particulièrements intéressants; car, s'ils sont abondants en ce qui touche la grande armée vendéenne et ses aventures après le passage de la Loire, ils sont maigres en ce qui regarde Charette (1). Lépertière dans ses narrés se borne

---

(1) Une partie de cette lacune a été remplie, depuis que ces lignes ont été écrites, par les souvenirs si intéressants de son père, ancien officier général vendéen, publiés par le regretté M. Amédée de Bejarry.

à indiquer, en quelques mots sommaires et insouciamment dits, ce qu'il y fit pendant ces deux longues années, depuis 1793 jusqu'à 1795, si bien remplies pourtant. Il prit part (je cite presque textuellement) à nombre de combats (je le crois bien!) parmi lesquels un aux Clouseaux, où il s'en livra plusieurs, et aussi à plusieurs *déroutes* (*sic*). Je note à dessein cette expression que j'ai retrouvée quelquefois dans la bouche d'anciens combattants vendéens, avec la certitude où je suis aujourd'hui que, pour eux, la déroute n'avait pas la signification humiliante qu'on lui donne dans langage militaire (1). La guerre de partisans ne se fait pas comme la grande guerre. Du moment qu'on le peut faire avec avantage, on attaque l'ennemi, si nombreux qu'il soit, et, pourvu qu'en le harcelant, on arrive à le détruire en détail, le but est atteint. Repoussé, — et il doit l'être fréquemment, — le partisan se replie en ordre plus ou moins régulier et va se rallier plus loin. Ce que les Vendéens faisaient et ce qu'ils appelaient naïvement *une déroute*, est ce que font usuellement les Arabes, dont aucun militaire qui les a combattus ne songe à mettre en doute le courage. Dans l'une d'elles, cependant, — celle-là probablement bien réelle, — le jeune Lépertière, mourant de besoin et à bout de forces, s'était étendu sur le bord d'un chemin n'attendant plus que la mort, quand le galop d'un cheval se fit entendre. O bonheur! au lieu d'un ennemi, c'est un cavalier vendéen qui apparaît! Mieux encore, c'est Doucet, un gars de la paroisse même de Saint-Viaud. Le brave garçon saute à bas de son cheval, hisse dessus son capitaine et part, l'emportant en croupe derrière lui. Ce n'était pas chez les Lépertière qu'on rencontrait des ingrats. Aussi quand, plus tard, rendu à sa charrue et à ses bœufs, Doucet avait occasion de passer devant la porte du Pé-au-Midi, il allait y frapper de confiance et, jusqu'à la fin, la place d'honneur lui fut toujours réservée à la table de son ancien chef.

Jusque-là, rien de bien particulier dans cette vie militaire, qui fut celle de tous les combattants vendéens jusqu'à la pacification amenée par le traité de la Jaunaie. Pauvre traité! Il courut grandes chances d'avorter, avant même ses premiers préli-

(1) Dans la *Vie de Charette*, par Le Bouvier-Desmortiers, on lit que ce général *commandait* souvent la déroute.

minaires, sans l'incident qui amena Amand de Lépertière à y prendre une part, si modeste qu'elle fût. Quelques mots au préalable.

La grande armée vendéenne avait été anéantie à Savenay, et tous les efforts du gouvernement républicain s'étaient concentrés sur Charette, qui, resté seul debout, le tenait en échec par sa pratique intelligente de la guerre de partisans (1). Dans ces conditions, l'insurrection pouvait se continuer indéfiniment, on peut dire, et achever la ruine du pays, sans chance d'arriver au rétablissement de la royauté. C'est ce que comprenaient nombre de gens des deux partis, et de là à la paix il n'y avait qu'un pas. Au dire de tous les historiens (et les notes manuscrites que j'ai sous les yeux sont d'accord avec eux), l'idée en était venue simultanément à Mme Gasnier-Chambon (2), créole réfugiée de Saint-Domingue, remarquable par sa beauté et son intelligence, et à un émigré rentré secrètement au pays, M. Bureau-Bâtardière (3). Mme Gasnier s'en ouvrit à Ruelle, représentant du peuple, qui, contrairement à tant d'autres de ses collègues, avait donné à notre pauvre ville de réelles preuves d'humanité. Ruelle accorda facilement à Bureau-Bâtardière le sauf-conduit demandé, et, une fois en présence les uns des autres, ils n'eurent pas de peine à tomber d'accord sur l'opportunité, moyennant de mutuelles et honorables concessions, de mettre fin à une guerre devenue impitoyable.

La première difficulté était d'arriver à se mettre en rapport avec des belligérants exaspérés et méfiants, et la seconde, plus sérieuse encore, était de s'aboucher directement avec Charette, un jour ici, le lendemain là, sur un champ d'opérations de plus de trente lieues d'étendue. Il avait encore la mauvaise

---

(1) Napoléon à Sainte-Hélène le classait comme le premier parmi les généraux vendéens et disait qu'il était le seul à avoir compris le vrai caractère à donner à cette guerre.

(2) V. Madame Gasnier, l'Américaine, par Lenôtre, *Vieilles maisons, Vieux papiers*, 4e série. *(Note de M. Lallié.)*

(3) L'histoire de Charette par Le Bouvier-Desmortiers en indique encore un troisième, le chirurgien Blin, qui, dans ces préliminaires, aurait rempli un rôle bien plus important que celui de Bureau-Bâtardière ; mais les notes de Lépertière ne disent rien au sujet de ce dernier.

habitude de ne confier à personne le secret de sa présence, se bornant à la révéler par de brusques surprises. Il fallait donc pour cette mission, non seulement des gens de cœur et d'intelligence, mais encore des personnes qu'il connaissait et qui pussent lui inspirer confiance. Il va sans dire que Bureau pas plus que Ruelle ne laissèrent à aucun autre le soin de mener leur œuvre à bonne fin ; mais ils durent s'adjoindre des auxiliaires : tout d'abord, Mme Gasnier elle-même, avec sa grande beauté, encore bien qu'elle eût largement dépassé la cinquantaine (la beauté ! avantage qui n'a jamais nui au succès d'une négociation), puis Mlle de Charette, la propre sœur du général, qui voulut bien sortir de sa cachette pour se charger de cette mission d'humanité (1). — Ruelle, chargé des pleins pouvoirs du gouvernement, prit encore avec lui le jeune Bertrand, neveu de Bureau, brillant officier républicain, qui, par son récent mariage avec Mlle Geslin, d'une riche famille d'armateurs, était devenu Nantais par adoption. Tous les cinq (2) se transportèrent à Bouaye, aux bords du lac de Grandlieu. De l'autre côté, sur le territoire de Saint-Lumine-de-Coutais, campait un poste important de Vendéens. Pourquoi Ruelle n'essaya-t-il pas de se rapprocher personnellement d'eux et resta-t-il à Bouaye avec les deux femmes ? C'est ce que les notes ne disent pas. Il est plus que probable que, tenant la clef des négociations, il ne voulait pas en compromettre le succès par sa propre arrestation, qu'il n'était nullement impossible de prévoir. Pensez-donc quelle capture c'eût été pour les Vendéens que celle d'un représentant de la terrible Convention ! Seuls donc, Bureau-Bâtardière et Bertrand-Geslin prirent place dans un petit bateau et se dirigèrent vers la rive opposée, en agitant, du plus loin qu'ils pouvaient être aperçus, leurs mouchoirs blancs, comme indice d'une mission parlementaire. A

---

(1) On ne dut pas avoir grand'peine à la trouver ; car elle s'était réfugiée dans la maison même de Mme Gasnier, comme je viens de l'apprendre par une remarquable notice due à la plume d'une petite-fille de cette excellente dame, aussi remarquable par l'esprit d'initiative que par son adresse, et qui avait rendu d'importants services à la cause royaliste.

(2) Le Bouvier-Desmortiers ne fait pas mention de la présence de Ruelle dans cette expédition, mais les notes de Lépertière parlent toujours de *cinq* parlementaires.

peine ont-ils mis pied à terre, qu'ils sont entourés par les paysans, des maraîchains, braves mais rudes soldats, qui les regardent avec défiance. Mais sur la demande qu'ils expriment d'être mis en rapport avec le général, une voix se hasarde à dire qu'ils *pourraient bien être des espions.* — « Oui, ce sont des espions ! » reprend la foule, passant subitement *du doute à la certitude absolue* : « A mort les espions ! »

Déjà les paysans avaient sauté sur leurs armes, quand, attiré par ce tumulte insolite, apparaît le jeune Lépertière, pour l'instant commandant du poste. D'un bond il se précipite entre les négociateurs et ceux qui veulent leur faire un mauvais parti, et lorsqu'il sait de quoi il s'agit, il s'efforce de faire comprendre à ces furieux l'énormité du crime qu'ils vont commettre. Voyant qu'il n'y réussit qu'à moitié, il change soudainement de tactique. — « De deux choses l'une, leur dit-il, comme conclusion : ou ce sont des espions, et le général, qui saura bien les reconnaître, ne manquera pas de les faire fusiller, vous pouvez vous en rapporter à lui (*sic*) ; ou ce sont de vrais parlementaires, et tenez-vous alors pour certains qu'en raison de votre maladresse, ce sera vous qu'il fera passer par les armes, si vous les avez mis à mort. » Ce dernier argument, — argument *ad hominem*, s'il en fût, — finit par convaincre les plus incrédules, et, en dépit de quelques dernières et faibles protestations, les fusils furent relevés, au grand soulagement des pauvres négociateurs, qui furent renvoyés à Bouaye. A leur tour, Mme Gasnier et Mlle de Charette traversèrent le lac avec eux, et à Lépertière, naturellement indiqué, échut l'honneur de conduire la bonne demoiselle auprès de son frère. Il la prit sans façon en croupe derrière lui, comme c'était l'usage pour les femmes alors, et, traversant plus de vingt lieues avec elle, il la mena jusqu'à Belleville, près la Roche-sur-Yon, quartier général de Charette.

A la suite de cette sérieuse ouverture, celui-ci ne tarda pas à se transporter au château de la Jaunaie (1) en Saint-Sébastien, et, moyennant les conditlons les plus honorables pour sa cause et pour lui, il conclut avec le gouvernement républicain le traité de ce nom, qui mit momentanément fin à la guerre civile. Je n'ai à m'occuper ni de sa teneur ni de sa trop

---

(1) Traité de la Jaunaie 12 et 13 fév. 1795, *Charette*, Bittard des Portes, p. 400. *(Note de M. Lallié.)*

prompte rupture ; un peu plus tôt, un peu plus tard, n'est-ce pas, hélas ! le sort de tous les traités, dits pourtant éternels ? Ce que je tiens seulement à constater, c'est que, sans la présence d'esprit, sans l'énergie d'un enfant, on peut le dire, un accord, ardemment désiré d'un côté comme de l'autre, eût couru grand risque de ne pouvoir jamais se faire, précédé, comme il l'eût été, du meurtre des gens de cœur qui avaient accepté le mandat de le tenter.

Quant à Lépertière, son premier soin, la paix faite, fut de courir à Nantes, embrasser les siens, dont il était séparé depuis plus de deux ans. Dans quel état se présenta-t-il devant eux ! Ses vêtements, ou mieux, *son vêtement* était absolument en lambeaux, et sa chemise, qu'il n'avait pu changer depuis *trois mois (sic)*, était littéralement coupée à la hauteur de la ceinture.

Ces devoirs de famille et de renouvellement de toilette accomplis, il voulut revoir son cher Pé-au-Midi, qu'il avait quitté depuis plus de deux ans, et il partit avec son plus jeune frère, qui, lui aussi, en avait été éloigné par son séjour à Nantes, depuis le commencement de la guerre. La gravité de l'histoire me permettra-t-elle de dire que ce *jeune héros* s'indigéra presque, en compagnie du petit frère, à force de manger des pommes, qu'ils trouvèrent oubliées dans un coin de grenier ? Mais ce qui fut plus flatteur encore pour lui que cette trouvaille de pommes, c'est que, à quelque temps de là, il se rencontra dans un salon avec Mme Gasnier. Quand elle l'aperçut, la belle créole courut à lui en l'appelant son sauveur (*sic*), et (ce qui n'avait rien de très désobligeant pour un joli garçon de dix-neuf ans), elle l'embrassa avec effusion en racontant, devant toute l'assistance ravie, sa courageuse et adroite conduite.

Une fois rentré dans la vie privée, Amand de Lépertière n'en sortit pour ainsi dire plus pendant près de trois quarts de siècle. On sait qu'elle doit être murée ; mais, à la longue, il se fait dans les murailles, si solides qu'elles soient, des fissures et même des brèches, qui permettent de voir ce qui se passe derrière elles. Quelque soin qu'il mît, dans sa modestie, à cacher la sienne, il est à la connaissance de tous que, durant ces soixante-quinze ans, il ne cessa de s'occuper de ses devoirs envers Dieu et envers son prochain par des bonnes œuvres de toutes sortes. L'unique distraction qu'il s'accordait était d'aller chaque année aux bains de mer de Pornic, assez peu mondains encore, et il ne manquait jamais d'y amener avec lui quelque souffreteux de son cher pays de Saint-Viaud, soit une pauvre femme affaiblie, une jeune fille étiolée ou un enfant ayant besoin, pour se développer, de l'air vivifiant de la mer. Je suis à peu près certain qu'il avait légué cette bonne tradition à ses enfants et qu'après sa mort, elle a été par eux religieusement observée. Il se livrait encore avec plaisir aux travaux manuels, dans lesquels, comme tous les siens, il était d'une adresse remarquable. Ils faillirent bien pourtant être la cause de sa perte ; l'orgueil aujourd'hui, comme au premier jour, trouve toujours l'accès des âmes, même les mieux gardées ! Il avait confectionné *absolument à lui seul* une véritable voiture et il était si fier de sa création, qu'il voulut, aussitôt terminée, l'essayer avec ses enfants. Pendant la route, il ne cessait d'en exalter l'élégance et la douceur. La vérité m'oblige à déclarer que, malgré les louanges qu'il s'accordait si volontiers à lui-même, son véhicule inclinait sensiblement, soit à droite, soit à gauche, suivant les ornières du pavé de Paimbœuf, et Dieu sait si elles faisaient défaut alors ! De plus, on y était bercé... aussi doucement que le sont des souris qu'on secoue dans une souricière. Mais, pour comble d'infortune, ne voilà-t-il pas qu'à un cahot plus violent que les autres, le pauvre char se sépara brusquement en deux, les enfants restant à l'arrière, tandis que le père poursuivait solitairement sa route en avant ! Ce petit échec eut, du reste, pour lui les meilleurs effets, en le ramenant à des sentiments habituels de modestie, dont il avait eu la faiblesse de se départir, si peu que ce fût.

Mais revenons aux choses sérieuses. La Restauration l'avait trouvé maire, depuis 1813, de cette même commune de Saint-Viaud, dont il avait été, vingt ans auparavant, capitaine. En 1830, il se démit de ces modestes fonctions, reprises en 1848, puis il les résigna encore en 1852, pour ne pas engager sa foi envers des gouvernements dont il ne reconnaissait pas la légitimité. Un peu tardivement peut-être, en 1827 seulement, on lui a offert le choix entre la Croix de Saint-Louis, déjà un peu oubliée, et celle de la Légion d'honneur, peu prodiguée encore et conséquemment dans tout son lustre. Ce fut celle de Saint-Louis que prit le vieux Vendéen, comme accentuant mieux son dévouement et la nature des services qu'il avait rendus à la cause royale.

On sait que, généralement, les vieux soldats, au risque de se répéter un peu, aiment à raconter leurs anciennes campagnes. Était-ce modestie de la part de Lépertière, ou lui était-il pénible de revenir sans nécessité sur les souvenirs, toujours douloureux, des guerres civiles? Je ne sais; mais quand il le faisait, ce n'était pour ainsi dire que par accident. C'est ainsi que ses enfants en ont pu recueillir les quelques bribes que j'ai relatées. Quand on lui rappelait cette époque et le temps si honorablement rempli de sa jeunesse: « C'est vrai, disait-il sans embarras, mais aussi sans paraître aucunement tenir à appuyer sur le sujet, dans *cette* circonstance, avec La Cathelinière, Guérin ou Charette, nous avons fait ceci ou cela; » puis il passait presque tout de suite à un autre ordre d'idées.

Il vécut ainsi jusqu'à près de 92 ans, ayant conservé jusqu'au bout sa complète lucidité d'esprit. Mais, si l'esprit était fort, le corps faiblissait depuis déjà quelques années. Pour combattre cette faiblesse, la médecine, plus timorée alors qu'elle ne l'est aujourd'hui dans l'emploi des alcools, le soutenait à l'aide de vins généreux. Une fois, pendant le court répit que lui laissait une effrayante quinte de toux catarrhale, dans laquelle on craignait à chaque instant de le voir trépasser : — « Sont-ils assez... *simples,* ces pauvres médecins, disait-il en souriant avec cette pointe gracieuse d'esprit particulière aux Lépertière, sont-ils assez simples, quand ils viennent nous conter que je suis faible! Comme s'il ne fallait pas être fort... et bien fort, pour résister à un assaut comme celui-ci! » Il n'y a cependant pas force qui tienne devant 91 ans, aggravés d'un catarrhe invétéré, et le vieux soldat du Roi, entouré des soins de ses enfants et de l'affection universelle, s'éteignit, dans une sérénité d'âme qui puisait sa source dans sa confiance en ce Dieu qui l'avait protégé au milieu de tant de dangers.

C'était quelques années avant sa mort. Je n'oublierai jamais la profonde impression que nous ressentîmes, ma famille et moi, à la vue soudaine de ce bon vieillard, à la figure si vénérable, entrant dans l'église Saint-Nicolas, appuyé au bras de son digne fils, qui s'était donné au Seigneur. Il venait nous apporter, alors que nous étions éprouvés par une perte cruelle, le témoignage de sa sympathique commisération, et c'est encore tout ému de ce souvenir qu'aujourd'hui je suis heureux de pouvoir m'acquitter envers les siens de notre dette de reconnaissance.

LES BASSETS DE MON ONCLE

Tous ceux qui ont habité la campagne connaissent, sinon par son nom scientifique, du moins par son chant particulier, cette petite grenouille ou crapaud (le *bombinator*), dont la voix, entendue par les belles soirées d'été, rappelle, à s'y méprendre, la menée de nos vieux chiens courants à gorge retentissante. Ces bruits lointains, perçus dans la nuit et la solitude des grands bois, n'ont-ils pas été l'origine poétique de ces chasses fantastiques, dont abonde la légende des populations forestières? A une époque où la poésie s'en va grand train et où la légende n'est plus guère de mise, ils me rappellent, à moi, des souvenirs pleins de charme et de mélancolie que je suis heureux d'évoquer ici.

J'ai eu le chagrin très réel d'enterrer, il y a quelques années, un bon vieil oncle breton, jeune d'idées et de cœur, en dépit de ses quatre-vingt-dix ans. A cet âge avancé, il avait conservé toute la candeur et toutes les illusions de la jeunesse. Arraché de bonne heure par les exigences d'une profession sédentaire à la campagne où le rattachaient tous ses goûts, mon oncle n'avait qu'un désir, celui de reprendre au point précis où il l'avait abandonné, le cours de ses plaisirs et de ses occupations d'autrefois. Quand donc, à soixante-dix ans, sonna pour lui l'heure du repos, il ne songea plus qu'à une chose, acquérir une propriété sur laquelle il y aurait à défricher, bâtir et planter; une propriété d'avenir, quoi! Il fallait de plus qu'elle fût d'un prix modique, par rapport à son étendue, et située dans un bon pays de chasse et de pêche.

Comme agents de ses futures chasses, mon oncle avait,

depuis de longues années, arrêté son choix sur les bassets ; sa meute n'en devait jamais dépasser le chiffre de deux, chiffre modeste, c'est vrai, mais suffisant en raison de l'excellence de la race dont ils sortaient. Elle appartenait, au temps jadis, à un vieux gentilhomme du pays de Retz, M. de la Clartière, ami et voisin de sa famille, avec lequel il avait fait ses premières armes à la chasse. — « Ah ! mes chers amis, quels chiens c'étaient ! nous disait-il avec enthousiasme. Leur corps était si long et leurs pattes torses si courtes, qu'ils paraissaient littéralement ramper. Il avait fallu sans nul doute à la Providence, si généreuse envers le mille-pattes, mais bien parcimonieuse à leur égard, de bien graves raisons pour ne leur en avoir accordé que quatre, quand six ne leur eussent pas été de trop. Leurs oreilles étaient de dimensions telles, que quand je m'amusais à les leur tourner autour du cou, je pouvais les renouer l'une à l'autre par un gros nœud de cravate comme en portaient alors les merveilleux du Directoire. Quant à leur voix, je ne crois pas exagérer en disant qu'il fallait remonter jusqu'aux mugissements du taureau, pour en avoir l'idée. »

Tous ces beaux projets échouèrent devant l'obstacle le plus facile à prévoir et le moins prévu pourtant. Ma tante, femme de sens et d'économie, qui tenait les cordons de la bourse,

Et par droit de conquête et par droit de naissance,

ma tante, dis-je, mise en demeure de se prononcer sur l'acquisition d'une de ces propriétés sur *laquelle il y avait absolument tout à faire*, s'y refusa net. Elle déclara que, quand on avait soixante-dix ans et pas d'enfants (détail essentiel), il était fou d'aliéner un présent certain pour un avenir douteux ; – qu'elle entendait donc jouir de sa fortune et en faire jouir son mari... *malgré lui*, s'il le fallait.

Quoique homme d'esprit, mon oncle ne comprit absolument rien à cette étrange manière de raisonner. Mais, s'il ne fut pas convaincu (*ce qui n'était pas nécessaire*), il se soumit ; *ce qui était indispensable*. En récompense de sa docilité, il reçut, à quelque temps de là, de sa gracieuse moitié, le cadeau d'une maisonnette entouré d'un jardinet, flanqué lui-même de quelques maigres lopins de terre et d'une toute petite vigne. Je dois dire qu'au milieu du jardinet s'étalait un bassin d'arrosage, prétentieusement appelé *étang*, peuplé de cinq poissons rouges seulement, qui, malgré les préceptes de l'Écriture, s'obstinèrent à n'y jamais croître ni multiplier ; mais, en revanche, d'un nombre illimité de ces petites grenouilles, de ces *bombinators*, au chant si singulier. En somme, tout y était petit, mesquin même, et, par surcroît, situé dans un pays absolument déshérité de gibier.

Malgré ces légères modifications apportées à son ambitieux programme, mon oncle, arrivé à sa quatre-vingt-sixième année, vivait le plus heureux des hommes, à sa nouvelle campagne. N'ayant pu réussir à devenir grand agriculteur, il s'était fait modeste jardinier. Il avait même su donner une quasi-satisfaction à ses goûts de chasse, en détruisant toutes les vermines et tous les insectes nuisibles qui infestaient sa maison et son jardin. Dût sa modestie en souffrir jusqu'au delà du tombeau, je dirai qu'il se couvrait littéralement de gloire dans la croisade qu'avec l'ardeur de nos pères, les chrétiens du moyen-âge, il entreprenait annuellement contre des *turcs*, ces larves blanches du hanneton, quand arriva un de ces événements qui font époque dans une existence aussi peu accidentée que la sienne.

Ne croyez-pas que ce fut une de nos dernières révolutions. Encore bien que, comme la plupart des vieillards, il ne les aimât guère, il en avait tant vu... tant vu, qu'il ne s'inquiétait pas démesurément pour si peu. C'était bien mieux, ma foi. La Providence, dans ses décrets inexplicables, envoya, un jour, dans ce pays si peu giboyeux..., un lièvre, mais un vrai lièvre, en chair et en os ; un lièvre, enfin, possédant toutes les qualités requises pour confectionner un succulent civet; à preuve... Mais n'anticipons pas sur les événements. La chance voulut, de plus, qu'il fixât son quartier général dans la vigne même attenante au jardinet.

Mon oncle avait souri avec incrédulité aux premières annonces de cette nouvelle si invraisemblable.

— « C'était un chat, disait-il, qu'on avait vu. »

Mais, s'il se refusa, d'abord, malgré l'unanimité des rapports, à croire à l'existence du *berdindin* dans sa vigne et à son exceptionnelle grosseur (les lièvres, avant d'être tués, sont toujours exceptionnellement gros et grands, chez nous), il fut bien forcé de se rendre à l'évidence, en présence des déprédations commises dans les carrés de choux et de salsifis de sa réserve, légumes de prédilection de ces animaux. A partir de cette découverte, tous ses instincts de chasse qu'on croyait morts, mais qui n'étaient qu'assoupis, s'éveillèrent avec furie dans son âme. Il grimpa au haut d'une armoire, pour y atteindre de vieilles guêtres, à tirants remontants, qui avaient appartenu, au moins, à son grand-père — car tous les ustensiles étaient légendaires dans cette bonne maison, — et les sangla fiévreusement autour de ses mollets décharnés. Puis, décrochant du râtelier qui surmontait la cheminée de sa cuisine un vieux fusil à pierre, transformé à piston, sans prendre le loisir de s'informer s'il était ou non en règle avec la loi, il courut à la vigne, dont il se mit à explorer un à un le dessous de chacun des ceps. Ses lunettes étaient-elles trop faibles ou cette chance, qui n'accompagne que la jeunesse, comme disait le grand roi à Villeroy malheureux, lui fit-elle défaut? Il faut le croire, car non seulement ce jour-là, mais le lendemain et les jours suivants, dès qu'il avait abandonné sa recherche inutile, le lièvre déboulait sous les pieds du premier qui pénétrait dans la vigne. Agacé et surexcité au plus haut point par cette poursuite inutile, il en eût maigri, si la chose eût été possible; un feu sombre brillait dans son regard; il perdait l'appétit et le sommeil, et dans les quelques instants où la nature reprenait ses droits, il faisait des rêves incohérents, dans lesquels revenaient sur ses lèvres des termes de vénerie entremêlés d'appels à des chiens imaginaires.

Quant à ma tante, parfaitement insensible, dans le début, à l'invasion du monstre, elle commençait à voir s'ébranler sa philosophie, à l'aspect des ravages dont elle se sentait directement atteinte... dans la personne de ses choux et de ses salsifis. Jamais elle n'avait aimé *voir perdre le bien du bon Dieu*, à plus forte raison, celui dont il lui avait confié personnellement la garde.

Les choses en étaient là lors d'une visite que je fis à ces bons vieux parents, qui m'accueillirent avec la même cordialité que d'ordinaire, malgré une préoccupation inaccoutumée. Quand j'en appris la cause, je les consolai de mon mieux.

Après le dîner, la soirée étant belle, nous fûmes, en nous promenant, nous asseoir sur un banc voisin du petit bassin des cinq poissons rouges et des bombinators, où, par le calme d'une nuit tiède, nous ne tardâmes pas à tomber dans le silence et la rêverie. Devinez, si vous le pouvez, la nature de celle de mon oncle. Tout à coup, du bassin, la voix d'une grenouille se fait entendre, semblable en tout point au coup de gueule d'un chien qui rapproche une piste. A ce premier aboi en succède un autre, puis un troisième; la voie s'échauffe peu à peu, et j'entends enfin la note pénétrante du lancer.

Je veux me lever, quand une main vigoureuse me retient sur place : — « Pas de bruit, mon ami, me dit tout bas mon oncle, ce sont les bassets de M. de la Clartière qui nous ramènent le lièvre. »

Les voix s'arrêtent un instant : — « Tiens, dit-il, les chiens sont tombés en défaut, le capucin se sera relaissé. Au retour, mes beaux. » Mais elles reprennent avec entrain. — « Tayau! s'écrie-t-il frénétiquement, tayau! tayau! »

A ce tayau, poussé par une voix vibrante comme celle d'un homme de vingt ans, la chasse qui venait de reprendre s'arrête brusquement; les grenouilles qui la simulaient s'étant plongées, effrayées, au plus creux de la vase du bassin. Mon oncle lui-même, réveillé en sursaut par son tayau retentissant, nous regarde tout effaré. « Qu'est-ce? dit-il. » Puis, reprenant peu à peu ses esprits, mais pâle encore et frémissant d'enthousiasme : — « Ah! ma bonne femme! s'écrie-t-il, quelle belle chose que la chasse! Je veux écrire dès demain à mes excellentes nièces du pays de Retz, pour qu'elles nous envoient deux descendants des fameux bassets La Clartière, avec lesquels, avant huit jours, je te le jure, je t'aurai débarrassée de ton mangeur de choux. »

A ce ressouvenir, un éclair de colère traversa le visage de ma tante, dont la patience n'était pas, je vous l'ai dit, la vertu principale. Mais, comme elle était douée d'un instinct sûr pour compter, en un instant elle fit le calcul comparé de ce que lui coûterait la perte de quelques feuilles d'herbes, d'une part, et de l'autre, l'achat, puis l'entretien de deux chiens, peu élevés sur pattes, c'est vrai, mais d'un coffre bien long et de bien grande dépense à remplir. Se retournant donc du côté de son mari, et d'une voix dont l'enjouement se mélangeait d'un accent de fermeté bien connue : — « Crois-moi, mon pauvre bonhomme, lui dit-elle, à nos âges, il faut bien pardonner un peu, si vous voulons que Dieu soit miséricordieux à notre égard.

Pour ma part, à condition qu'elle aille se faire tuer ailleurs, je pardonne de tout mon cœur à cette méchante bête qui m'a mangé tous mes salsifis. Ce n'est donc pas la peine, pour si peu, de déranger de leurs bonnes œuvres tes nièces, qui, d'ailleurs, seraient peut-être bien embarrassées de la commission de nous chercher des chiens courants. Mais puisque tu aimes encore la chasse et que le chant de ces petites grenouilles te rappelle les voix des chiens, qui nous empêche de venir, tous les soirs, les entendre ici? Et ce ne sera plus seulement, *deux*, mais autant que tu voudras, de cette sorte de bassets que je serai heureuse de t'accorder. » Puis, pour couper court à toute objection intempestive, ma tante me prit prestement le bras, et nous regagnâmes la maison, suivis du pauvre oncle complètement désarçonné.

Le lendemain, nous venions de nous lever, quand un cri joyeux se fit entendre à la cuisine. C'était le fils du jardinier, jeune gars rempli des plus riches dispositions pour le braconnage, qui venait de déposer triomphalement sur la table le grand *mâtar* de lièvre, « qui mangeait, disait-il, toute *la légume de Madame.* » Hélas! ce n'était pas au champ d'honneur et devant les enfants des bassets de M. de la Clartière que la pauvre bête avait trouvé la mort, mais bien dans un ignoble collet, comme en témoignait sa tête tuméfiée. Ma tante était radieuse: elle tenait donc enfin sa vengeance, cette vengeance si chère au cœur des femmes, malgré ses affirmations de pardon de la veille! Quant à l'oncle, il faisait peine à voir; avec le châtiment du coupable s'éteignait toute nécessité de répression; avec ce lièvre tué, le dernier peut-être de son espèce dans le pays, s'effondrait la plus séduisante des illusions, celle de posséder en propre *deux véritables bassets.* Ce ne fut donc que du bout des lèvres et sans le moindre appétit qu'il toucha au succulent civet pour la composition duquel la bonne Modeste, leur habile cordon bleu, s'était pourtant réellement surpassée.

Quelques années plus tard, ma tante quitta la première, pour un monde meilleur, ce monde d'ici-bas qu'elle aimait tant, sans nul doute parce qu'elle s'y savait bien aimée. Mon oncle, qui avait alors quatre-vingt-sept ans, resta seul et bien affligé, mais, à ma grande surprise, quoique pouvant le faire alors librement, il n'acheta pas de bassets. Fut-ce l'âge qui l'en empêcha? Je ne le pense pas, puisque, comme je l'ai dit, il n'avait perdu aucune des illusions de sa jeunesse. Fut-ce le défaut absolu de gibier dans son pays? J'ai trop haute opinion de son caractère pour penser qu'il put être arrêté par un motif aussi mesquin. Fut-ce encore, bien qu'il ne me l'ait jamais avoué, qu'il avait appris (tant est grande la négligence humaine) que les peu soigneux habitants du pays de Retz avaient laissé perdre cette fameuse race de bassets La Clartière, semi-chiens, semi-reptiles? Ne serait-ce pas plutôt une suprême condescendance pour les volontés de sa femme? J'opinerais à le croire. Ce que je peux certifier, c'est que, tant qu'il le put, il revint s'asseoir au bord de ce petit bassin. Il aimait à y évoquer les souvenirs de sa jeunesse, et ceux, plus mélancoliques, de son âge mûr, en écoutant le chant de ces petites grenouilles, auxquelles les miens et moi avons conservé le nom que leur avait si plaisamment donné ma tante, celui des *Bassets de mon oncle*.

SOUVENIRS DE NANTES

avant et pendant la Révolution

L'histoire serait bien aride, bien insuffisante même, si elle se bornait à ne dérouler à nos yeux que des séries de faits et de dates. Ce sont les mémoires qui la complètent et donnent à chaque époque la physionomie qui lui est propre, par leur appoint d'anecdotes et par les portraits qu'ils tracent des grands acteurs en scène. En ce qui touche la France proprement dite, nous ne manquons pas, Dieu merci, de grands mémoires, depuis les chroniques des Grégoire de Tours, Joinville, Froissard et autres, jusqu'à ceux des temps qui nous touchent ; mais peu parmi leurs auteurs se sont arrêtés aux faits particuliers, aux localités d'importance secondaire. Pourtant, combien de ces faits oubliés auraient une valeur appréciable pour l'histoire en général, et une bien plus grande encore pour ces mêmes localités, aujourd'hui surtout qu'on s'attache tant aux monographies. *De minimis non curat prœtor*, dit le proverbe. Pour ma part, je n'ai pas les mêmes motifs que le préteur de dédaigner les petites choses ; au contraire même, et, comme enfant de Nantes, rien de ce qui regarde ma mère n'est mesquin pour moi. J'ai beaucoup vécu dans les pays du passé, en compagnie d'un père né au début de la Révolution, mais dont le père l'avait suivie de près à Nantes même, et d'un oncle breton, M. Lépertière ou de Lépertière (car il avait droit à la particule), né en 1776, et mort nonagénaire, il y a une dizaine d'années. S'il était trop jeune pour pouvoir apprécier ces graves événements, en raison même de son âge, les faits dont il avait été le témoin avaient laissé une impression ineffaçable dans son esprit, et il n'avait pas tardé à vivre de sa vie d'homme avec nombre de gens qui en avaient été les contemporains et même les prédécesseurs.

Tous deux étaient ferrés à fond sur l'histoire de notre ville et aimaient à en parler, tant de celle qu'ils connaissaient par eux-mêmes que de celle qu'ils avaient apprise par ouï-dire. Ils savaient les époques de ses diverses transformations, l'historique de ses familles et possédaient, en un mot, toute sa tradition. Ce sont des fragments de ces récits qui m'ont été faits bien des fois, de ces mémoires, car je puis bien les appeler ainsi, quoiqu'ils n'aient jamais été écrits, qui m'ont été légués par eux, et je regarde comme un devoir le soin de les mettre en lumière, avant que je ne m'en aille moi aussi. Je prie donc instamment, en les remerciant à l'avance, ceux de mes lecteurs qui me connaissent de vouloir bien être les cautions de ma véracité auprès de ceux qui ne me connaissent pas, comme je me porte fort de celle de mes bons vieux parents.

Je diviserai mon travail en deux parties distinctes. La première s'intitulera : *Nantes à partir du commencement du dernier siècle jusqu'à la Révolution*. J'y esquisserai à grands traits sa complète transformation architecturale et le splendide mouvement commercial qui s'y développa, mouvement dont les principaux agents furent les planteurs de Saint-Domingue ; — la seconde, *Nantes pendant la Révolution*, où j'apporterai sinon des renseignements nouveaux, au moins l'appoint de témoignages oculaires à l'historique des faits qui se sont passés à cette terrible époque.

Nantes au dernier siècle et les planteurs de Saint-Domingue.

Il est nombre de villes, celles, en particulier, éloignées de tout centre d'importation ou de production locale, qui conservent pour ainsi dire indéfiniment leur physionomie originaire. Telles elles étaient au moyen âge, telles on les retrouve encore aujourd'hui, et jamais comparaison ne peut leur être plus justement appliquée que celle dont on a bien un peu abusé, celle du palais de la Belle-au-bois-dormant. Il n'en est pas ainsi des villes commerciales ; l'activité incessante des individus ne leur laisse pas, comme ailleurs, le temps de s'attarder avec complaisance à la contemplation des choses du passé. On y vit vite et on oublie de même. Comme je sais par moi-même combien pour tous autres que pour les savants sont arides ces retours trop en arrière, je saluerai respectueusement les vieux Namnètes, nos ancêtres ; plus sympathiquement les patrons de notre ville, saint Donatien et saint Rogatien, et sans essayer de me rapprocher d'eux, j'introduirai de suite mes lecteurs en plein dix-huitième siècle, ce siècle des talons rouges et des robes à paniers, et aussi celui des philosophes et des encyclopédistes.

J'en étonnerai, j'en suis sûr, quelques-uns en leur apprenant qu'au commencement de ce dix-huitième siècle, Nantes était encore une ville ceinte de murailles. Commençons à les prendre, si vous voulez, à l'extrémité inférieure du château dont les pieds baignent dans le fleuve. Elles suivaient le cours de la Loire parallèlement avec elles jusqu'à l'Erdre qu'elles enjambaient, et reprenaient jusqu'à l'emplacement actuel de la Halle aux grains, devenue Hôtel des Postes. A cet endroit, elles s'infléchissaient par une courbe sur la droite en enserrant les bas quartiers de Saint-Nicolas, puis par l'ancien pont Sauvetout, franchissant à nouveau l'Erdre, qu'elles longeaient jusqu'au delà du Port-Communeau, elles se reliaient, en suivant extérieurement les deux cours dits Mottes Saint-André et Saint-Pierre, à la partie supérieure du château. De longs et disgracieux faubourgs extérieurs s'étendaient bien loin en dehors des portes de la ville comme de gigantesques pattes d'araignée. De nombreuses et mesquines maisons, accolées les unes aux autres, maisons dont le pignon seul aspectait le cours du fleuve, garnissaient le quai de la Fosse, si beau aujourd'hui. Elles étaient surplombées par des jardins et tenues maraîchères qui occupaient le coteau jusqu'à son faîte. Sur l'emplacement du Cours appelé, suivant les variabilités des gouvernements — cours Napoléon, — Henri IV, — Cambronne, — pour le moment cours de la République, s'étalaient le couvent et les jardins dits terrain des Capucins, — et entre les rues Crébillon et la ruelle du Chêne-d'Aron, un vaste espace, la tenue Bouvet, ou Bouvet tout court, comme on disait alors.

Malgré ces apparences plus que modestes, Nantes, à la façon de certains avares, tenait en réserve au fond de ses vieux bas, pardon, de ses coffres-forts, d'importantes économies. Dès 1716, étouffant dans sa vieille ceinture de murailles, elle les avait franchies, en attendant qu'elle les démolît, et débordant au dehors, elle avait employé ses capitaux inactifs à la construction de ces maisons, quelques-unes fort belles, qui bordent la place de la Bourse et le commencement du quai de la Fosse (1). Ce n'était pas assez, et quelques années plus tard, en 1727, juste en face le terre-plein de la Petite-Hollande, sur l'île Feydeau, MM. de la Villetreux et Grou, deux des plus importants négociants de Nantes, commençaient la construction de deux belles maisons qui portent leurs noms et jetaient les assises d'un tout nouveau quartier aristocratiquement commercial. L'élan était donné, et, en quelques années, l'île entière se couvrait de splendides hôtels, on pourrait dire de palais, s'ils avaient été isolés les uns des autres. Malheureusement, bâtis sur un terrain peu solide, ils ont fini par s'incliner assez disgracieusement. Bah ! la Tour de Pise est penchée, elle aussi ; en est-elle moins admirée pour cela ?

Et puisque j'évoque ici de vieux souvenirs de famille, je puis bien dire que mon bisaïeul paternel, quoiqu'il ne fût pas un de ces fameux planteurs de Saint-Domingue dont nous parlerons, ayant réussi à amasser une petite fortune, assez gentille pour l'époque, l'employa en grande partie à faire bâtir six maisons (2) sur ce fashionable quartier. Elles n'avaient

---

(1) Ces maisons sont facilement reconnaissables à leurs fenêtres demi-cintrées surmontées de grosses têtes de rois barbus, à leurs larges balcons de granit ou de marbre, ceints de rampes en fer ouvrées et soutenus par de colossales consoles ou des cariatides gigantesques.

(2) *Extrait de l'ouvrage de M. Renoul (Notice historique sur Nantes. — L'Ile Feydeau, page 39).*

Dès 1758 le domaine avait voulu soumettre aux droits de lods et de ventes tous les terrains de l'Ile Feydeau, objets d'une cession quelconque. Quelques propriétaires s'étaient soumis à cette prétention ; mais la plupart avaient résisté et appuyaient leur refus sur les termes très précis de l'arrêt du 8 avril

pas, à la vérité, les trente-six fenêtres, tant latérales que de façade, de la maison Villetreux, mais l'une d'elles eut pour lui un avantage inappréciable, celui d'être située sur un terrain appelé le Rochereau. Si minuscule qu'il fût, le Rochereau permit à mon aïeul, suivant l'usage des familles bourgeoises d'alors, d'ajouter à notre modeste nom de famille un nom qui lui donnait un petit semblant de noblesse, de tout à fait bon air. Qui eût dit, en 1727, que par un singulier revirement de la fortune, revirement motivé peut-être par la périodicité des inondations, ces hôtels, aux salons si riches que, de la boiserie de l'un d'eux, on offrait tout récemment 10.000 francs, ces hôtels, dis-je, dédaigneusement abandonnés par leurs riches propriétaires, ne seraient plus habités, un siècle plus tard, que par des rentiers généralement modestes, ou, comble de la décadence, quelques-uns par des poissardes, ces consortes de la fameuse Mme Angot, comme elle, *aussi peu bégueules* que *fortes en gueule ?*

Plus tard, sur les plans de Ceineray, plus ami de la noblesse de la ligne que de l'ornementation sculpturale, s'élevèrent le beau palais de la Chambre des comptes, devenu celui de la Préfecture, et les grands hôtels à frontons des quais et des deux cours. Enfin, vers 1780, sur un terrain acheté en partie des Capucins et en partie pris sur Bouvet, Graslin (1), receveur général des fermes, édifiait tout un quartier s'étendant de la place du Théâtre (il avait fait don de l'emplacement à la ville) jusqu'aux places Royale et de la Bourse. D'une construction

---

1732, qui exemptait de ce droit toutes les propriétés qui, comme celles de l'Ile Feydeau, ressortaient du fief de la Prevôté.

Un procès s'engagea et dura fort longtemps, car ce ne fut qu'en 1781 qu'il reçut sa solution par un jugement de la Sénéchaussée, qui admit les prétentions du domaine et condamna les propriétaires au paiement d'une somme de 48.000 livres. Cette somme fut payée par....

Suit la liste de la plupart des propriétaires des terrains de l'Ile Feydeau, avec la date et le montant de leurs acquisitions.

Le total des ventes s'élève à 352 mille livres. Jean-Baptiste Lefeuvre y est porté pour une acquisition de 25.000 livres à la date 6 mars 1752 et Madame Veuve Fleuriot pour une acquisition de 24.000 livres à la date du 3 mai 1763.

(1) Jean-Joseph-Louis Graslin, économiste renommé, né à Tours en 1727, mort à Nantes en 1790. *(Note de M. Lallié.)*

élégante, mais simple, comme il convient à la spéculation, ces maisons, dont les architectes furent généralement Ceineray et Crucy (1), portent uniformément un grand balcon sur toute leur façade et ne reçurent pour tout ornement qu'une rangée soit de modillons, soit de petits denticules placés au-dessous de la corniche de leurs toits.

J'arrive, après quelques circuits un peu longs, à la moitié du dernier siècle. En 1763, au prix de sacrifices assurément humiliants mais dont la responsabilité incombe tout entière au triste gouvernement de Louis XV, la paix venait d'être signée avec l'Angleterre, et Nantes, placée avec Bordeaux dans la plus favorable position vis-à-vis de Saint-Domingue, cette perle des Antilles, allait entrer dans une phase de prospérité commerciale qu'elle n'a jamais revue depuis. Quel tableau animé que celui qu'offraient alors les rives de la Loire! D'innombrables navires, d'un tonnage à la vérité un peu moindre que le tonnage dont nous nous servons aujourd'hui, apportaient à ses quais mêmes les denrées coloniales de toutes sortes. Remontant son cours supérieur, de grands chalands aux hautes voiles rectangulaires transportaient à Orléans, principal siège des raffineries et vinaigreries, nos sucres des Antilles, nos vins nantais de *gros-plant* et les sels de nos marais salants si prospères alors. Comme commerce d'exportation, outre les mille objets de consommation usuelle expédiés aux colonies qui ne les produisaient pas elles-mêmes, nous envoyions dans les Pays-Bas nos sarrasins ou blés noirs et nos vins fins de *muscadet*, si renommés (méritaient-ils cet excès de gloire?) qu'on les employait, à l'exclusion de tous autres, pour la célébration de la messe, connus qu'ils étaient sous le doux nom de *Vin de Jésus*.

Au risque de faire perdre à mes concitoyens la sympathie de quelques lecteurs, je ne dois pas cacher, en narrateur consciencieux, qu'une des grandes sources de la fortune de Nantes était le commerce de la traite.

Loin de moi la pensée de prendre la défense de l'institution si antihumaine, si antichrétienne de l'esclavage. Je dirai plus :

---

(1) Les architectes Ceineray et Crucy étaient tous deux prix de Rome. Crucy, élève de Ceineray. *(Note de la famille.)*

ce n'est pas le moindre titre de gloire de notre siècle que d'avoir réussi à l'abolir dans tous les pays civilisés ; je tiens seulement à disculper nos pères du reproche mal fondé d'inhumanité. Rien n'est moins raisonnable que de juger les idées d'une époque avec les idées d'une autre époque. On n'avait pas encore trouvé le moyen de faire le sucre avec la betterave, et le café... avec la chicorée. Donc, les colonies étaient indispensables pour la production de ces denrées premières, et, comme le travail colonial ne peut être fait par des hommes de couleur (les Anglais, en gens pratiques, le savent si bien qu'ils ont dans leurs colonies remplacé les esclaves par les coulies... ce qui est très différent !), il fallait bien aller prendre ces travailleurs à leur pays de naissance. Washington, l'agent vénéré de la démocratie moderne, possédait sans scrupule de conscience des centaines d'esclaves. Il est mort, hélas ! avant d'avoir pu lire la *Case de l'Oncle Tom !* Tous les gouvernements d'alors favorisaient, encourageaient même la traite par des primes en argent ; les économistes l'acceptaient tout naturellement, et les philosophes, ces représentants attitrés de la philanthropie, ne daignaient même pas s'occuper d'elle. Je ris quand je pense à l'affreuse grimace qu'eût faite Voltaire, par exemple, et à sa colère, si par une supposition il eût été mis à même de racheter de l'esclavage toute la race noire au prix de son sucre et de son cher café habituel.

C'est spécialement à cette époque que les gros armateurs de Nantes et de Bordeaux, et accessoirement aussi ceux de Saint-Malo représentés par les innombrables tribus des Lefer et des Magon, commencèrent à devenir acquéreurs d'habitations aux colonies : c'est d'elle que date la formation de cette caste commerciale dite des *Planteurs* de Saint-Domingue (1). Il ne faudrait pas confondre ces planteurs, gens du dehors, avec les *Créoles*, résidant à demeure sur les lieux. Rien n'était plus mélangé que cette population créole, composée des éléments les plus divers. On y rencontrait beaucoup de cadets de noblesse qui trouvaient dans les colonies l'emploi, inutile dans

(1) Fait curieux, ce fut dans toute la fin de cette partie du siècle qu'attirée vraisemblablement par les avantages commerciaux de notre ville, vint s'y fixer une véritable colonie d'étrangers suisses, hollandais et allemands, qui y ont fait souche. Tous appartenaient à la religion protestante.

la mère patrie, de facultés souvent remarquables, des aventuriers de toutes sortes et nombre d'artisans, gens de peu de naissance, désignés là comme ailleurs sous le nom de *Petits Blancs.* Le planteur, je l'ai dit, était un négociant du dehors qui faisait exploiter ses habitations d'outre-mer par ses nègres, sous la surveillance d'agents à lui. Il en faisait prendre les produits par ses navires qui les lui amenaient absolument comme la carriole du citadin propriétaire d'une maison de campagne lui apporte chaque matin sa provision de choux et de carottes. Cette catégorie de négociants, déjà riche par héritage, avait encore notablement augmenté sa fortune par la culture de la canne et n'avait pas tardé à se transformer en une aristocratie véritable, quoique largement ouverte. Jalousant la noblesse, encore bien que la plupart des siens l'eussent acquise au moyen de savonnettes à vilains, jalousée par elle en raison de sa grande fortune (c'est dans l'ordre), elle était devenue, elle aussi, quelque peu haute et exclusive, comme toutes les aristocraties. Les membres qui la composaient ne vivaient guère qu'entre eux, d'une vie large, voire même luxueuse, dont leur position de fortune et la considération dont ils étaient entourés leur faisait comme une sorte de devoir.

Etudions sur le vif nos planteurs de Saint-Domingue dans leurs habitudes quotidiennes, et complétons le tableau par le récit de quelques anecdotes. L'heure de la Bourse vient de sonner. Elle se tient à peu près sur le même emplacement qu'aujourd'hui, mais le beau monument qui l'abrite n'existait pas encore. Commencé en 1792, puis interrompu dans sa construction, il ne fut repris qu'en 1808, par ordre de Napoléon Ier, sur les plans de Mathurin Crucy.

De tous les hôtels qui environnent la Bourse, en particulier de ceux de l'Ile-Feydeau, on voit converger vers elle, non sans une certaine solennité, ces importants personnages appuyés sur leurs hautes cannes à pomme d'or. Ils y forment un groupe à part, ne se mêlant jamais, que lorsque les affaires l'exigent, aux autres négociants qui ne les abordent qu'avec les marques d'un profond respect. Ce n'est pas, du reste, en négligé, comme aujourd'hui, qu'ils s'y présentent, mais en grande toilette de ville, coiffés, poudrés, en habit de soie de couleur sombre ou tendre suivant la saison, en longue veste (gilet) et culotte également de soie, bas blancs et souliers à larges boucles d'or ou d'argent. Ils portent l'épée au côté, privilège nobiliaire, mais intelligemment accordé par les ordonnances de Louis XIV aux armateurs qui font le commerce d'outre-mer. Ce qu'il faut admirer le plus, c'est la finesse et l'éclat de leur linge. On avait remarqué que l'eau des sources montagneuses de Saint-Domingue lui donnait une blancheur bien plus grande que celle de nos rivières de France. Quoi de plus simple que de l'y envoyer lessiver, et voire même celui de tout le ménage, quand on a à sa disposition des navires périodiquement en partance? Jugez de la quantité qu'il en fallait, et si c'était trop pour le loger de toutes ces grosses armoires en acajou massif que possédait alors toute bonne maison! J'ai connu des familles irrémédiablement ruinées par l'affranchissement de Saint-Domingue, qui possédaient encore plus de cent paires de draps, débris de leur splendeur passée.

Mais la Bourse se ferme, et, un à un, ou par petits groupes, on voit rentrer nos négociants dans leurs fastueux hôtels. C'est suivant leurs goûts et leurs besoins, que la plupart d'entre eux ont fait construire ces belles maisons auxquelles sont restés attachés leurs noms, et que notre ville montre avec orgueil aux étrangers, comme spécimen de la belle architecture du siècle dernier. Citons au hasard les maisons Villetreux, Grou, Deurbroucq, Durbec, Chaurand, Bouteiller, et le fameux Temple du Goût, dont l'architecte Boffrand fut mourir jeune en Norwège (?). Mal distribuées peut-être au point de vue du mesquin confortable bourgeois de nos jours, elles possédaient des salons vastes et spacieux, aménagés avant tout pour la grande réception.

Pour donner une idée des fortunes que possédait généralement cette aristocratie dont le pendant ne se trouve guère que parmi les riches marchands anglais, je dirai que j'ai eu entre les mains le registre des recettes des biens ruraux de la famille Geslin, dont la dernière héritière épousa le jeune et brillant officier républicain Bertrand (1). Eh bien! même après la

(1) M. Bertrand, qui ajouta à son nom celui de sa femme, fut fait baron sous le premier Empire, et pendant sa durée, remplit avec éclat les fonctions de maire de Nantes.

perte de ses habitations à Saint-Domingue, elle possédait encore dans nos pays une demi-douzaine de terres, dont une, la Roussellière, de première importance, et deux autres, la Couronnerie et l'Oiselinière, si heureusement situées, la première sur les bords de l'Erdre, la seconde sur ceux de la Sèvre.

M. Grou, lui, avait créé la propriété de la Placellière, en Château-Thébaud. Ne pouvant se donner les agréments de la vue dans un terrain absolument plat, il les avait remplacés par un luxe de hautes murailles enclosant un parc d'une quarantaine d'hectares, parc dont la grille en fer ouvré, une des plus remarquables que j'aie vues, donnait accès à son beau château. Mais dans l'intérieur du parc principal, il avait accumulé une demi-douzaine au moins d'autres petits parcs, tant pour les servitudes que pour les divers jardins, et il les avait séparés entre eux par des murailles toutes plus hautes les unes que les autres ! Avec de grandes charmilles à allées droites et une longue pièce d'eau rectangulaire, le tout constituait un échantillon très réussi du style agreste de cette époque !

M. Grou apportait chaque année à la Placellière la somme énorme de cinquante mille livres pour ses frais de villégiature. Un service incessant de courriers fonctionnait quotidiennement entre le château et Nantes, pour la correspondance et les commissions de ses nombreux invités et aussi pour en rapporter les provisions nécessaires à une table somptueusement servie. Quand les cinquante mille livres étaient épuisées, le châtelain reployait bagages et rentrait à la ville reprendre tranquillement sa place à son comptoir.

Ce qui ferait pardonner, s'il était besoin, à la mémoire de M. Grou l'édification de toutes ces hautes et maussades murailles, serait la construction qu'il fit faire, dans le rigoureux hiver de 1788, de la belle maison, sur la Fosse, qui sert aujourd'hui d'Hôtel des Douanes. Ce fut uniquement pour occuper les ouvriers sans ouvrage. Cette noble et généreuse action reçut quelques années plus tard une récompense d'une nature toute particulière. En 1793, nous trouvons inscrit au livre d'écrou des prisons de Nantes le nom du *citoyen Grou* et sa femme, sous la *prévention d'aristocratie*. Pouvait-on raisonnablement exiger d'eux qu'en si peu de temps, ils se fussent faits *sans-culottes ?* Une histoire qui donne la clef de bien des arrestations faites à cette lugubre époque est celle de la riche cassette contenant les bijoux et diamants de Mme Grou. Les comités révolutionnaires surent bien découvrir la cachette où on l'avait dissimulée ; on en inventoria même le contenu. Mais quand il s'agit de la restituer à la nation, au profit de laquelle elle avait été confisquée, il se trouva, par une fatalité inexplicable, qu'on ne put jamais mettre la main dessus ! Cela fit bien un peu de bruit dans le moment, mais sans compter le danger qu'il y avait à trop parler, il s'en faisait tant à cette époque, que ce bruit ne tarda pas à se confondre avec tous les autres. Lors du procès du Comité révolutionnaire, il se trouva pourtant encore quelques langues toujours indiscrètes qui eurent l'indélicatesse de revenir sur cette affaire ; mais il était décidément trop tard et jamais plus on n'entendit parler de l'infortunée cassette.

Je passe aux La Villestreux. Quand le premier de cette famille revint de Saint-Domingue pour se fixer à Nantes, il en rapporta 1,500 mille livres, dont il fit trois parts égales : la 1re fut employée à faire bâtir sa fameuse maison de l'île Feydeau, pour les assises de laquelle, d'après les traditions nantaises, on employa une forêt entière (*sic*) de pilotis indispensables sur un sol sablonneux et sans solidité. — La 2me fut consacrée à l'acquisition d'une terre dans le Perche. — Enfin, la 3me fut conservée pour les besoins de sa maison de commerce. Détail qui ne manque pas d'un certain intérêt au point de vue des mœurs commerciales d'alors, pour faire face à quelque éventualité que ce fût et en l'absence de tout établissement de crédit et de dépôt, M. de la Villestreux tenait à avoir toujours devant lui une somme ronde de 300 mille livres en espèces. Il la tenait renfermée dans une pièce de son appartement spécialement affectée à cet usage. — « Monsieur Baudouin, demandait-il de temps en temps à son vieux commis de confiance, quelque peu parent de mon oncle, M. Baudouin, avez-vous toujours bien *complètes* les 300,000 livres qui peuvent nous être nécessaires ? »

Ce qui était vraiment amusant, c'était quand les religieuses, qui remplissaient exclusivement alors les fonctions de dames de charité, se présentaient à lui pour leur quête annuelle. Les accueillant avec la plus gracieuse courtoisie : « M. Baudouin, disait-il, ouvrez votre caisse, et vous, mes chères sœurs, puisez à même ; tout ce que vos mains pourront contenir d'argent, vous l'emporterez. » Il fallait voir alors l'ardeur avec laquelle elles les plongeaient jusqu'au fond du coffre, stimulées d'abord par l'esprit de charité... puis, inconsciemment peut-être, par ce petit instinct de rapacité particulier aux femmes ! Il fallait admirer l'adresse avec laquelle elles les relevaient doucement en les appuyant l'une et l'autre contre les parois du meuble ! Il fallait entendre leurs petits cris de désespoir, quand un de ces bienheureux écus de trois ou de six livres, de six livres surtout, retombait dans le gouffre, et les joyeux éctats de rire du bon négociant et surtout de son commis ! Ce dernier s'identifiait à ce point avec sa caisse, qu'il accompagnait toujours d'un regard de regret les trop nombreux partants dont il avait eu soin de prendre exactement le compte avant de s'en séparer. — « C'est égal, disait-il avec un reste d'humeur, j'avais fini par m'apercevoir qu'on ne nous envoyait plus que les religieuses ayant les mains les plus larges de la communauté. »

En présence des événements qui survinrent quelques années plus tard, il y a tout lieu de penser que des 500,000 francs non immobilisés par M. de la Villestreux, il n'a dû lui rester... que ceux que les bonnes dames de charité avaient eu soin de placer annuellement là-haut à son actif.

Peut-être ne sera-t-il pas indifférent à quelques-uns de mes lecteurs d'apprendre ce que sont devenus les deux immeubles, et de connaître la différence de valeur qu'un siècle avait apporté entre un bien de ville situé dans un quartier malheureusement tombé en discrédit, et un bon bien rural. Par un singulier hasard, j'ai pu savoir que, vers 1852, les deux propriétés venaient d'être vendues juste moitié par moitié. La maison de ville n'avait atteint, pour sa part, que le prix de 125,000 francs, tandis que la terre avait monté à 1,500,000 ; soit pour l'une une perte de moitié, et pour l'autre un accroissement sextuple du capital dépensé originairement pour elles.

J'aurais aimé à vous le cacher par respect filial, mais nos pères (tant il est difficile de remonter le courant de la mode), nos pères, dis-je, après avoir été quelque peu jansénistes,... étaient devenus philosophes et encyclopédistes ! Malgré cela, dans ce siècle affolé de toutes les curiosités, on faisait fête à n'importe quelle manifestation intellectuelle, de quelque part qu'elle vînt, et on accueillait un beau discours de la chaire aussi favorablement qu'une tragédie philosophique de Voltaire, une tirade déclamatoire de Jean-Jacques ou une mordante comédie de Beaumarchais. Donc, un grand prédicateur dont je ne me rappelle plus le nom, mais qui n'était *rien moins* que le vicaire savoyard, réunissait chaque soir à la Cathédrale, pour un Carême ou un Avent quelconque, tout ce que la ville contenait de plus distingué. Un jour où sa présence était attendue depuis quelques moments déjà, on vit avec stupéfaction s'avancer vers la chaire un pauvre père capucin. — « Mes frères, dit-il avec humilité, le grand orateur dont vous aimez tant à entendre l'éloquente parole vient de se trouver momentanément indisposé, et on m'a prié, moi indigne, de le remplacer, pour cette fois seulement. — C'est trop fort, exclama une voix assez haute pour être entendue de l'assistance, c'est trop fort de nous avoir dérangés pour si peu ! » — Et du pied même de la chaire, on vit se lever une masse énorme qui se dirigeait avec ostentation vers la porte. Chacun reconnut M. de Lantimo (1) : M. Portier de Lentimo, de quelque façon qu'on l'entendît, *un des plus gros négociants de Nantes.* Le père capucin pouvait bien n'être ni un Bossuet, ni un Massillon, mais, à coup sûr, ce n'était pas un sot. A un outrage quelque peu brutal il riposta par une vengeance aussi douce en la forme que piquante dans le fond. Feignant de n'avoir rien entendu : « Mes frères, dit-il avec une grande bonhomie apparente (dans ce temps, les prédicateurs n'avaient pas encore pris la mondaine habitude d'appeler les fidèles *Messieurs*), mes frères !! veuillez vous

---

(1) Pierre Michel Portier de Lantimo, négociant, consul de Nantes, échevin en 1761, sous-maire en 1763, épousa Catherine Chancerelle, demoiselle de la Brandaizière. Ses sept fils moururent sans postérité dont deux à Saint-Domingue. Une de ses filles épousa M. de Charnières et fut en Anjou la grand'mère de nombreux Charnières, Achard et de la Selle. D'une autre fille, Mme de la Ville, descend une partie de la famille de la Brosse, de Nantes. La 3me, Marie-Françoise Portier de Lantimo, née en 1754, épousa en 1774 François Bauman, armateur. Leur fille, Marie-Françoise Bauman, épousa en 1802 à Saint-Nicolas de Nantes Louis-Hyacinthe-Nicolas Levesque, armateur, qui fut maire de Nantes de 1819 à 1830, et mourut en 1840. Une de leurs nombreuses petites filles, Mlle Anaïs Levesque, épousa en 1860 M Edouard Lefeuvre, un des frères de l'auteur de ce travail. *(Note de la famille).*

ranger un peu pour laisser passer ce bon M. de Lantimo. » — Qui fut bien pris, ce fut celui-ci, qui, rouge de confusion, ayant perdu la tête et renversant toutes les chaises sur son passage, fut forcé de traverser l'église dans toute sa longueur, au milieu des sourires gouailleurs de l'assemblée. J'aime à penser que l'honorable famille à laquelle appartenait *ce bon M. de Lantimo*, ne m'en voudra pas trop de l'exhibition posthume que je me suis permis de faire de sa petite mésaventure.

Mais les premières lueurs de la Révolution ont éclaté, radieuses, c'est vrai, mais d'un éclat bien inquiétant pour tous autres que pour des cerveaux depuis longtemps dans l'attente d'une régénération sociale et humanitaire promise par la philosophie. Nulle part plus qu'à Nantes, les esprits n'étaient *enflammés* pour les *idées de liberté* (*sic*), déclare l'anglais Arthur Young dans son fameux *Voyage en France*, et dans cet ordre d'idées, notre ville était classée comme la seconde... du Royaume, affirme également notre compatriote Lallié, dans sa consciencieuse notice sur le *Sans-culotte Goullin*. Disons bien vite, à la louange de nos pères, qut leurs illusions toutes généreuses ne tardèrent pas à se dissiper devant l'expérience des faits. Quelques yeux cependant, un peu myopes et comme il s'en rencontre de tout temps, s'obstinaient à ne pas vouloir voir clair, et à une Bourse, un jour, en 1792, une panique (ce n'était pas la première) s'éleva au sujet des assignats hypothéqués sur les biens du clergé... que l'Etat devait désormais salarier !

On vit alors M. de Bouteiller, le grand-père de l'ex-président du Conseil municipal de Paris, M. de Bouteiller, un de nos plus importants négociants, s'élancer sur une table : — « Mes amis, s'écria-t-il avec énergie, des esprits malintentionnés s'efforcent de semer parmi nous des doutes sur la solidité des assignats. Quelle meilleure preuve puis-je vous donner de la confiance qu'on peut avoir en eux, qu'en offrant à tous ceux qui m'entendent, l'échange à caisse ouverte de leurs valeurs en papier contre espèces sonnantes ? » — C'était concluant, n'est-ce pas ? tellement concluant, que le soir même, la caisse du trop naïf négociant se refermait absolument vide d'espèces, mais, par contre, bourrée de papiers. S'est-elle bien trouvée par la suite de ce troc généreux, sinon bien imprudent ?

Que sont devenus ces aristocratiques planteurs de Saint-

Domingue qui, avec leurs grandes fortunes et leurs luxueuses habitudes de vie, donnaient un si grand air à notre ville ? Quels échos éveillent aujourd'hui ces noms, si retentissants, il y a un siècle, des Montaudouin, négociant et littérateur à la fois, des Espivent de la Ville-Boisnet, l'ami et l'hôte d'Arthur Young, des Grou, des Dulac, des Chaurand, des Libault de la Haye, des Jogue Du Fou, des Pusterle de Cidrac, des Deurbroucq, des Durbec, des Gerbier de Vaulogé, des de Bouteiller, j'en passe, à coup sûr, et peut-être pas des moindres, puisque, après un siècle à peine, j'ai été réduit à ne reproduire que mes seuls souvenirs.

La Révolution a commencé par engloutir leurs fortunes, puis elle a abattu cette aristocratie commerciale, comme elle avait fait de toutes les autres. Privés des revenus de leurs biens d'outre-mer par la guerre maritime, nos planteurs ont fini par perdre ces biens eux-mêmes par suite de la révolte des nègres, conséquence forcée des principes révolutionnaires. Le dernier coup leur a été porté par l'affranchissement définitif de l'île et la reconnaissance de ce fait par le gouvernement français. après la tentative stérile que fit pour la reprendre le général Leclerc. Une indemnité temporaire absolument dérisoire, et qui plus est, mal payée, leur a été accordée. Aujourd'hui tout est fini. Chose étonnante, la plupart de ces grandes familles commerciales se sont éteintes comme des dynasties condamnées à mourir, ou du moins ont disparu sans laissar de traces parmi nous. Quelques-unes se sont fusionnées avec la noblesse, à laquelles elles étaient déjà alliées ; d'autres sont rentrées dans les conditions plus ou moins modestes de la vie ordinaire ; mais à peu près sur toutes s'est étendu l'oubli, cet irrémédiable oubli dont on ne se relève pour ainsi dire jamais, justifiant une fois de plus la parole de l'Ecriture : *Sic transit gloria mundi.*

Avant d'entrer dans la période révolutionnaire, il est temps que je fasse faire à mes lecteurs une connaissance plus approfondie avec les deux principaux personnages de qui je tiens mes documents, à savoir, mon oncle de Lépertière et mon grand-père.

Et tout d'abord, je vais au-devant d'une objection qui pourrait m'être faite, si l'on croyait que j'ai voulu donner à la modeste personnalité de mes vieux parents une importance qu'elle n'avait ni ne pouvait avoir. Si je n'ai pas craint de la mettre en avant aussi souvent que l'occasion s'en est présentée, c'est que le récit de faits comme ceux dont j'ai à parler acquiert singulièrement plus de relief et d'autorité, quand il est fait par des témoins oculaires. Sur ce, j'entre en matière.

Le bon tonton était venu au monde à Saint-Viaud, près Paimbœuf, le premier janvier 1784, comme un joyeux cadeau d'étrennes envoyé par la Providence à ses parents. Trente-trois ans plus tard, il se mariait (heureusement pour moi, qui pus ainsi profiter des trésors de sa riche mémoire) à une cousine germaine, intime amie de ma mère. Il était âgé de huit ans à peu près, c'est-à-dire tout grandet, quand sa famille fut forcée de quitter la campagne pour venir habiter Nantes. Cet exode n'était que trop motivé. Des trois garçons qu'elle possédait, l'aîné, pris par la réquisition, avait été envoyé aux armées républicaines, où il guerroyait sur la frontière d'Espagne ; le cadet, âgé seulement de dix-sept ans, était allé rejoindre La Cathelinière, puis Charette, avec les bons gars de Saint-Viaud, qui l'avaient nommé leur capitaine de paroisse. Quant au plus jeune, il était resté avec son père. M. de Lépertière, déjà une fois emprisonné, sur la vague, mais terrible prévention d'aristocratie, et responsable des faits et gestes de son fils cadet, encore mineur, jugea prudent, pour mieux se faire oublier, de venir se réfugier dans la grande ville, et il accepta, pour lui et ses trois derniers enfants, l'hospitalité que lui offrit une vieille parente.

Jugez de l'effet que dut faire sur l'esprit d'un enfant intelligent et impressionnable le contraste du calme des champs avec l'agitation d'une ville en pleine effervescence révolutionnaire?

Ce qui le frappa, tout d'abord, ce fut la famine, famine occasionnée par une mauvaise récolte, puis aggravée par la difficulté qu'il y avait à introduire suffisamment de vivres dans une ville à peu près cernée par l'insurrection vendéenne. Accoutumé qu'il était à la vie large, quoique simple, d'une famille aisée de la campagne, il lui semblait singulièrement étrange d'être obligé d'aller, avec ses parents, faire queue à la porte des boulangers, pour obtenir la maigre ration de pain réglementaire (1).

---

(1) Je tiens d'un de mes bons amis que sa grand'mère, dont le mari occu-

Moins malheureuse cependant que bien d'autres, la famille Lépertière recevait encore assez régulièrement quelques pains, que lui envoyaient ses métayers de Saint-Viaud. Il arrivait cependant quelquefois que les *bargers* (1), seuls commissionnaires existant alors entre Paimbœuf et Nantes, étaient inexacts... ou infidèles. Il fallait alors que l'enfant, comme *les pauvres* auxquels il avait vu tant de fois faire l'aumône au seuil hospitalier du Pé-au Midi, allât mendier, à la porte des casernes, le restant de la ration des soldats, toujours charitables.

Ce n'était pourtant que le commencement et, un jour, ayant à traverser l'allée, maintenant remplacée par le passage Bouchaud, qui servait de communication entre la Haute-Grande-Rue et la rue de la Juiverie, il se trouva face à face avec un tombereau ruisselant de sang, qui transportait au lieu ordinaire des sépultures... *les têtes des suppliciés du jour !!!* A cette horrible vue, il fut pris d'un tremblement tel, qu'il fut forcé de rester plus de huit jours alité.

Fût-ce cette cause ou une autre, mais mon oncle, assez accommodant par nature vis-à-vis des nombreux gouvernements qu'il avait vu se succéder, n'a jamais pu s'arranger avec celui de la République.

Quant à mon grand-père, René Lefeuvre (2), c'était, à cette époque, un homme de trente-trois ans, d'une nature droite, mais quelque peu rude, sinon violente, d'un jugement sain, quoique assez peu porté à aller se perdre dans les nuages. Dès qu'il fut en âge de travailler, mon bisaïeul (3), qui avait

---

pait une importante fonction dans la magistrature civile, revenait, un jour, avec son jeune fils, porteuse de quelques livres de pain, qu'elle avait été attendre comme les autres. En s'en revenant, elle rencontra deux hommes de mauvaise figure, qui la regardèrent d'une façon suspecte. — Quel malheur, dirent-ils, que nous soyons observés ! Comme nous lui ferions bien son affaire pour lui enlever son pain !

(1) Bateliers de la Basse-Loire.

(2) René Lefeuvre, baptisé à Sainte-Croix le 28 décembre 1756, épousa en 1787 Françoise-Anne Fleuriot ; mourut à la suite d'une opération à Paris à la maison royale de santé, 112, rue du Faubourg-Saint-Denis, le 4 juillet 1819.

(3) Jean-Baptiste Lefeuvre, baptisé à Saint-Nicolas en 1716, fils de Jean-Baptiste Lefeuvre (1675-1752) et de Jeanne Alloïn, épousa en la chapelle du Bon-Pasteur, paroisse Saint-Nicolas, Marguerite Foucaud. Dans l'acte de mariage du 28 septembre 1751 le futur époux est désigné : *natif de cette paroisse où il est de retour des Iles de l'Amérique depuis deux mois. (Arch. municip.*

passé plusieurs années à Saint-Domingue et y avait gagné quelque argent, l'expédia, plein de confiance, à un sien frère qu'il y avait laissé. J'aimerais à caresser l'idée, toujours si douce, d'un oncle d'Amérique, puisque j'en ai possédé réellement un, si je n'avais trouvé dans la vieille correspondance de famille les détails les plus décourageants pour la réalisation de mon beau rêve. Le vieil oncle, hélas ! avait réservé toute sa tendresse pour une jeune mulâtresse dont je n'ai jamais pu démêler avec exactitude les points d'attache avec lui. Il accueillit son neveu avec les égards réservés d'ordinaire aux chiens qui se fourvoient dans les jeux de quilles, et celui-ci, peu encouragé, revint dare-dare à Nantes, où, à l'aide de quelques fonds que lui avança son père (on n'avait pas besoin alors de millions comme aujourd'hui), il se mit dans les affaires. Il les commença modestes et proportionnées à son capital, mais le principal fut qu'il y réussit ; ce qui lui permit de se bien marier. Je ne puis dire où se serait arrêtée son ambition ; qui sait s'il n'avait pas rêvé, lui aussi, de devenir un gros planteur de Saint-Domingue, quand les premiers souffles de la Révolution se firent sentir. J'ai dit que le grand-père était doué d'un bon flair. Si nos grands armateurs se crurent, comme le chêne, assez forts pour braver la tempête, lui, homme prudent, crut bien faire aussi en courbant la tête comme le roseau et liquida ses affaires en pleine prospérité. Comme on n'avait pas le choix, ainsi qe'aujourd'hui, pour le placement... *plus ou moins sûr*, de ses capitaux, il les employa, selon l'usage, à la construction d'une maison, rue de la Chalotais (1). Je ne parlerais pas de ce détail intime si, des fenêtres

---

(1) Cette maison porte actuellement le numéro 4 rue de l'Héronnière. Le 6 août 1791 Julien Gaudin vend à René Lefeuvre fils négociant à Nantes demeurant Isle Feydeau paroisse Sainte-Croix pour la somme de 17 000 livres des terrains contenant 6.000 pieds carrés, situés au quartier Graslin.

Ces terrains provenaient d'une vente consentie le 6 décembre 1790 à Julien Gaudin par la Veuve Graslin née Guymont, tutrice de ses enfants mineurs, et Philbert Doré tuteur du fils issu de son mariage avec Renée Jeanne Graslin. 1.200 pieds carrés ont été distraits de ces terrains par René Lefeuvre et cédés à Toché pour 3.600 livres.

Le 10 Mai 1793 la famille Graslin reconnaît avoir reçu de René Lefeuvre fils négociant à Nantes rue de la Constitution (rue de la Chalotais) paroisse de Saint-Nicolas 13.958 livres près des terrains cédés.

René Lefeuvre reconnaît, que pour parfaire cette somme, il lui a été prêté

supérieures de cette maison, mon père, âgé de quatre ans, en 1793, ne se souvenait d'avoir vu l'attaque de Nantes par les Vendéens du côté sud; et, plus tard, l'incendie de notre théâtre.

Malheureusement, la Révolution l'avait arrêté court dans son premier élan, dans cet élan qui, une fois interrompu, ne se reprend guère, et elle avait laissé sans aliment une activité qui aimait mieux se dépenser extérieurement que de se replier sur elle-même. Si donc l'aïeul avait vu avec défiance la belle floraison de 1789, que fût-ce quand il put apprécier les fruits qu'elle avait produits !

Mon intention n'est pas de refaire l'histoire de Nantes à cette époque; ce serait inutile et bien téméraire, après les travaux des Melliuet, Laurant, Lallié, et surtout le compte rendu du procès du Comité revolutionnaire, où tous les narrateurs ont si largement puisé. Je n'ai, comme je l'ai dit au début, que le désir modeste d'ajouter aux documents que nous possédons le témoignage d'un nouveau venu et de donner, par des récits pris sur place, une idée de la physionomie particulière de notre pauvre ville dans ces tristes temps.

C'est que Nantes était alors dans une situation absolument exceptionnelle. Si, comme toutes les autres villes, elle renfermait dans son sein les éléments les plus divers, les uns favorables, les autres hostiles à la Révolution, comme port de mer, elle était le point de mire de l'insurrection vendéenne, à laquelle sa possession assurait les armes et les ressources qu'elle ne pouvait tirer que du dehors. A l'intérieur, clubs en permanence, représentants du peuple en incessantes missions, décrétant sous la pression des comités révolutionnaires, tribunal révolutionnaire jugeant... quand on ne lui enlevait pas les victimes avant qu'elles n'eussent passé devant lui (1), et l'exécrable Compagnie, dite de Marat, procédant aux arres-

---

ce jour 10.000 livres par Maguerite Lefeuvre sa sœur épouse et procuratrice de Joseph Boutet capitaine de navire demeurant Isle Feydeau paroisse Sainte-Croix.

Madame Boutet née Lefeuvre eut une fille Madame Lourmand, qui fut la mère d'Henri Lourmand et de la Générale Vinoy. *(Note de la famille).*

(1) Il y en a eu plusieurs exemples.

tations, puis présidant à l'exécution des jugements par la guillotine, la fusillade et les noyades, dont elle avait presque accaparé pour son propre compte l'odieuse spécialité (1).

J'ai parlé plus haut de la famine ; mais ce n'était pas tout. Le commerce extérieur, arrêté court par la guerre maritime, le commerce, qui ne vit que de confiance, avait reçu son coup de grâce par la promulgation de la loi sur le Maximum (2). C'était le comble de la désolation. Dans les rues de la ville, on ne rencontrait que de rares passants, mornes et silencieux, forcés de sortir pour affaires urgentes ; des bataillons de soldats, précédés de généraux empanachés et d'états-majors au costume théâtral, envoyés pour combattre l'insurrection vendéenne ; le sinistre cortège des tombereaux conduisant les victimes au supplice, ou, chose plus affreuse encore, la foule hideuse des monstres, hommes ou femmes, qui entouraient la guillotine et applaudissaient à la chute des têtes !

Actif, et sans avoir l'emploi de son activité, mon grand-père, malgré sa haine pour la révolution, s'était rejeté avec une curiosité passionnée sur toutes ces scènes nouvelles et effrayantes qui se passaient quotidiennement sous ses yeux. L'horrible l'attirait et le clouait sur place, on pouvait le dire, malgré lui. Pas une séance un peu chaude d'un des nombreux clubs de la ville ou du tribunal révolutionnaire à laquelle il n'assiste ; pas une exécution sur la place du Bouffay, une fusillade à Gigant ou sur la prairie de Mauves, où il ne soit présent. Et ne croyez pas que ce soit en curieux ou impassible spectateur. Oubliant une réserve indiquée, c'est tout haut qu'il manifeste son sentiment sur toutes les horreurs dont il est témoin, et, à défaut de paroles, son visage l'exprime assez. Le

---

(1) Par contre, je suis heureux de citer un trait qui relève notre triste humanité si abaissée alors. Un pauvre pêcheur, du nom de Couprie, coula au fond de l'eau sa barque, *son unique gagne-pain*, dans la crainte qu'elle ne lui fût réquisitionnée pour les noyades. Est-elle assez belle, dans sa simplicité, cette action, ignorée comme tant d'autres, et qu'un heureux hasard m'a apprise tout récemment !

(2) Je connais la famille d'un négociant, déjà important à cette époque, M. X., qui fut à ce point ruiné par le Maximum, qu'à la naissance d'une de ses filles, il fut obligé de brûler les bois des fauteuils et des chaises de son salon pour faire chauffer les langes de l'enfant, faute de ressources pour acheter d'autre combustible.

soir, il rentre chez lui, les traits tout contractés et tout bouleversés. Tombant dans un fauteuil, la tête entre les mains : — « Les misérables, ! s'écriait-il devant ma grand'mère terrifiée, ils ont, encore aujourd'hui, guillotiné, fusillé ou noyé tant de pauvres prisonniers ! »

— « Mais, mon ami, lui disait celle-ci, suppliante, puisque ces spectacles te font tant de mal, pourquoi y retournes-tu sans cesse ? Aussi peu prudent que tu l'es, tu veux donc qu'il nous arrive malheur ? Reste ici, je t'en conjure !

— « Non, c'est plus fort que moi ! Je veux voir jusqu'où ils auront l'audace d'aller. »

Soudain, l'on entendait des marches de tambours, et sur les petits fifres, que portaient de jeunes enfants qui précédaient les bandes de soldats, les airs de la *Carmagnole* ou du *Çà ira.* Ma grand'mère, dans la crainte de quelque imprudence, s'élançait alors vers les volets qu'elle fermait vivement.

— « Mais tu n'entends donc pas, s'écriait son mari d'une voix étranglée de colère, ces affreux *Tu, tu, tu ?* » C'est ainsi qu'il qualifiait ces aigres petits instruments. Ou bien encore c'était la *Marseillaise*, hurlée, suivant la tradition qui nous a été conservée, par des voix avinées. Il les écoutait d'abord silencieux et frémissant, puis, arrivé au paroxysme de la fureur, il faisait chorus avec elles, renforçant les mots de *citoyens* et de *bataillons* de rimes aussi riches qu'irrévérencieuses.

Ah ! si la Providence avait daigné le constituer son justicier, pour quelques instants seulement, quel mauvais quart d'heure il aurait fait passer aux misérables qui se jouaient si cruellement de la vie humaine ! — Malheureusement pour le grand-père, elle avait ajourné l'heure du châtiment, sans nul doute pour le rendre plus éclatant, et le pauvre homme, qui n'avait pas le bras long, ne put atteindre qu'un des moindres coupables. (Depuis la fable des *Animaux malades de la peste*, n'est-ce pas toujours la coutume ?) Notre paroisse de Saint-Nicolas avait alors à sa tête un curé qui avait prêté le serment constitutionnel et qui, par une fatalité malheureuse pour lui, portait le même nom que nous. Cette seule qualité de prêtre-jureur suffisait largement à mon grand-père pour le lui faire prendre en grippe. Profitant de cette similitude de nom, il se faisait un vrai bonheur de lui faire passer par ruse ses billets de service pour la garde nationale, sous prétexte du plaisir que cet envoi devait faire à *un curé patriote.* — « Vous ne saurez jamais, disait-il à ce brave prêtre, rentré plus tard en grâce avec l'Église et peu flatté alors qu'on lui rappelât son passé, vous ne saurez jamais combien je vous ai fait monter de gardes, tandis que je dormais tranquillement dans mon lit. » Une fois lancé sur cette pente, j'ose affirmer qu'il lui a laissé, la plus entière qu'il a pu, la part problématique de gloire à récolter dans ces reconnaissances militaires quotidiennes qu'on faisait aux environs de la ville, d'où l'on rapportait plus sûrement une somme écrasante de fatigues ou mieux quelque bonne balle égarée, si l'on était moins chanceux encore.

Comment, avec cette intempérance de langage, mon grand-père put-il échapper à une de ces arrestations dont on était alors si prodigue ? Par un miracle, serait-on tenté de croire, si une cause plus naturelle ne nous en avait fourni l'explication. Ma grand-mère, sortie d'une bonne famille de Guérande, était quelque peu apparentée avec un ancien conseiller au Parlement de Bretagne, réintégré plus tard dans la magistrature, comme juge d'instruction (1). Par reconnaissance, je

---

(1) Blanchard de la Musse né à Nantes en 1752, conseiller au Parlement de Rennes ; poète d'une fécondité extraordinaire ; commissaire du pouvoir exécutif près le tribunal de Trèves sous le Consulat ; juge d'instruction à Nantes de 1812 à 1815 ; révoqué après les Cent-Jours ; il fut peu après envoyé au Mans comme juge d'instruction ; mort à Rennes en 1837. *(Note de M. Lallié.)*

Extrait du n° 94 du Bulletin du Tribunal criminel révolutionnaire.

Débats de l'affaire des Membres du comité révolutionnaire de Nantes (pages. 375 et suivantes).

Déposition du témoin François Laucher inspecteur général d'artillerie,

« Pendant ma résidence à Nantes, j'étais logé dans une auberge tenue par Blanchard de Lamusse, qui avait épousé la veuve Miché. Un jour vers les 10 heures du soir cette auberge fut investie par ordre du Comité révolutionnaire et on emmena tous ceux qui s'y trouvaient. Lamusse fut arrêté dans son lit et conduit avec sa femme au comité ; en vain veut-elle s'expliquer, on ne veut pas l'écouter ; il m'est même ordonnée de lui fermer la bouche et de la garder de près, et de ne pas épargner les coups de fouets si elle fait résistance ou essaie de s'évader ; le comité décide que la veuve Miché sera conduite à la maison de l'Eperonnière ; je m'oppose à cette incarcération et je déclare répondre de tous les évènements.

Quant à Blanchard de Lamusse, après quelques explications, il est renvoyé

désire taire son nom. Le brave magistrat, qui écrivait dans l'*Almanach des Muses* d'adorables bouquets à Chloris, n'était-il pas devenu révolutionnaire... par peur, j'aime à le penser ; et pour mieux faire oublier son origine nobiliaire et son ancien rang, ne s'était-il pas fait d'évêque meunier, en achetant un modeste greffe de justice de paix ! Mieux que cela : il avait associé sa destinée à celle d'une donzelle nommée La Miché qui tenait sur la place Graslin, dans le local même qu'occupe aujourd'hui la maison des Cent-Mille Paletots, une table d'hôte qu'à défaut de mieux, il présidait, coiffé... du bonnet rouge et drapé... dans une carmagnole. A cette table venaient s'asseoir d'ordinaire quelques membres du comité révolutionnaire et souvent des représentants du peuple. On y causait à cœur ouvert... exactement comme entre braves gens, et on y parlait

---

par le comité, qui n'ose le retenir, n'ayant point contre lui de charges assez sérieuses. Mais qu'arrive-t-il ? Le comité qui ne se dessaisissait qu'avec peine de sa proie, fabrique sourdement de nouveaux moyens, pour faire ordonner l'arrestation de Lamusse par Carrier. Giret est donc chargé d'aller trouver le représentant avec Dubreuil et Lebrun, pour le prevenir contre le dit Lamusse et le recommander à toute la sévérité du dit représentant : Lamusse et sa femme sont donc conduits chez Carrier, qui, après avoir écouté les dénonciateurs et les dénoncés, finit par statuer sur les dires respectifs en disant aux citoyens dénoncés : Si le comité vous a renvoyés, vous êtes libres ; au surplus ajoute Carrier, en s'adressant aux membres de la compagnie Marat : Si vous avez de nouveaux griefs contre Lamusse et sa femme, vous pouvez les reconduire au comité, qui prononcera sur leur sort.

Aussitôt cette décision, Giret et Lebrun s'empressent de se rendre au comité pour le prévenir contre Lamusse, qui, pressentant les motifs de Giret et Lebrun pour le devancer au comité, dit à Dubreuil : « Tu vois mon ami, que l'on a envie de me perdre, je te prends à témoin de la décision de Carrier, et je t'engage à soutenir la vérité au Comité ». Dubreuil le promet, il se rend de suite au comité ; mais aussitôt qu'il paraît, on lui défend l'entrée, on lui dit qu'il ne peut être admis. Dubreuil insiste, il exhibe de ses pouvoirs comme membre de la compagnie Marat ; enfin il est admis, il déclare qu'on ne peut se dispenser de rendre la liberté à Blanchard de Lamusse et que le représentant a dit n'avoir aucuns motifs pour s'y opposer ; alors, continue le témoin, Grand Maison s'écrie : Si Lamusse est acquitté je lui fends la tête en sortant du comité.

Le Président aux accusés. Que repondez-vous sur cette déposition ?

Les accusés. Blanchard de Lamusse était un ex-parlementaire de Rennes, dont le civisme était plus que suspect, et qui s'était permis, dans des promenades publiques, de tenir les propos les plus contre révolutionnaires. Claude

librement des arrestations projetées. La Miché était bonne fille au fond. Dès qu'elle entendait citer le nom de mon grand-père dont elle connaissait la parenté avec l'ex-magistrat, elle s'empressait de lui en faire donner avis. Il se cachait alors pendant quelque temps et ne reparaissait à la surface de l'eau, comme un véritable canard, que lorsque la tempête lui semblait dissipée. J'espère que pour cette bonne action, ma brave Miché, il vous aura été un peu pardonné là-haut, sans compter, si l'on veut être large dans l'application du texte sacré, sans compter, dis-je, que le ciel pardonne aussi beaucoup... à ceux qui ont beaucoup aimé.

« Le vrai peut quelquefois n'être pas vraisemblable », a dit Boileau. Il ne faudrait pas croire que mon grand-père, grâce sans nul doute aux hautes protections dont j'ai parlé, ait eu seul le privilège de cette étonnante liberté de langage. Un assez grand nombre de courageux citoyens, en dépit, au mépris même de tout danger, ne craignaient pas de dire tout haut ce que chacun pensait tout bas. Dans la vie publique, je pourrais citer Baco, dit le roi Baco (1), maire de Nantes, Champenois (2),

---

Giret peintre et membre de la compagnie Marat dépose avoir fait plusieurs arrestations par ordre du comité sans pouvoir s'en rappeler aucunes.

Le Président au témoin. N'avez-vous pas contribué à l'arrestation de la femme Miché, qui a été prise dans son domicile ?

Le témoin. Je n'ai pris aucune part à cette arrestation.

Le Président au même. N'avez-vous pas été chargé d'arrêter Blanchard de Lamusse ?

Le témoin. Cette arrestation m'est encore étrangère.

Le Président. Je vous observe que le témoin précédent a déposé que vous aviez l'ordre, signé Carrier, d'arrêter Blanchard de Lamusse, et que vous avez montré cet ordre.

Le Témoin. Je ne m'en rappelle pas...... »

(1) Baco de la Chapelle, né à Nantes en 1751, avocat, puis procureur du roi au Présidial de Nantes (1779) ; élu maire de cette ville à la fin de l'année 1792; fut l'âme de la défense de Nantes au moment du siège par les Vendéens (29 juin 1793). Ayant été calomnié à la Convention, lui présent, le 2 août 1793, il donna un démenti violent en pleine séance ; emprisonné pour le fait, sa captivité dura quatorze mois; fut, sous le Directoire, directeur de l'Opéra, et mourut le 29 novembre 1800 à la Guadeloupe, où il avait été envoyé en qualité de Commissaire du Gouvernement. *(Note de M. Lallié.)*

(2) Champenois était un potier d'étain qui avait été nommé officier municipal par les représentants, dans la mairie de Renard, au mois d'octobre 1793. Très maltraité par Carrier, il lui opposa une certaine résistance, dont

conseiller municipal, Phelippes Tronjolly, président du tribunal révolutionnaire, et surtout le chirurgien Thomas (1), qui souvent tinrent énergiquement tête aux gens de la Convention. Dans la vie privée, je me bornerai à en indiquer seulement trois : MM. Noury, Louis Bureau et Daniel, son beau-frère. Un jour, M. Noury (2), mort intendant militaire général, se

---

il est assez difficile de déterminer le mérite, l'entretien de Champenois avec Carrier ayant eu lieu sans témoins. *(Note de M. Lallié.)*

(1) Le médecin Thomas Georges était un patriote qui, à Nantes pendant la Terreur, mit tout ce qu'il avait de crédit et d'activité au service des victimes et des opprimés. Simple garde nationale, il avait, dans une rencontre avec des insurgés vendéens, auprès de Clisson, montré un courage héroïque et il avait été criblé de blessures. Cette conduite lui avait valu une grande popularité dans les milieux républicains les plus avancés. Fort de cette popularité, il put impunément résister plusieurs fois à des ordres cruels donnés par Carrier ou par Goullin. Sa mémoire, tombée dans le plus profond oubli, mériterait d'être honorée dans notre ville. *(Note de M. Lallié.)*

(2) Gabriel Noury, sieur de Lorgerie, né en 1763 d'une ancienne famille d'origine normande, était le fils de J. M. Noury, sénéchal de la baronie de Châteaugiron, près Rennes.

Ses études terminées il s'engagea, par un coup de tête, au régiment d'Auvergne avec un de ses amis et fut libéré du service militaire en 1783.

Ne se sentant aucun goût pour le barreau, auquel son père le destinait, il vint alors se fixer à Nantes et s'occupa pendant plusieurs années d'affaires d'armement pour Saint-Domingue. La Révolution survint et sa fortune fut engloutie. C'était un homme de caractère violent, mais très loyal et très énergique : il en donna la preuve en 1793, en ne craignant pas de provoquer en duel Meuris, officier terroriste, tireur très redouté et faisant partie du club de la Montagne. Ce dernier ayant succombé dans cette rencontre, G. Noury fut obligé de se cacher, pour échapper aux poursuites du comité révolutionnaire, mais il fut arrêté et jeté dans la prison des Saintes-Claires, dite des grands coupables.

Grâce à Forget, concierge de cette prison, il fut sauvé, au moment où l'ordre était donné de faire périr les prisonniers en masse.

Par la suite G. Noury entra dans le corps de l'intendance, bien que son tempérament aventureux, comme il le dit lui-même, l'eût porté plus naturellement au commandement d'un régiment de hussards. Il sut se faire apprécier par ses qualités d'organisateur et surtout de scrupuleuse intégrité dans les différents grades de Commissaire des Guerres, Ordonnateur en chef des armées et Intendant militaire.

Etant déjà Officier de la Légion d'honneur sous le Premier Empire, il fut fait Chevalier de Saint-Louis au retour des Bourbons.

Son ami le maréchal de Gouvion-Saint-Cyr l'appela, en 1818, à faire partie du Ministère comme Directeur de l'arriéré de la Guerre, fonctions délicates qu'il sut remplir avec distinction jusqu'en 1821.

prit de querelle avec un officier, très ardent jacobin (1), et le provoqua en duel. Il avait eu une première satisfaction, celle de le corriger rudement avec sa canne ; il eut ensuite la consolation de venger l'humanité en le tuant bel et net. Il est vrai que, vivement recherché en raison de ce fait, il fut obligé, pour se cacher, de se réfugier... dans un toit à porcs, où il gagna, comme il le disait plaisamment, *la gale du cochon.*

Certainement, quelques-uns de mes lecteurs se rappellent, comme moi, avoir connu le vénérable M. Louis Bureau (2), mort seulement vers 1852, qu'on appelait Bureau la Petite-Queue, à cause de la mode Louis XVI qu'il avait conservée pour l'arrangement de ses cheveux. Déjà, au début de la Révolution, il était en possession d'une marquante position commerciale, et le jour où M. de Bouteiller, si l'on s'en souvient, était monté sur une table à la Bourse pour faire sa malheureuse campagne en faveur des assignats, lui, grimpé sur une autre, en face, engageait chaleureusement l'assistance à se tenir en garde contre cette valeur. Sa philippique, sans que ce fût son dessein, avait certainement contribué à amener de nombreux clients à une caisse trop imprudemment ouverte. Pouvait-il se

---

En récompense des services qu'il avait rendus, en particulier en faisant rejeter pour cent millions de créances, Louis XVIII lui conféra le titre de Baron. M. Noury prit sa retraite en 1822 et se retira à Nantes, où il mourut le 29 décembre 1847, à l'âge de 84 ans.

Il laissa une très nombreuse famille et deux de ses petites filles, sont aujourd'hui Mme Henri Lefeuvre et Mme Joseph Lefeuvre. *(Note de la famille.)*

(1) Cet officier était un ferblantier nommé Meuris, qui demeurait Haute-Grande-Rue, en face la rue Beausoleil ; il commandait le 1er bataillon départementaire avec le grade de lieutenant-colonel. A la nouvelle de la marche des Vendéens sur Nantes, à la fin de juin 1793, il s'était porté au devant d'elle à Nort, et, d'après une tradition du temps, qui s'est perpétuée jusqu'à nos jours, aurait opposé, à l'armée vendéenne, une résistance qui rappelait celle de Léonidas aux Thermopiles. *(Note de M. Lallié.)*

(2) Louis Bureau de Belair, d'une ancienne famille anoblie par l'échevinage, né à Nantes le 27 septembre 1764. Sous la Révolution, il parlait hautement contre le nouveau gouvernement. Il fut décrété d'accusation comme royaliste et prôneur de la contre-révolution. Emprisonné aux Saintes-Claires le 8 pluviose, il en sortit le 14 germinal. — Membre du Conseil de la Ville sous la royauté, condamné à l'exil pendant les cent jours, il mourut âgé de 88 ans, le 15 Avril 1852. *Note de la famille.*

taire davantage en présence des horreurs qui se passaient alors sous ses yeux? De même qu'un certain nombre d'hommes de cette époque, il avait l'habitude de venir passer sa soirée au café, et, devant le public, quel qu'il fût, qui fréquentait celui de la Bourse, il s'expliquait sur le compte des hommes et des choses du temps absolument avec la même liberté de paroles... que s'il ne s'était agi que de simples assignats. A la fin, toutefois, les choses se gâtèrent, et comme, malheureusement pour lui, il n'avait pas dans sa manche, comme mon grand-père, une *Miché* ou quelque autre de ses semblables, un beau jour il fut incarcéré aux Saintes-Claires, et sans le 9 thermidor, il eût payé de sa tête sa courageuse franchise.

Mais le plus étonnant de tous fut son beau-frère Daniel, procureur au Présidial de Nantes, et grand-père du jeune prêtre qui fut l'aumônier en chef des zouaves pontificaux : bon sang, on le voit, ne pouvait mentir. Aucun n'alla plus loin que lui dans cette voie de franchise périlleuse. Non seulement il parlait, mais encore il agissait. Il regardait en face les tyrans du jour, il les gouaillait, les menaçait même de sa canne. C'était un grand homme, sec et maigre, aux sourcils épais, au regard et à la voix rudes, ne marchant jamais à la rue qu'accompagné de deux énormes dogues que, par dérision, il avait nommés l'un *Citoyen* et l'autre *Général*. On assurait que c'était par peur soit de lui, soit de ses *deux gardes du corps*, comme il les appelait, qu'on n'avait osé l'arrêter. Cela n'a rien d'impossible ; mais la vérité serait plutôt qu'il était vieil habitué de café, et que, comme tel, on était accoutumé à l'y entendre souvent pérorer. On ne prenait donc pas au sérieux, ou l'on feignait de ne pas prendre au sérieux, ce qu'on appelait ses *excentricités*. Dans un des jours supplémentaires de l'année, dits *sans-culottides* (jours naturellement indiqués pour être la fête des sans-culottes), n'eut-il pas la cocasse idée d'étaler en dehors de son balcon, absolument comme du linge qu'on met à sécher..., tout ce qu'il possédait de ces indispensables vêtements. Tous ceux qui passaient devant sa demeure, sur la place de la Bourse, s'arrêtaient en présence de cette étrange exhibition, placée sous la surveillance immédiate de *Citoyen* et de *Général*, et les rires redoublaient, quand, à travers les joints des volets, intentionnellement mal clos, on voyait passer et repasser la haute silhouette du bonhomme chaussé d'un simple caleçon blanc! Quel malheur que son illustre neveu breton, notre Victor Hugo (1), ait ignoré ce détail sans prix... alors qu'il était encore royaliste! Quel sublime parti sa jeune muse n'eût-elle pas tiré de cette gigantesque antithèse des vieilles culottes de son oncle opposées aux brillants oripeaux de la toute-puissante Convention (2)!

Maintenant que j'ai déroulé devant mes lecteurs les grandes tristesses de notre ville, et que j'ai constaté, non sans orgueil, les courageuses protestations qu'elles soulevaient, il convient de reprendre les choses par le détail. Je commencerai par le récit des fêtes républicaines, dont celle des sans-culottes a pu donner un avant-goût. Cette fois, c'est plus sérieux. Nous sommes au 20 prairial an II. Pour complaire à Robespierre qui domine la Convention, celle-ci a bien voulu reconnaître l'*immortalité de l'âme et l'existence de l'Etre suprême*, que nos législateurs, plus éclairés que leurs pères, nient à peu près aujourd'hui. Pour rendre à *cet être*, qu'on n'ose pourtant pas appeler encore de son vrai nom, un hommage digne de lui, on a édifié au bas du cours Saint-Pierre une montagne de bois et de carton peint; touchant emblème de celle qui, à la Convention, décrétait le bonheur du genre humain. Au pied de cette montagne, est dressé l'autel de la Patrie, devant lequel de nombreux groupes de vieillards, d'hommes faits, de jeunes gens des deux sexes venaient défiler, chacun à tour de rang, tandis que des soldats échangeaient fraternellement avec des laboureurs leurs armes contre des gerbes de blé!

Pourquoi faut-il, par une fatalité inexplicable, qu'une note discordante vienne troubler un aussi beau concert, et qu'une histoire quelque peu gauloise du répertoire de mon oncle revienne précisément en ce moment pour se glisser sous le bec

---

(1) On sait que la mère de Victor Hugo était une demoiselle Trébuchet, de Nantes. Sur la parenté des Trébuchet de Nantes avec Victor Hugo, v. Edmond Biré, *Victor Hugo avant 1830*. Paris, Gervais, 1883, p. 30 et suiv.

(2) Si rude qu'elle fût, la grosse voix du père Daniel ne faisait nullement peur aux petits enfants. — « Un jour, me racontait sa petite fille, notre grand'mère avait à réprimander une servante fautive, et elle hésitait à le faire, en raison du caractère violent de son cordon bleu. — Eh bien, c'est moi qui m'en charge, dit son mari. — Oh! mon ami, fit-elle, un peu effrayée... — Femme, répliqua celui-ci en souriant, quand on a regardé sans trembler les gens de la Convention, on peut bien affronter la colère d'une cuisinière. »

de ma plume ? Si j'avais l'honneur d'avoir pour lectrice quelque miss anglaise, je devrais pourtant charitablement la prévenir (sans être bien certain qu'elle suivît mon conseil) de sauter ce paragraphe, que je présente sans crainte à nos jeunes Françaises, aguerries par la saine et fortifiante littérature réaliste d'aujourd'hui.

Pendant la construction de l'édifice, qui sait ? peut-être pendant la fête elle-même, tous les polissons du quartier, parmi lesquels mon oncle ne se défendait pas d'avoit fait sa partie, se plaisaient à descendre de son cratère jusque dans ses profondeurs les plus intimes, et s'unissaient à leur manière à la joie commune. Abaissant leurs culottes et pieusement accroupis en rond, ils faisaient fumer jusqu'aux narines d'un Dieu, justement écœuré par toute cette pompe artificielle, les parfums d'un encens aussi pur que naturaliste. Heureux âge que celui qui les mettait à l'abri de toutes les rigueurs d'une loi implacable, sauf le minuscule danger, s'ils avaient été découverts par des gardiens d'ordinaire peu attentifs, d'un coup de pied dans la partie si irrévérencieusement mise à découvert.

Comme l'horrible, dans ces temps, coudoyait à chaque pas le grotesque, abandonnons la note comique que nous ne manquerons pas de retrouver, pour rentrer dans le drame sinon dans la tragédie. C'est aux prisons que je conduirai mes lecteurs. La loi sur les suspects et plus tard la destruction de l'armée vendéenne à Savenay les avaient remplies d'une foule d'hommes, de femmes et d'enfants. Rappelons que les premiers s'étaient rendus sur la promesse *de vie sauve*. C'était pour remplir cette promesse que nos tyrans tenaient la guillotine en permanence et que chaque jour recommençaient fusillades et noyades ! Les femmes suivaient leurs maris au supplice. Quant aux enfants... un reste d'humanité... Oh non ! la crainte seule de pousser à bout la trop patiente opinion publique fit que, dans les commencements, on épargnait leur vie. Les prenait qui voulait dans les prisons. Plus tard, ce semblant de scrupule s'évanouit et l'on immola impitoyablement avec leurs parents ceux de ces pauvres petits êtres qui n'avaient pas été réclamés !!!

Honneur, mille fois honneur aux âmes généreuses qui accomplirent cette tâche d'autant plus méritoire qu'elle constituait le plus souvent l'adoption en fait d'enfants trop jeunes parfois pour pouvoir indiquer leur nom et celui des familles auxquelles ils appartenaient. Je voudrais pouvoir les glorifier comme elles le méritent ; mais pour la plupart, c'est Dieu seul qui les connaît et qui les récompensera mieux que ne l'eussent fait les hommes. Je suis heureux cependant de pouvoir relever de l'oubli des noms comme ceux de Guérin, simple tonnelier, qui accepta au passage une toute petite fille offerte désespérément par une pauvre Vendéenne qu'on entraînait sur les bateaux à soupape. Il l'éleva et la maria, comme il eût pu le faire pour sa propre enfant ; — de M. le Rouzic, chef d'institution scolaire, de Mlles de la Brosse, également maîtresses de pension, qui recueillirent une *petite brigande* mendiant en pleurant son pain à leur porte, et ne connaissant que son prénom de Clémentine ! Mises par hasard sur la piste de sa naissance, elles parvinrent à découvrir qu'elle avait été sauvée de la mort par le général républicain Lepic, et elles furent assez heureuses pour lui faire rendre son état civil et ses droits héréditaires dans la famille noble des Du Vau de Chavagnes. Je continue : — de M. Fonbonne (1), directeur des Hospices de Nantes, qui put sauver un jour huit enfants pour sa part. — Mais une histoire bien touchante est celle de M. Louis Crucy (2), qui m'a été racontée par son petit-fils, un de nos magistrats les plus éminents. Prévenu qu'une maladie contagieuse décimait les enfants entassés dans une prison, il s'y transporta et, saisi de compassion à la vue de ces pauvres petits : — « Qui veut venir avec moi ? s'écria-t-il.

— « Moi, moi ! répétèrent-ils tous en chœur. Comme il ne pouvait cependant pas les emmener tous : « Allons, dit-il, j'emporterai ceux qui pourront grimper sur mon dos. » Et ce fut chargé d'une véritable grappe humaine, d'un placement à coup sûr bien difficile, qu'il sortit de la prison.

La curiosité de mon grand-père, si souvent mise à de rudes

---

(1) Fonbonne avait été nommé directeur des hôpitaux de Nantes par Carrier ; il était loin de jouir d'une bonne réputation. V. *Pièces remises à la Commission des vingt-un*, imprimées par ordre de la Convention, p. 14 et 31. *(Note de M. Lallié.)*

(6) M. Louis Crucy devint constructeur de la Marine impériale et possesseur des Chantiers de la Loire de Nantes à Paimbœuf. Il habitait une propriété où se trouve maintenant l'Usine Lefèvre-Utile et son hôtel était un des établissements financiers actuels de la rue Lafayette. *(Note de la famille.)*

épreuves, lui porta bonheur une fois pourtant. Lui aussi eut la chance de sauver un de ces enfants qui, sans son intervention, eût été fusillé sur la prairie de Mauves.

— « Que m'amènes-tu là ? dit tout anxieuse ma grand'mère qui soupçonnait le mystère. Tu sais pourtant que le pain est rare, et que nos ressources sont à peine suffisantes pour nos enfants et nous. »

— « Ne me gronde pas, ma chère amie, répondit-il avec une douceur qui ne lui était pas habituelle, mais écoute-moi et dis si, en conscience, je pouvais laisser immoler cet innocent-là? »

La bonne ménagère pleura bien un peu, mais elle ne souffla plus mot, et comme le petit était en état de rendre quelques services dans le ménage, on l'y employa comme on put. Il fut, entre autres besognes, chargé de conduire les enfants à l'école. Pour encourager à faire le bien, je ne sais quel rusé moraliste a écrit que la vertu trouve *toujours sa récompense, même en ce monde*. Je m'inscris carrément en faux contre cette assertion, car c'était un petit serpent que mes bons vieux parents avaient recueilli dans leur sein. Uu jour, dans l'allée de sa maison, et en présence de ses deux enfants éplorés, ma grand'mère ne le surprit-elle pas... léchant les tartines de confiture qu'elle leur avait elle-même préparées pour leur goûter ! On pourrait qualifier cet acte de comble d'ingratitude, si ce comble d'alors n'avait été largement dépassé depuis. L'enfant reçut-il la récompense du fouet, à laquelle il avait acquis des droits si incontestables? J'aime à le penser dans l'intérêt de la morale. Ce que je sais très certainement, c'est qu'on lui chercha une autre place dans laquelle il avait un travail plus rude à faire et un peu moins de confitures à lécher.

Continuons ces études de mœurs prises sur le vif ; j'ai peut-être tort de les qualifier ainsi, puisque c'est de *la mort* que j'ai à m'occuper. Je n'étonnerai personne en disant qu'on était habitué à la voir sous tant de formes, qu'il ne serait pas raisonnable de penser que la mort naturelle fût entourée d'autant de respects qu'elle l'est de nos jours. On la traitait avec le laisser aller qu'on avait pour toutes les autres choses et l'on prenait vis-à-vis d'elle des licenees dont nous n'avons guère idée aujourd'hui. M. Brunet, un brave homme ami de notre famille, venait de mourir. A ses obsèques, naturellement rien qui pût rappeler les époques A JAMAIS PASSÉES *de fanatisme et de supers-*

tition; c'était quelque chose de lugubre et de glacial comme nos enfouissements civils. Mais en passant devant un cabaret en renom, ne voilà-t-il pas que les porteurs se sentent pris d'un besoin irrésistible de s'arrêter. Déposant sans façon la bière devant la porte, et la laissant sous la garde des parents et amis indignés, ils entrèrent dans l'auberge. Quand ils se furent longuement et suffisamment rafraîchis, ils reprirent leur fardeau sur leurs épaules. Etait-ce usage nouveau ou ressouvenir du temps passé? Je ne sais; mais dans leur zèle, cumulant les doubles fonctions de croque-morts et de chantres, ils s'amusèrent à faire sauter en cadence le pauvre défunt sur l'air du *Ça ira*, et ils le conduisirent ainsi gaiement jusqu'à sa dernière demeure. Comme dernier trait au tableau, sa femme, Catherine Trinquart, plus connue sous le nom familier de *Cathau Trinquart*, agrémenta sa robe de deuil et son bonnet déjà rouge, suivant la mode fashionable du temps, de plus de *mille mètres de rubans tricolores*. Mon grand-père disait malicieusement de plus *d'un grand quart de lieue.*

Cathau, que j'ai beaucoup connue quand j'étais jeune et dont je ne me permets de citer le nom assez drolet que parce que je ne lui sais aucun héritier, était pourtant, malgré un peu d'étourderie, une brave femme au fond. S'était-elle consolée vite, suivant la mode du temps, ou par cette toilette patriotique n'avait-elle voulu que détourner de dessus sa tête des soupçons assez fondés de modérantisme? Je l'ignore. Ce que je puis dire, c'est que, bien des années plus tard, définitivement consolée et abonnée au spectacle, elle y bavardait un soir dans sa loge, de façon à impatienter le public du parterre qui se tenait alors debout. Tout à coup un spectateur, moins endurant que les autres, se tournant du côté de l'acharnée bavarde : « Te tairas-tu, Cathau! s'écria-t-il furieux, sinon je vais dire ton âge. » Sous cette menace redoutable, le silence se fit comme par enchantement. Mais l'histoire fit du bruit dans Landerneau, et si le lendemain on en riait... je vous le laisse à penser!

Et dire qu'il existait pourtant de très braves gens, de ceux qui pouvaient être, du jour au lendemain, appelés à prendre leur place sur la charrette des condamnés, qui trouvaient encore l'incroyable courage de s'amuser! Etait-ce par un amour insatiable, quoique déplacé, du plaisir, ou n'était-ce pas plutôt, j'opinerais à le croire, par un besoin impérieux de détourner sa pensée de toutes les horreurs qui se commettaient? — « Oui, comme dans d'autres temps, le spectacle regorgeait d'auditeurs, quand la pièce était intéressante, » a redit bien des fois un vieil acteur du nom de Joseph (1), qui, contrairement aux mœurs théâtrales actuelles, accomplit une carrière de trente ans, exclusivement à Nantes. Mais, trait caractéristique, on y jouait de préférence des drames et même des opéras d'une donnée sombre. — « Il me souvient, — a raconté bien des fois à ses nièces, de qui je tiens ce récit, une excellente vieille fille, — qu'un jour, au moment du spectacle, nous vîmes passer, ma sœur et moi, sous les fenêtres de l'appartement que nous occupions sur la place du théâtre, une longue file de Vendéens qu'on allait fusiller à Gigant. Cette vue nous émotionna bien fort; mais que pouvions-nous faire pour eux? Nous entrâmes donc toutes tristes dans la salle pour y voir jouer la *Veuve du Malabar*, une des grandes pièces en renom. Ah! jamais nous n'avons versé tant de larmes que ce soir-là, en voyant traîner cette infortunée sur le bûcher de son mari. » Certes, la préparation était bonne.

Mon travail ne serait pas complet, si je n'avais quelque chose à raconter des *mœurs*, à proprement parler. Il y aurait bien à dire à ce sujet; on sait qu'elles ne se ressentent que trop de toutes les perturbations sociales. Malgré ses prétentions à l'austérité, la Convention la première n'encourageait-elle pas le vice par ses décrets en faveur des filles-mères? Et ses fameuses déesses de la Raison, où donc allait-elle les prendre? Nantes ne pouvait échapper à la contagion générale, et, dussé-je blesser la modestie de mes vertueuses lectrices d'aujourd'hui, je déclarerai hautement qu'elles valent beaucoup mieux que leurs grands'mères. On comprendra que je tienne à être sobre de détails sur un sujet aussi délicat; je me bornerai à une seule citation. J'avais bien entendu parler de quelques pensionnats en haut renom, de certaines bergeries dans lesquelles le loup trouvait trop souvent moyen de pénétrer, après avoir préalablement, au moyen de billets doux lancés par dessus les murailles, rassuré les trop crédules ouailles sur la parfaite inno-

(1) Le brave Joseph s'enorgueillissait d'avoir joué sur notre scène tous les rôles de la *Caravane du Caire*, de Grétry, « à l'exception d'un seul, disait-il avec regret, celui de *pied droit de devant du chameau*. »

cence de ses sentiments. Quoique indices d'une époque assez relâchée, ces peccadilles amoureuses ne m'en semblaient pas particulièrement caractéristiques. J'ai trouvé mieux, là où je ne m'attendais guère à faire moisson, dans de vieux dossiers de procédure de mon grand-père maternel, Monsieur Barré, qui fut pendant trente-six ans avoué au Tribunal de Nantes ! Si les souvenirs de ma première enfance, et la reconnaissance que j'ai appris plus tard lui devoir comme auteur principal de la fortune de notre famille, ne me l'avaient déjà fait chérir, je l'aurais aimé rien qu'en constatant l'unanimité des témoignages de confiance et d'affection que se plaisaient à lui rendre ses clients. Mon grand-père, donc, gérait les affaires de la comtesse de ***, riche, et appartenant à la plus haute aristocratie nantaise ; permettez-moi de ne pas vous la désigner plus explicitement. Comme plus d'une femme de ce temps, la belle comtesse avait profité de la commode loi du divorce pour délier les liens qui l'unissaient à son mari et en renouer d'autres... non moins légitimes, avec un peintre sans naissance... comme Lindor, mais comme lui jeune et joli garçon.

Mon grand-père était chargé de toucher les revenus d'une quinzaine de métairies qu'elle possédait dans l'arrondissement d'Ancenis, et pour les lui faire passer à Paris où elle habitait ordinairement, il se servait de l'intermédiaire d'un de ses confrères, maître Cœur-Joli. Ne croyez pas que j'invente ce nom pour les besoins de ma cause ; mais c'est une bonne fortune que d'en rencontrer un semblable sous le bec de sa plume dans un narré quelque peu guilleret. Malgré la fortune que possédait l'ex-comtesse, ses demandes d'argent étaient abusivement multipliées, et mon grand-père, homme de vie modeste, comme l'étaient généralement les personnes de sa condition, dans ce temps-là, en témoignait un jour son étonnement à Cœur-Joli : — « Vous me demandez, mon cher confrère, répondait celui-ci, plus initié au dessous des cartes de la vie parisienne, ce que fait notre cliente ? C'est bien simple. Elle passe sa vie dans la société de comédiens et de marchandes à la toilette, mais, ce qui est plus étrange, elle ne cesse de retourner de *son second* mari à *son premier* et vice versa. » *Etrange*, avez-vous trouvé, Cœur-Joli, ce vice versa, *ce chassé-croisé de maris*, je suis d'accord avec vous, mais vous eussiez dû ajouter : *sublime*. Ah ! quand la bienfaisante loi du divorce nous sera ren-

due, je doute qu'une seule des jolies séparées de demain songe à aller offrir de semblables consolations au pauvre mari délaissé par elle.

Il faut pourtant en finir, dans l'intérêt même de mes lecteurs ; non que je ne puisse continuer encore longtemps, mais, comme le dit Montaigne, je crois « c'est que j'ai escrémé mon pot. » Je m'arrête donc, mais, malgré bien des lacunes, les récits de mes vieux parents peuvent donner une idée assez complète des faits et mœurs révolutionnaires à Nantes. Si, par un hasard flatteur pour eux et pour moi, quelques-uns de mes aimables lecteurs tenaient à savoir ce qu'en sont devenus les auteurs, je leur dirais que le vieil oncle s'est éteint nonagénaire, sans avoir eu le temps de se réconcilier avec la République. Quant au grand-père, au langage si rude envers les révolutionnaires, je sais qu'il l'adoucit un peu quand les choses furent rentrées dans l'ordre normal et qu'il vécut même de longues années plus tard. Comme tous ses contemporains, il avait accepté l'Empire, mais sans l'aimer. Il appréciait médiocrement la gloire des armes, qu'il disait être une *viande creuse, quand son goût ne tourne pas à l'amer.* Hélas ! aussi bien que lui, nous en avons fait la triste expérience ; puissent nos vainqueurs la faire à leur tour. Sa verdeur de parole lui revint toutefois aux Cent-Jours, quand il vit l'élément révolutionnaire, qu'il exécrait tant, relever la tête, autorisé à le faire par celui qui l'avait comprimé si longtemps. Elle faillit même le faire exiler. J'ajouterai que la Providence, après la lui avoir fait attendre bien longtemps, lui accorda dans ses derniers jours une consolation qui eût pu lui être bien douce, quelques années plus tôt. Elle le fit une fois se rencontrer face à face sur le lieu même des fusillades de Gigant avec un ancien terroriste, au nom duquel on ajoutait d'ordinaire celui de *la Mort !* (1), Qui l'attirait là ? Le remords peut-être ; mais, pas plus que moi, mon grand-père n'en pouvait rien savoir. D'un bond instinc-

(1) Lecoq avait été un des assesseurs de Phelippes-Tronjolly au tribunal révolutionnaire de Nantes ; on l'appelait communément *Lecoq-la-Mort*, parce qu'il opinait, disait-on, toujours en faveur de cette peine. Il avait probablement quelque autre défaut qui le rendait déplaisant, car rien dans sa conduite ne le différencia de ses collègues, si ce n'est son intimité avec plusieurs membres du Comité-révolutionnaire. *(Note de M. Lallié.)*

tif, il s'élance sur lui, l'empoigne par la cravate et brandissant au-dessus de sa tête une formidable canne : « Ah ! coquin, lui dit-il, tu vas payer aujourd'hui tes crimes passés ! » Ils étaient seuls. Mon grand-père était encore fort, mais l'autre était vieilli et cassé... Il tomba à genoux et implora sa grâce... Je sais qu'elle lui fut accordée, vraisemblablement en faveur de sa faiblesse. Mais avec le caractère de mon brave aïeul, j'ai peine à m'imaginer que sa bonne canne n'ait pas entamé un commencement de connaissance bien sentie avec le dos du vieux révolutionnaire.

NANTES

Pendant les Premières années de la Restauration

SOUVENIRS ANECDOTIQUES ET POLITIQUES

I

Vers la fin de 1883, je publiais, dans la *Revue de Bretagne et de Vendée*, quelques souvenirs intimes et traditionnels sur Nantes, avant et pendant la Révolution. Des amis, moins prudents que bien intentionnés, m'ont engagé à les poursuivre.

— Mais vous savez mieux que moi, leur ai-je dit, qu'il n'y a que les époques terribles ou troublées qui présentent un véritable intérêt de narration. — Ce n'est exact que jusqu'à un certain point, m'a-t-il été répondu, et plutôt encore pour le dramaturge que pour l'historien ou le mémorialiste. Ceux-ci doivent écrire *ad narrandum* sans préoccupation de l'*ad scribendum*. Croyez bien cependant qu'il n'est guère d'époques qui n'aient leur intérêt particulier, surtout quand ces époques sont l'Empire et la Restauration : la Restauration, ce temps essentiellement de transition, dont le romancier Balzac a tiré un si avantageux parti dans quelques-uns de ses ouvrages.

Si telle est la mission de l'historien, que doit donc peser ma petite personnalité en regard de l'obligation de mettre en lumière certains faits concernant ma cité, faits qui auraient été laissés dans l'ombre ou qui seraient tombés dans l'oubli ?

A tout risque, je vais reprendre ce nouveau travail, à peu près sur le plan de l'ancien, c'est-à-dire, en subordonnant les faits généraux à ceux qui regardent plus particulièrement Nantes, et, pour plus d'exactitude, je les suivrai dans un ordre à peu près chronologique.

Malheureusement, et dès le début de mon œuvre, je m'aperçois que je vais être forcé d'y laisser une importante lacune, puisque je ne dirai pour ainsi dire pas un mot de l'Empire. — Pourquoi donc? — Par une raison unique, mais de premier ordre : par celle qui empêchait le maire de je ne me rappelle plus quelle localité, de tirer le canon lors de l'entrée de Henri IV dans sa ville : *parce qu'elle n'en possédait pas*. Si j'ai trouvé des témoins pour les époques antérieures à la Révolution ou ses contemporains, ils me font absolument défaut pour celle-ci. Le nouveau gouvernement avait ramené l'ordre, et mon grand-père, au langage si vert contre les Terroristes, ne trouvait heureusement plus l'occasion de donner carrière à ses justes et nombreux sujets d'indignation d'autrefois. Quant à mon père, qui va devenir maintenant mon principal témoin, il avait été dès la première année du siècle, éloigné de Nantes et placé, pour faire son éducation, à Juilly, célèbre collège d'Oratoriens. En fait de compatriotes, il n'y vit, pendant sept ans, que Fouché, duc d'Otrante, ex-oratorien lui-même, et resté protecteur de son ancien ordre. Dois-je dire que, plus d'une fois, *par récompense !* mon excellent auteur fut chargé de célébrer toutes les vertus du protecteur (1) ; ce qu'il faisait du reste *très consciencieusement*, m'a-t-il dit, en pompeux vers latins. (Les vertus de Fouché ! cela prête à rire, même encore aujourd'hui.) Enfin, à sa sortie du collège, envoyé pour ses études de droit à Rennes et à Paris, mon père ne rentra définitivement dans sa ville qu'en l'année 1813, où les événements

---

(1) Il y a tout lieu de présumer que notre grand Berryer, ce preux de la Légitimité, alors qu'il était le camarade de banc de mon père à Juilly, a dû être, lui aussi, chargé de cette *tâche d'honneur*. Est-il assez piquant de penser qu'il a dû préluder à sa noble carrière de fidélité par l'éloge de celui qui fut traître à toutes les causes qu'il servit ?

du jour parlaient assez haut pour que le grand-père n'eût pas beaucoup le loisir de revenir sur ceux de la veille.

Je ne me dissimule pas qu'en entreprenant de parler de la Restauration dans mon propre pays, je m'engage sur un terrain brûlant. Si tous les honnêtes gens sont unanimes aujourd'hui pour flétrir les grands criminels de la Révolution, les opinions sont loin d'être identiques sur l'appréciation des faits de cette époque et surtout sur celle des personnages qui y ont joué un rôle politique.

Puisqu'il en est ainsi maintenant, qu'on juge de ce que c'était alors, dans un temps où les divisions les plus tranchées existaient entre des familles actuellement d'accord ! Je cours donc le risque de me heurter à chaque pas contre des noms propres, des noms portés par des gens honorables, que je serais désolé de froisser. Pour parer à ce grave inconvénient, — à moins que le respect de la vérité historique ne me contraigne à le faire, — je m'abstiendrai de citer ces noms, toutes les fois que je les rencontrerai au bout de ma plume, entachés d'odieux ou même de ridicule. Je préviens de plus mes lecteurs, quels qu'ils soient, que si je leur fais, plus souvent que tout autre, entendre la note royaliste, ce n'est pas parce que c'est la mienne, celle de ma raison comme celle de mon cœur, mais parce que je suis aussi, dans la circonstance, l'écho de mon père, bourbonien convaincu et ardent militant à cette époque. Toutefois, après soixante-dix années d'éloignement, je crois pouvoir, sans inconvénient, reproduire la grosse voix grognarde du bonapartisme ou celle, déjà aigre et criarde, du libéralisme naissant. J'ajoute que, quand j'aurai la chance de pouvoir traduire ma pensée par des chansons du temps, qui, mieux que tous discours, accentuent la louange ou la satire, je me donnerai bien garde de négliger cette précieuse source d'information.

II

Malgré le silence que je suis forcé de garder sur la période impériale, il m'est indispensable de revenir sur ses derniers moments, pour donner une idée exacte de la position où se trouvait alors la France, et Nantes en particulier. Malgré des prodiges de génie et d'héroïsme, nous succombions sous les efforts de l'Europe entière coalisée contre nous, et la victoire ne nous affaiblissait guère moins que ne l'eût fait la défaite. Quels décevants mirages, sinon quelle criminelle ambition, poussent donc certains gouvernements, trahis par la Fortune, à se croire le droit de disposer de la dernière goutte de sang des peuples dont ils ont charge, sous prétexte de *devoir étroit d'honneur national !* La raison le crie pourtant assez haut ; plutôt que de s'épuiser en efforts désespérés, il vaut mieux, pour un pays, s'arrêter et refaire ses forces par une paix honorable. Presque jusqu'à la fin, elle nous était offerte dans de semblables conditions ; mais, quoique écrasé par le nombre, l'Empereur, pas plus que nos gouvernants de 1870, ne voulait céder devant la nécessité. (Nous avons pu juger par nous-mêmes de ce que peut coûter une obstination aussi funeste !) En 1814, c'était un *tolle* général contre celui qui, après avoir été longtemps *l'homme providentiel* du pays, en était devenu *le mauvais génie* par son orgueil illimité. L'armée, l'armée *elle-même*, ayant conscience d'avoir été jusqu'aux dernières limites du possible pour la défense du sol de la patrie, demandait la paix à grands cris. Ce n'est pas la peine de répéter ici ce qu'ont écrit les historiens, à peu près unanimes sur ce sujet. Je me contenterai de redire ce que je tiens de la bouche d'un de nos concitoyens, le docteur Sallion, jeune médecin militaire alors, aussi honorable par son caractère qu'éminent par sa science (1). Passant un jour près d'un bivouac d'officiers généraux, il entendit l'un d'eux s'écrier avec véhémence : — « Oui, j'irai jusqu'aux bords du Rhin (considéré alors comme notre frontière indiscutable !). J'y planterai mon épée en terre, et si le b.... (*sic*) veut nous faire franchir le fleuve, je la briserai devant lui ! »

Ces paroles, plus que hardies, ne furent accueillies que par une approbation générale.

Un jour, à une représentation sur notre scène, dans je ne sais plus quel ancien opéra de Grétry, un vieillard amoureux, type bien exploité au théâtre, confie à un ami son intention

---

(1) Le docteur Sallion, décoré pour sa belle conduite auprès des typhoïdés de l'hôpital de Mayence, resta à son poste d'honneur jusqu'à la dernière heure de la défense de Paris.

d'épouser le jeune objet de sa flamme. L'autre lui représente tout le ridicule de son action. « Bon quand vous étiez jeune, lui dit-il gaiement, mais aujourd'hui !. . »

Ils sont passés, ces jours de fêtes,
Ils sont passés, ô regrets superflus.
Et vous aviez alors, pour faire des *conquêtes*,
Et vous aviez... ce que vous n'avez plus !

Appliquant intentionnellement à ce mot de *conquêtes* un sens auquel les auteurs n'avaient jamais pensé, le public éclate en applaudissements frénétiques et fait répéter le couplet à plusieurs reprises. Inutile de dire que, le lendemain, l'innocente pièce était retirée de l'affiche.

Assurément, si jamais assertion calomnieuse fut proférée, ce fut celle du député Manuel, quand il affirma plus tard (il n'eût pas osé le dire en 1814), que les Bourbons, à leur retour, n'avaient été vus qu'*avec répugnance*. Jamais joie plus vive, au contraire, n'éclata par toute la France, que lorsqu'on apprit l'abdication de Fontainebleau : le pays allait respirer enfin ; les pauvres mères allaient pouvoir conserver auprès d'elles leurs enfants, condamnés, hier encore, à servir de *chair à canon*. Si tel était le sentiment général de la France, que devait être celui de Nantes, en particulier, port maritime et important centre commercial avant la Révolution ? Plus que toute autre ville, elle avait souffert dans ses intérêts et brûlait de reprendre ses vieilles traditions commerciales, arrêtées par vingt-cinq ans de guerre. De la joie, ai-je dit ? C'était mieux : c'était du délire. A la nouvelle du rétablissement du gouvernement royal, des drapeaux blancs s'étalèrent spontanément à toutes les fenêtres ; des danses, où se confondaient toutes les classes de la société, s'organisaient à chaque coin de rue ; on s'embrassait sans se connaître ; enfin, à ce que m'a redit bien des fois ma mère, qui y demeurait alors, la vieille place du Bouffay, où s'étaient faites tant d'exécutions, semblait vouloir se purifier de tout le sang qui y avait été répandu pendant la Révolution. On n'entendait que cris de : Vive le Roi ! Le roi, c'était littéralement un père chéri, qui venait reprendre sa place auprès d'enfants dont il avait été momentanément séparé ; tous les chapeaux étaient ornés de la cocarde blanche, toutes les boutonnières, de la décoration du lis.

Qu'était cette singulière décoration, si universellement portée alors, si oubliée aujourd'hui ? Une petite fleur de lis portée au bout d'un ruban blanc. J'ai sous les yeux celle de mon père. C'était une récompense de services, ou mieux, un emblème parlant (et quelquefois trompeur) de fidélité qu'avaient arboré les royalistes. Je ne sais trop si, dans le principe, on n'avait pas été obligé de la solliciter ; mais, en bien peu de temps, tout le monde l'avait prise. Une chanson du temps, un peu épigrammatique peut-être, nous représente une députation de la musique de la garde nationale venant la demander au Roi lui-même, pour prix de services qu'elle faisait valoir en ces termes :

Nous venons, sire, au nom de tous les camarades.
La musique a donné de belles sérénades :
Donnez-nous, donnez-nous la fleur de lis.

Et le bon monarque, un peu abasourdi, de leur répondre, comme pour se débarrasser de tant d'importunes demandes :

Oui ! oui ! oui ! vous l'aurez tous,
Vous l'aurez, mes amis !

Quant aux banquets dans lesquels étaient célébrés le retour du monarque et ses vertus, si peu connues qu'elles pussent être encore, je n'en citerai qu'un seul. Les avoués et avocats du barreau nantais s'étaient, à cet effet, réunis en pique nique à la maison de campagne de l'un d'eux. Ce fut là que se produisit le début poétique, et, ma foi, assez brillant, de mon père. Il entonna, au dessert, la chanson de rigueur, dont je ne me rappelle que le dernier couplet, terminé naturellement par un toast chaleureux à la santé du monarque :

A la santé du Roi de France,
Qui nous ramène l'abondance,
Amis, dans ce jour nous boirons,
Oui, j'en réponds ! *(Bis)*
Mais, s'il me faut de ce Madère
Remplir autant de fois mon verre
Que ce bon prince a de vertus,
Ah ! je n'en réponds plus !
Non ! je n'en réponds plus !

Ce qu'il y eut de plus piquant, c'est que l'amphytrion, qui n'était guère connu jusque-là pour son zèle royaliste, ne fut pas le dernier à crier : Vive le Roi ! Cela ne l'empêchait pas, l'année d'après, de se faire inscrire au nombre des fédérés révolutionnaires.

Si la paix et l'abondance, malgré l'abus qu'en faisait la chanson, n'étaient pas des biens à dédaigner, ils n'étaient pas non plus les seuls qu'apportât avec elle la Restauration. Une classe assez importante de citoyens l'avait vu revenir, sinon avec répugnance, du moins avec une grande appréhension ; c'était celle des acquéreurs de biens nationaux. Le nouveau gouvernement allait-il ratifier les ventes lucratives que leur avait faites celui de la Révolution ? Un article spécial de la Charte leur enleva bientôt cette poignante inquiétude, et rien ne les empêcha de pouvoir prendre part à la joie commune. Un jour, le vieux et spirituel docteur Laënnec, aïeul du sympathique directeur actuel de notre Ecole de Médecine, rencontra, porteur d'une large cocarde blanche et d'une fleur de lis gigantesque, un de ses clients, notoirement connu pour avoir fait une grande fortune dans l'acquisition de cette sorte de biens. Ne comprenant rien d'abord à cette conversion si prompte, il le contemple avec stupeur. Puis, illuminé par une lueur soudaine et se remémorant son Virgile avec un à-propos charmant : — *Fortunate senex*, lui dit-il en le regardant dans le blanc des yeux,

Fortunate senex, ergo tua rura manebunt !

L'autre, se voyant percé à jour, n'essaya pas une explication parfaitement inutile ; il se prit franchement à rire, et les deux amis se séparèrent... comme les augures de l'ancienne Rome.

Laënnec avait deviné juste, car le nom de ce nouveau converti brillait, accolé à celui de l'avoué dont je viens de parler, au premier rang des fédérés de l'année suivante.

III

Comment un horizon politique aussi serein arrive-t-il si promptement à se troubler ? Ce serait trop long à dire ici, et j'en laisse volontiers la tâche aux historiens. Toujours est-il que, sur ce ciel d'azur, des points noirs ne tardèrent pas à se montrer et qu'en quelques mois, ils étaient devenus des nuages gros de tempêtes. Un jour, on apprit avec stupeur que l'ex-empereur, échappé de l'île d'Elbe, venait de débarquer sur la côte de Provence et qu'il s'avançait rapidement sur Paris. A cette nouvelle, l'élément révolutionnaire, noyé chez nous au milieu d'une nombreuse population royaliste, commença à relever la tête, et quelques rassemblements tumultueux, promptement réprimés du reste par la garde nationale, se formèrent sur la place du Théâtre. Mais tous les jours, le télégraphe ou le courrier annonçait le progrès de la marche de l'*usurpateur* (*sic*) qui ralliait autour de lui les populations du sud-est de la France et tous ses anciens soldats envoyés pour le combattre. Une fois pourtant, le télégraphe apporta sur ses longues ailes cette consolante nouvelle: *Le tyran est abattu!* Quelle détente pour les cœurs royalistes, mais aussi, quelle désillusion pour eux, le lendemain, quand cette dépêche fut rectifiée et qu'on apprit qu'elle n'avait pas voulu dire que le *tyran était abattu;* mais qu'il était *à Battu*, petit village situé à vingt lieues de Paris! Si, par malheur, le pauvre vieux roi, objet de tant d'amour, venait à tomber entre ses mains, que pouvait-il devenir? Le nom du duc d'Enghien revenait alors sur toutes les lèvres.

Il faut le dire à l'honneur des royalistes, leurs protestations de dévouement ne furent pas de vaines paroles, comme celles de trop nombreux fonctionnaires civils et militaires. Le soir même, plus de deux cents jeunes gens, appartenant aux meilleures familles de la ville, se faisaient inscrire à la Mairie, sous le nom de *Volontaires royaux*, pour aller faire un rempart de leurs corps à leur roi, si cruellement abandonné. Pour mieux accomplir cette noble tâche, ils avaient pris pour chef un vaillant soldat, tout frais émoulu des dernières guerres de l'Empire, le général Grobon, qui, dégagé par l'Empereur de ses serments envers lui, s'était rallié franchement, comme nombre de ses camarades, au gouvernement des Bourbons. Deux jours après, fraternellement réunis en armes sur le cours Saint-Pierre, les volontaires royaux entendaient en plein air une messe célébrée pour le succès de leur entreprise par le grand vicaire Garnier. Singularité du hasard! ce prêtre était connu pour le seul peut-être du diocèse qui fût hostile à la Restauration, comme en témoignait son surnom d'*abbé Tricolore* (1).

(1) Garnier, Gilles-Bertrand, s'était caché pendant la Révolution, et avait

Ai-je besoin de dire avec quelle émotion cette messe fut suivie par les partants et par leurs parents et amis, qui avaient tenu à honneur de les accompagner? Ma mère, jeune fille encore, m'a avoué avoir regardé plus d'une fois pendant sa durée un beau et grand jeune homme brun, qui, deux ans plus tard, devenait son mari.

Après les touchants embrassements du départ, la jeune troupe se mit en route et, à la moitié de la première étape, augure favorable, elle rencontrait une bande de beaux gars du pays d'Ancenis, qui, sous la conduite de M. Eutrope Thoinnet, venait se joindre à elle. C'était le commencement de cette boule de neige destinée à se grossir dans le trajet de Nantes à Paris. Le lendemain matin, elle pénétrait dans Ancenis.

A l'entrée même de la ville, et bordant la route que suivaient nos volontaires, s'élevait un vieux couvent transformé en caserne et occupé, pour le moment, par un régiment de dragons qu'on avait consignés dans leurs chambrées. Tous aux fenêtres, les soldats, avec étonnement, mais sans hostilité, regardaient passer ces jeunes gens en uniforme. Tout à coup, on entend sur le pavé un bruit de roues et de galop de chevaux et les sons aigus de ces petits cornets à la mode parmi les conducteurs de voitures du temps. C'est le courrier qui apporte les nouvelles de Paris ; il est important de les connaître. On l'arrête donc ; on lui fait remettre ses dépêches. Malheur ! Elles annoncent l'entrée de Napoléon à Paris et le départ du roi pour Gand ! Le courrier lui-même en confirme verbalement la teneur et, comme preuve indiscutable de sa véracité, il montre aux pauvres jeunes gens consternés les drapeaux tricolores accrochés aux deux côtés de sa voiture. Mais ces drapeaux, ces couleurs qui les ont si souvent menés à la victoire, ont été

---

instruit en secret de jeunes séminaristes. Vicaire général de Mgr Duvoisin en 1803, il devint vicaire capitulaire après la mort de celui-ci, il donna sa démission de cette fonction le 19 juillet 1815, et demeura simple chanoine honoraire; mort à Nantes le 3 mai 1830. Sa démission avait été motivée par l'envoi d'une adresse à Napoléon, à l'occasion de son retour de l'île d'Elbe, adresse dans laquelle il se donnait à tort comme l'interprète du clergé du diocèse, ce qui, au retour de Louis XVIII, avait rendu sa situation impossible. *(Note de M. Lallié.)*

également vus par les dragons. Un frénétique cri de : Vive l'Empereur ! sort de toutes les poitrines et, s'ils n'avaient été arrêtés par les efforts de leurs officiers, et, mieux encore, par les portes prudemment closes de leur caserne, ils se seraient rués sur les volontaires. — « Et ils n'auraient fait de nous qu'une bouchée, me disait, en souriant, mon père ; car ils étaient plus nombreux et bien autrement aguerris que nous ne l'étions. En présence de l'inutilité de notre tentative, le roi étant hors de danger, le conseil décida la retraite immédiate. Quelques instants plus tard, nous repassions devant la caserne, l'oreille un peu basse, il faut bien le dire, mais, en revanche, terriblement écorchée par les cris de ces maudits dragons que nous entendions encore longtemps après les avoir perdus de vue. »

Telle fut la fin malencontreuse, quoique nullement humiliante de l'expédition de nos volontaires royaux. Il faut croire que, le jour de leur départ, la Providence avait trop bien écouté les prières secrètes de *l'abbé Tricolore*. Et comme elle ne fait jamais les choses à moitié, quand elle veut bien s'en mêler, elle envoya pour combattre la Vendée, insurgée quelques jours plus tard, le propre chef qu'ils s'étaient donné. Grobon, en présence de la menace d'une nouvelle invasion, était venu offrir au gouvernement son épée pour la défense du sol. Hélas ! à quelques semaines de là, le pauvre général était mortellement frappé à la tête par une balle vendéenne, dans le clocher de Saint-Gilles, du haut duquel il étudiait la topographie du pays ; triste et bizarre effet des guerres civiles !

IV

Disons bien haut qu'en dehors de l'armée et d'un certain nombre de fonctionnaires, le retour de l'Empereur fut loin d'être accueilli en France comme l'avait été celui des Bourbons. Au lieu de rassurer les personnes et les intérêts, ce retour laissait chacun sous l'appréhension des malheurs que la coalition probable de l'Europe devait attirer sur notre infortuné pays. Je passe ici la parole à un jeune Nantais, momentanément à Paris, qui rendait ainsi compte à ses amis lointains de l'impression que lui avait laissée la grande cérémonie du Champ-de-Mars. Napoléon, cet habile metteur en scène, afin de mieux frapper les esprits, avait imaginé, pour recevoir des grands corps d'Etat le serment aux constitutions de l'empire et à leur article additionnel, d'y paraître, lui et tous ses frères, en costume de satin blanc. Le narrateur, en des vers plus ou moins poétiques, mais à coup sûr très significatifs, disait, sur l'air : *Ils vont lui percer le flanc :*

V'là Bonaparte tout blanc,
Lucien blanc et Jérôme blanc.
En voyant tout ce monde en blanc,
  V'la que chacun s'écrie :
  Est-ce une comédie ?
  Est-ce une tragédie ?...

Mais où le comique prend décidément le dessus, — un comique un peu triste, il faut le dire, — c'est au moment où

Cambacérès, poliment,
Lâche un mot de compliment.
Le discours de Son Altesse
Eut un effet surprenant :
L'assemblée incontinent,
S'esquive en serrant les f.....
Chacun s'en va tristement,
En disant qu'il est content.

Ce mariage forcé de la joie apparente avec la tristesse du cœur n'est-il pas significatif ? Bah ! quand, plus tard, le célèbre peintre Gros aura fait le portrait de Louis le Désiré, un irrespectueux chansonnier bonapartiste, Béranger, je crois, jouant à dessein avec le nom de l'artiste et la corpulence du monarque, dira bien :

Le Gros l'a peint, ce chef-d'œuvre de vie,
Le Gros l'a peint, ce beau morceau de lard !

Equivoquez, comme disait Rabelais ; heureux encore si les libéraux s'en étaient tenus au *gros lapin !*

A Nantes, l'élément révolutionnaire s'agitait fortement. Il sentait bien que Napoléon, qu'il détestait, et à juste titre, était, en ce moment, sont dernier atout et, nouveau Protée, il s'incarnait pour la circonstance dans la forme impériale. Il en prendra bien d'autres par la suite !

Des fédérations pour la défense de la Révolution s'étaient

formées dans toutes les villes de Bretagne, et, comme Nantes était la plus menacée, à cause du voisinage de la Vendée, elles convergèrent en grand nombre vers elle. On vit entre autres arriver les fédérés de Rennes, à la tête desquels marchait, à pied, malgré son âge avancé, le vieux Leperdit (1), tailleur de son métier et maire de cette ville pendant la Révolution. Ainsi que Baco, notre maire nantais, il avait montré parfois un remarquable courage devant les sanguinaires représentants de la Convention. C'était, à la lettre, un vieux Spartiate, race à peu près introuvable aujourd'hui, dans le parti républicain plus que dans tout autre, mais comme il avait la chance d'en posséder quelques-uns.

A part quelques noms connus et honorables, nos fédérés nantais étaient, pour la plupart, des gens sans notoriété, ou, ce qui était plus fâcheux pour eux, des descendants d'hommes compromis dans les crimes révolutionnaires; tant *la caque*, comme disait Henri IV, *a peine à se débarrasser de l'odeur du hareng.*

Moins heureux encore que les volontaires royaux, qui avaient pu donner un commencement d'exécution à leur tentative en faveur du Roi, ils ne prirent part à aucun fait militaire. Pardon, il en est un qui eût pu jeter sur eux quelque éclat, si leur modestie n'avait pris soin de le couvrir du voile le plus épais. Malheureusement la chanson s'en était emparée et fit connaître à la ville de Nantes stupéfaite les grands dangers qu'elle avait courus sans les soupçonner, dangers auxquels elle n'avait échappé que par l'expédition opérée, dans l'ombre de la nuit, aux bas jardins de Saint-Donatien. On n'a jamais connu (et pour cause) les noms des vainqueurs, pas plus que le chiffre des vaincus. Mais, en ce qui regarde les premiers,

. . . .
On dit que de leurs ennemis
Ils ont coupé les têtes!
Des cannibales pratiquant
Les horribles maximes,
On croit qu'ils ont, dans un instant,
Dévoré leurs victimes.

(1) Leperdit, 1752-1825.

C'est horrible, n'est-ce pas? Mais que les âmes sensibles veuillent bien se rassurer : ces têtes, en fin de compte, n'étaient que de simples têtes d'artichauts.

Exaspérés par l'impossibilité où ils se trouvaient d'attaquer, à main armée, le gouvernement impérial, les royalistes s'en vengeaient comme ils le pouvaient. Jamais on ne vit pareil déchaînement de chansons et d'écrits, anonymes, bien entendu. La police avait à faire de tant de côtés à la fois, qu'elle n'avait plus assez d'yeux pour découvrir tous les coupables, comme au temps jadis.

A certaines gens, cependant, par trop intempérants dans leur langage, elle intima l'ordre de se taire et, pour plus de sûreté, de s'éloigner de quelque cinquantaine de lieues de Nantes.

Comme mon grand-père n'avait plus à compter sur les honorables protections qui l'avaient, si l'on s'en souvient, sauvegardé pendant la Terreur, il fut mandé par le fameux Moreau, commissaire général dans les départements de l'Ouest, qui lui montra, sur une carte géographique, Tours ou Blois, pour le cas où lui et son fils ne mettraient pas une prompte sourdine à leur langue.

Non seulement on s'attaquait à la personnalité de l'Empereur, ce qui allait de droit (*l'ogre de Corse* était le plus doux des noms qu'on lui donnait), mais on s'en prenait sans pitié à celle de ses plus modestes serviteurs. Quelque élévation qu'ait le mur de la vie privée, il est sans exemple que des yeux ennemis ne trouvent pas moyen de voir par-dessus. Un jour de chance, ces bons yeux avaient déniché, je ne sais où, la généalogie d'un pauvre général, sans notoriété, du reste, qu'on avait placé à la tête de la division militaire de Nantes. Avant d'entrer au service, il avait été *merlan*, c'est-à-dire garçon coiffeur. Après tout, il n'y a que quelques centimètres de longueur en plus ou en moins entre le rasoir et le sabre ; mais on affirmait aussi que,

> Dans une cathédrale,
> Son père était *serpent* ;
> Sa maman
> ....
> ....

Les égards que nous devons quand même au beau sexe me

forcent à m'arrêter tout court devant les antécédents de la « maman ». Jusqu'à quel point, du reste, ces antécédents, voire même la généalogie, étaient-ils exacts? Il serait téméraire à moi de vouloir le préciser. Je n'oserais affirmer non plus que ces procédés fussent de bonne guerre, de la guerre franche et loyale; mais quand a-t-on vu un parti, surtout s'il est vaincu, se priver du plaisir de la pratiquer ainsi vis-à-vis de ses vainqueurs?

Plus heureux que les Nantais, les Vendéens avaient pu prendre les armes, des armes plus sérieuses que celles de la chanson. A la tête des forces envoyées pour les combattre, le gouvernement avait placé les généraux Lamarque et Travot; Travot, ce vétéran des guerres républicaines dans le Bocage, qui avait mis le sceau à sa réputation en capturant Charette. Vaincus aux Mathes, dans le marais du Bas-Poitou, les Vendéens, qui avaient perdu leur chef, Louis de la Rochejaquelein, venaient d'être définitivement écrasés à Rocheservière, par Travot. Une note, publiée dans cette *Revue* même, l'an dernier, par M. Merland, rapporte, à propos de ce oombat, un trait bien à l'honneur de ce général. Au fort de l'action, un de ses aides de camp vint lui annoncer que les Vendéens, culbutés sur tous les points à la fois, se retiraient en désordre, et qu'il était facile de les anéantir une bonne fois. — « C'est bon, répondit tranquillement Travot, qui par ses habiles manœuvres pensait bien avoir donné le coup de grâce à l'insurrection, c'est bon », dit-il à l'officier, étonné de ne pas recevoir d'autre ordre. Puis, se tournant vers un des parents du narrateur, engagé dans les chasseurs vendéens (1) : — « Ces pauvres gens ! lui dit-il, si je voulais, dans une heure, il n'en resterait pas un seul. » — Au point de vue militaire, je ne sais s'il avait raison ; mais, au point de vue humain, on ne peut que le féliciter bien haut d'avoir évité de verser le sang inutilement, et l'on est heureux de pouvoir rendre de semblables hommages à des adversaires.

Je suis encore plus fier de me faire l'écho d'un fait bien honorable celui-là pour les chefs vendéens. Les écrivains de l'école révolutionnaire ont souvent reproché à ces braves gens

---

(1) Corps franc de volontaires enrôlés pour combattre l'insurrection.

un prétendu manque de patriotisme. De bonne foi, était-ce leur faute, si le généreux et spontané soulèvement de 1793 avait coïncidé avec le déchaînement provoqué contre nous par les défis insensés de la Convention à tous les rois de l'Europe ? Aux Cent-Jours, l'insurrection avait été réprimée assez promptement, nous l'avons dit ; mais le pays n'était pas au bout de ses forces, comme il l'était après la première. Donc, dans l'intervalle assez court qui s'écoula entre la chute du gouvernement impérial et le second retour des Bourbons, la Vendée était restée sous la main des généraux qui l'avaient vaincue, et qui, en attendant les décisions à prendre au sujet du gouvernement à donner à la France, continuaient à porter la cocarde tricolore. Ce fut alors que ses chefs, qui jouissaient, malgré leur défaite, d'un grand ascendant sur les populations, firent proposer, tant à Davoust, le ministre de la guerre, qu'à Lamarque, de réunir aux siennes les forces dont ils disposaient, pour marcher ensemble contre l'étranger, s'il voulait, comme il en était bruit, démembrer le sol de la France. Dans une proclamation, dont j'ai le texte sous les yeux, Lamarque, rappelant à ses soldats cette démarche, qui l'avait ému jusqu'aux larmes (*historique*), leur citait la conduite des Vendéens comme *un noble exemple de patriotisme*.

VI

Mais l'étoile du grand homme s'était éteinte définitivement aux champs de Waterloo. Les essaims sans nombre de nos ennemis s'étaient rués de nouveau sur notre sol, et nos pauvres et héroïques soldats, outrageusement désignés sous le nom de *Brigands de la Loire*, avaient été relégués derrière le fleuve. A Nantes, pendant l'armistice, à l'entrée du pont de la Bourse, les canons de l'ennemi, mèche allumée, étaient braqués contre les canons de l'armée française, placés à l'ouverture du pont Maudit, considéré comme le commencement de la rive gauche.

A cette occasion, je demande à mes lecteurs la permission d'évoquer un souvenir tout particulier. Mon grand-père possédait à Saint-Sébastien, petite commune située sur cette rive du fleuve, à trois kilomètres environ de la ville, une modeste maison de campagne, voisine d'une autre, appartenant à la famille Cambronne. Un nombreux corps d'armée occupait toute la surface qui va du pont de Pirmil au bourg de Saint-Sébastien, et un régiment de la jeune garde était campé précisément sur le terrain qui s'étendait au pied des deux propriétés. La paix était au moment d'être signée, et un jeune soldat, pressé d'aller embrasser ses parents, qui habitaient à quelques pas de là, dans un village de Saint-Julien-de-Concelles, eut la malheureuse idée d'en devancer l'ouverture. Mal lui en prit ; rattrapé à peu de distance et ramené au corps, il fut condamné à être passé par les armes. En vain, pour le faire gracier, mit-on en œuvre, auprès du colonel, toutes les influences possibles, celles des principaux propriétaires, du curé, du maire, M. Pradelan, et de sa femme, aussi remarquable par sa beauté que par son esprit d'initiative charitable (1). On fit appel à la mère même du général Cambronne, s'appuyant du nom d'un fils en grand renom dans le camp bonapartiste. Le colonel fut inflexible ; il répondit qu'en ce moment surtout, il fallait faire un exemple, sous peine de voir l'armée se dissoudre en grand ; et le pauvre jeune soldat fut fusillé au bas même du perron du général, à l'instant où les deux charitables femmes accouraient pour tenter une suprême démarche en sa faveur (2).

Revenons à Nantes, qui était occupé par un corps de Prussiens. Nos pères n'eurent guère d'autre grief contre eux que celui de leur nationalité. Non seulement ils s'abstenaient de paraître arrogants dans la victoire, mais encore ils semblaient en quelque sorte douter de sa réalité. S'ils se tenaient raides dans leurs uniformes, *trop sanglés à la taille et trop fortement bombés sur la poitrine*, c'était moins *hauteur* de leur part qu'habitude de tenue. Chez l'habitant, où leurs officiers étaient logés, ils étaient généralement simples, voire même *bons enfants*. Ils riaient volontiers des innocentes plaisanteries que provoquait l'ignorance où ils étaient de nos usages, par exemple, leur embarras pour manger les artichauts, que quel-

---

(1) Mme Pradelan fonda, plus tard, à Nantes, la belle œuvre de l'Ecole et de l'Ouvroir Sainte-Marie.

(2) Deux jours après, malgré la sévérité de l'exemple, les soldats n'en avaient pas moins à peu près tous déserté, m'ont affirmé les anciens témoins oculaires que j'ai consultés.

ques-uns attaquaient par la pointe (*historique*). Toutefois, malgré la simplicité de leur attitude, des différends nombreux et sanglants se produisaient quotidiennement entre eux et la population. Pendant quinze ans, nous avions vu l'Europe à nos pieds, et nous ne pouvions nous faire à l'idée de nous heurter, à chaque instant du jour, à des vainqueurs, si modestes qu'ils semblassent être dans leur triomphe.

VII

Si la Restauration, répondant à un besoin général de paix, s'était faite, on peut dire, aux acclamations de tous, la seconde n'eut pas le même bonheur. Les Cent-Jours avaient ravivé toutes les haines, suscité toutes les défiances et provoqué dans le cœur des royalistes des désirs de vengeanse bien faciles à comprendre, mais qu'une bonne politique eût pourtant dû commander de réprimer. C'est ce que tenta Louis XVIII; mais quand a-t-on vu les partis obéir à la voix de la sagesse? Je serais entraîné trop loin, si je me laissais aller à parler des tristes et sanglantes répressions qui eurent lieu un peu partout. Je le dis avec bonheur, si à Nantes, qui avait tant souffert des crimes de la Révolution, une réaction contre les hommes assez nombreux et impunis qui y avaient pris part n'était que trop naturelle, elle fut loin d'atteindre à la hauteur de leurs forfaits. La plupart d'entre eux, tels que Chaux et Bachelier (1), purent s'y soustraire, en s'ensevelissant dans une profonde retraite. J'ai connu, pour ma part, deux anciens révolutionnaires habitant les bords de la Sèvre. Lorsque les nombreux canotiers qui sillonnaient cette tranquille rivière, venaient à passer devant la maison du premier, ils ne manquaient jamais de pousser de formidables cris de : Vive le Roi! qui faisaient trembler jusqu'au fond du cœur le vieux criminel, toujours dans l'appréhension d'une bien autre répression. Quant au second, c'étaient les enfants même des villages de la Civellière et de la Gilarderie qui s'étaient chargés de sa punition. Lorsqu'ils l'apercevaient au-dehors, ils le

---

(1) Bachelier, mort le 10 août 1843, rue des Hauts-Pavés. — Chaux, mort à Laroche en Doulon, le 26 novembre 1817.

poursuivaient de leurs clameurs inconscientes de *buveur de sang*, jusqu'à ce qu'il fût rentré dans son logis. Seul, Beillevert, terroriste bien connu au pays de Rezé et de Bouguenais, ne craignit jamais de se montrer ostensiblement. Quand, sombre, toujours seul, et bien reconnaissable à sa haute taille, il traversait le long faubourg de Pont-Rousseau — me racontait un vieil ami qui y habitait alors : — « C'est Beillevert ! » disait-on à voix basse; et l'on s'écartait alors avec terreur de lui, tant l'audace, même criminelle, impose toujours aux masses. (1).

VIII

Une des plus pénibles obligations de la Restauration fut celle d'avoir à sévir contre ceux qui avaient trahi sa cause; et le nombre en était grand. Si les uns l'avaient fait par sympathie pour l'ancien gouvernement, les autres avaient été guidés par un motif moins honorable ; par un attachement à leurs places malheureusement trop fréquent chez nous. A l'annonce de la rentrée de l'Empereur, certains préfets n'avaient pas craint d'envoyer leur adhésion au *Gouvernement* dont ils laissaient à dessein le nom en blanc (*historique*). C'étaient, en tout cas, des étais trop peu solides, qu'il était bon de changer. Je

---

(1) *Beilvert, Joseph*, de Bouaye ; 35 ans à l'époque de la révolution ; le terroriste le plus célèbre et le plus abominable de la région située au sud-ouest de Nantes; personnage énigmatique. Faussaire et assassin avant la révolution, il avait échappé au châtiment. L'un des guides des armées républicaines, il avait présidé aux battues qui réunissaient au château d'Aux deux cents soixante paysans, qui y furent fusillés. Traduit cinq ou six fois devant les tribunaux, pour crimes de droit commun, tels que vols, viols, assassinats, incendies, etc., il échappa toujours à la justice par des acquittements inexplicables. Les diverses archives de Nantes contiennent sur lui une quantité de pièces innombrables toutes également accusatrices. Dans une brochure intitulée : *La commune de Bouguenais et la garnison du château d'Aux*, j'ai suivi la trace de ses crimes jusqu'à l'an VII. Dans un travail récent : *Beilvert de Bouaye*, 1788-1818, publié par les *Annales de la Société Académique* de Nantes, 1er semestre 1912, l'érudit M. Vélasque suit Beilvert jusqu'en 1818, et le montre à la fois surveillé et protégé par l'administration, sous le premier Empire et durant les premières années de la Restauration, vraisemblablement à cause de ses services policiers, mais il n'a pu découvrir ni le lieu ni la date de sa mort.

ne veux m'occuper ici que de la réorganisation de la magistrature nantaise, qui fut l'événement marquant de la vie de mon père, nommé substitut à vingt-cinq ans. De l'ancien tribunal on ne conserva que trois juges, nommés antérieurement à 1814. En se réengageant aux Cent-Joure avec l'Empereur, et se séparant sur un point de certains de leurs collègues, ils avaient formulé, je ne m'explique comment, une réserve au sujet de l'acte additionnel aux Constitutions de l'Empire, acte qui excluait à perpétuité du trône la dynastie des Bourbons. Comment semblable révocation, qui excita tant d'émoi de nos jours, en provoqua-t-elle si peu alors ? Par un motif unique mais de premier ordre : c'est que la magistrature n'était nullement inamovible, à sa formation. Ce sont les avantages reconnus à ce principe qui l'ont fait plus tard passer dans nos lois, et il faut qu'ils soient bien grands, pour que nos gouvernants d'aujourd'hui se soient empressés de le rétablir, sitôt après lui avoir donné la plus hypocrite des entorses !

Qu'il me soit permis de m'arrêter quelques instants devant les noms des si honorables collègues de mon père, noms qui ont tant de fois caressé mon oreille au temps de mon enfance. D'abord, mon grand-oncle maternel, M. Baron, qui fut nommé président du nouveau tribunal, magistrat aussi recommandable par sa science juridique que par sa culture intellectuelle et le brillant de son esprit; puis MM. Tronson, Le Lasseur, Le Bahezre de Creamblay, Maisonneuve Gauthier-Blanchardière et Bruneau de la Souchais ; enfin, et en qualité de substituts sous la direction de M. Bernard, procureur du Roi, mon père et M. Henry Bernède. Tous étaient amis et sortaient des rangs du barreau. — « Mais ils sont bien jeunes, vos nouveaux magistrats ! » disait-on au préfet, M. de Brosse, une curieuse figure, que nous retrouverons plus tard. — « Tant mieux, répondit-il plaisamment, ils dureront plus longtemps ! »

Il faut reconnaître que la Restauration avait eu la main heureuse en tombant sur ces hommes, sans autre ambition que celle du devoir à accomplir et aussi dignes dans leur vie privée que dans la vie publique (1). Au moment de sa chute, elle les

(1) Il faut pourtant bien dire, tant notre humanité est toujours incomplète sur quelques points, que ces braves gens se relâchaient terriblement de leur morale austère dans les chansons qui terminaient alors tous les dîners. *La*

retrouva tous, absolument tous, fidèles au serment qu'ils lui lui avaient prêté (1). Avec eux, M. Papin de la Clergerie, qui avait remplacé comme président mon oncle décédé, deux nouveaux subsistuts, MM. Reveillé de Beauregard et Donker de Sorroëlof, plus, quatre juges auditeurs et suppléants, MM. Bernard des Essarts fils, Thibeaud-Nicollière, Benjamin Baron fils, et Angebaud, mort tout récemment à quatre-vingt-huit ans, toujours sur la brèche pour la cause du bien. *Tous* refusèrent de s'engager vis-à-vis du nouveau gouvernement, encore bien que plusieurs eussent un réel besoin des émoluments de leurs places. — « Et quelques jeune que nous fussions, me disait mon père avec une pointe malicieuse d'orgueil, il est constant que nos jugements étaient moins souvent cassés par la Cour d'appel que ne le furent depuis ceux de nos successeurs. »

IX

Je reviens aux embarras de tous genres contre lesquels avait à se débattre le gouvernement des Bourbons. Qu'étaient

---

Clef du Caveau, ce recueil bien oublié aujourd'hui, était alors le code de la table, et il eût été beau, ma foi ! de voir des magistrats se jouer d'un code, quel qu'il fût ! Je me souviens d'une qui, rien qu'en y pensant, me fait dresser les cheveux sur la tête. Dans un accès de lyrisme à tous crins, le poète ne terminait-il pas par ces mots :

J'aime la force dans le vin
Et la faiblesse dans les belles !

Heureusement que tout s'évaporait en chansons, et qu'une fois rentrés au domicile conjugal, ces mauvais sujets d'occasion reprenaient tout naturellement les habitudes de bons et fidèles maris qu'ils n'avaient en réalité jamais abandonnées. Dans la pratique aussi, ils mouillaient largement d'eau le vin qu'ils buvaient à leurs repas.

(1) Le serment était alors considéré par les royalistes comme chose tellement sacrée, qu'encore bien que les fonctions professionnelles n'eussent aucun caractère politique, la plupart des officiers ministériels refusèrent de le prêter aux Cent-Jours. Exagération, si l'on veut, mais exagération de délicatesse, et bien difficile à condamner. Il y a quelques années à peine, on enterrait l'honorable M. Jalaber. Par semblable motif, en 1830, il s'était laissé exproprier de sa charge de notaire. Les pauvres, dont il s'était toujours occupé avec amour, ainsi que des bonnes œuvres de toutes sortes, n'eurent pas lieu de se plaindre de cette mise en retraite prématurée.

les griefs de quelques vieux révolutionnaires, de quelques fonctionnaires civils révoqués, auprès des mécontentements d'une classe bien autrement nombreuse, bien antrement intéressante puisqu'elle se composait de la fleur de la jeunesse française. Je veux parler des officiers mis à demi-solde, si ce n'est en retrait d'emploi. Il en restait infiniment plus qu'il n'était nécessaire pour la garde d'un pays désormais en paix. Il était surtout naturel que le gouvernement royal, après s'être vu abandonné par eux l'année précédente, tint à ne pas remettre son existence entre leurs mains avant de s'être constitué dans l'armée un noyau de solides serviteurs. Pour être bonnes, ces raisons n'en étaient pas moins difficiles à faire comprendre à des hommes déçus dans leurs projets d'avenir et dans leurs affections politiques, au moins autant que dans leurs intérêts ! J'ajouterai que le contact quotidien qu'ils étaient obligés d'avoir avec *l'étranger* victorieux achevait de les exaspérer.

Sous l'empire de ces sentiments, leur caractère s'était aigri et l'héroïque bravoure de quelques-uns d'entre eux s'était transformée en une véritable férocité. Jamais la fureur du duel ne sévit à Nantes plus cruellement qu'elle ne le fit alors ; duels de toutes sortes ; de français contre nos amis les ennemis, les détenteurs du sol, ceux-là, je ne me sens pas le courage de les blâmer ; — duels entre bonapartistes ou libéraux et royalistes, que je comprends, tout en les déplorant ; — duels entre les anciens officiers de l'Empire et les nouveaux... *présumés royalistes* ! Ceux-là, absurdes ; — puis, enfin, duels absolument insensés, sans motifs, entre gens qui ne se connaissaient seulement pas ! Après s'être battus individuellement, on se battit *six contre six* (1) ; un peu plus on eût renouvelé le combat des trente Bretons contre les trente Anglais, avec cette différence que c'était entre enfants d'une même mère qu'on s'égorgeait. Dans un café de la ville, la figure d'un *bon jeune homme* ayant eu le malheur de déplaire à un ferrailleur en renom, ce dernier fit venir d'un restautrant voisin un godiveau bien chaud, et l'ayant retourné délicatement le posa tout dégouttant de sauce sur la tête du pauvre enfant condamné à devenir la risée préalable d'une galerie imbécille, avant d'être la

---

(1) Historique.

victime du spadassin (1). On se battait par partie de plaisir. Deux amis intimes allant au bal, conviennent de se disputer au sabre l'unique paire de gants qui restait dans un magasin, et le vaincu déclarait avec la meilleure grâce du monde que ces gants lui étaient devenus bien inutiles attendu qu'il avait perdu deux ou trois doigts dans la rencontre (2).

X

Malgré son absurdité, le duel a quelque chose de chevaleresque qui plaira toujours à notre nation ; mais dans les conditions comme celles dont nous venons de parler, c'était un vrai retour à la barbarie. On alla plus loin : en pleine civilisation, certains individus eurent la prétention de vouloir revenir à la vie des *sauvages*; c'étaient le nom qu'ils s'étaient donné. Ils se mettaient en dehors de toutes lois, soit morales, soit conventionnelles, circonscrivant le rôle de l'homme à la satisfaction de ses besoins, de ses appétits ! Pour être admis à l'honneur de faire partie de cette Soctété, il était indispensable de s'y être acquis des droits par quelque excentricité de *haulte gresse*, comme disait Rabelais. — Un *sauvage* est rencontré par un ancien ami, qui, pris de pitié pour son état de malpropreté, lui fait don d'une chemise blanche. — Ah ! reprend celui-ci plein de reconnaissance, en passant la chemise fraîche... *par dessus l'ancienne*, comme on est tout de même mieux dans du linge propre ! — Un autre, mis à la broche, fut sur le point d'être rôti vif, ses amis (appelés un instant au dehors), ayant oublié de *l'arroser*, et de l'arroser avec quoi !!! — Un vieux brave qui faisait partie du même cercle que moi avait eu la faiblesse de se laisser enrégimenter dans ce corps malpropre, et, comme sujet de *thèse d'admission*, il avait choisi *l'ingurgitation de trois chandelles de suif !!!* — « Le suif, c'est bon pour les cosaques, mon capitaine ; mais quoique je n'aie jamais eu à me reprocher une tendresse trop vive pour aucun des Bonaparte, vous remuiez bien autrement ma fibre patriotique, quand vous me redisiez votre cri de : *Vive l'Empereur !* dernier hommage rendu au héros succombant à Waterloo, que le

(1) Historique.
(2) Id.

jour où, devant une assemblée gouailleuse, vous racontiez l'expulsion, hors de votre estomac révolté, des trois pauvres chandelles incongrûment traitées par vous de *royalistes*, à cause de leur couleur blanche. »

Assez de *sauvagerie* comme cela, cette gracieuse institution, du reste, n'ayant duré que le temps de la durée des roses,

L'espace d'un matin.

Rentrons vite dans la vie civilisée.

XI

J'ai dit que, s'inspirant de ses traditions familières, la Restauration avait, à l'exemple de Henri IV, essayé d'abord de prendre les mouches avec du miel. Le procédé n'ayant pas réussi, par une pente fatale elle s'était rejetée sur le vinaigre, qui, il le faut bien dire, ne lui fut guère plus profitable. Elle en avait pourtant trouvé une sorte, de qualité particulièrement acide, dans un certain vicomte de Cardaillac, envoyé comme commissaire général de police à Nantes. *Cardaillac*, tout court, comme l'appelaient avec rage les vieux libéraux que j'ai connus, était avant tout et par goût, *vexateur* dans l'exercice de son autorité. Pour en donner l'idée, il avait composé une liste de suspects. Afin de les mieux tenir dans sa main, disait-il, il les contraignait à venir presque quotidiennement à la mairie attester leur présence par une signature sur un registre *ad hoc*. Mieux encore : il en força quelques-uns à quitter la ville et à s'exiler, tant à l'intérieur qu'en dehors du pays. J'exècre la tyrannie, même le simple arbitraire, sous quelque drapeau qu'ils s'abritent, mais je ne peux m'empêcher de rire, en entendant comparer les agissements de Cardaillac aux agissements de la *Terreur*, dont on s'acharnait à leur donner le nom ! Ils restaient même bien au-dessous de ceux du premier Empire, qui, vis-à-vis d'un certain nombre de citoyens, remplaçait la guillotine par une détention illimitée ; tout au plus pouvait-on les assimiler aux procédés employés pendant les Cents-Jours par le commissaire Moreau. Avaient-ils d'ailleurs bonne grâce à se poser en victimes, ces hommes dont la plupart avaient applaudi aux attentats de la Révolution ou aux excès autoritaires de l'Empire ? Ah ! quelle justice que celle des partis !

XII

Contre tant d'hostilités, de dangers même se révélant par des complots soudains, la Restauration sentit le besoin de se créer des appuis d'une nature tout particulière. Elle ne crut pas pouvoir en trouver de meilleurs que dans l'élément religieux. De là, naquit l'étroite alliance qui fit si grand tapage, l'alliance du trône et de l'autel. Je ne voudrais pas que mes paroles pussent être prises dans un sens antireligieux, mais autant pareil rapprochement est bon quand il se fait de soi même, autant il me paraît peu désirable, quand il est pour ainsi dire imposé d'office. A-t-il du reste été profitable, soit au gouvernement, soit à la religion? Les faits sont là pour répondre. Dans un pays indépendant de caractère comme le nôtre, il eût été difficile qu'il en fût autrement.

De cette union, les agents par excellence furent les missionnaires, qui se répandaient dans les villes comme dans les campagnes, s'efforçant par leurs prédications passionnées de réchauffer le zèle royaliste et religieux. Grâce à eux, les voûtes de toutes nos églises ne tardèrent pas à retentir des échos du fameux cantique de Saint-Sulpice :

Quand nos tyrans, au sein de l'abondance,
Faisaient régner la terreur et l'effroi,
Quand tout semblait perdu pour notre France,
Nous espérions toujours en notre Roi.

Refrain

Vive la France !
Vive le Roi !
Toujours en France,
Les Bourbons et la Foi !

La poésie a des privilèges ; mais n'était-ce pas les excéder un peu de prétendre qu'en 1810 la France espérait toujours le retour du roi ?

Ce nom des *missionnaires* me fait revenir à la mémoire une anecdote bien à l'honneur d'un magistrat, vieil ami de mon père, M. Blanchard, de Blain, qui remplissait alors les fonctions de procureur du Roi à Savenay. Pourra-t-on croire que, dans un de ces revirements politiques, comme il s'en présente assez fréquemment dans les gouvernements constitutionnels, ces amis de la royauté furent poursuivis par les agents même du pouvoir, sous la prévention d'avoir par leurs discours provoqué *les citoyens à la haine les uns contre les autres !* Ah ! depuis lors nous en avons entendu bien d'autres, de ces excitations ; j'ajouterai de bien autrement dangereuses, qui, pour cause, n'ont jamais été et ne seront jamais poursuivies. Revenons à M. Blanchard. A l'ordre qu'il reçut à ce sujet de son chef, le procureur général, il répondit que, « ne voyant rien de répréhensible dans les actes des missionnaires avec lesquels il était en complète communauté d'idées, il se refusait à agir contre eux, dût ce refus entraîner sa révocation. » On n'osa pourtant pas aller jusque-là ; mais il fut transféré du siège de Savenay à celui d'Ancenis, ce qui n'était pas une faveur. Que l'on partage ou non la manière de voir de M. Blanchard, il n'en est pas moins constant que sa conduite fut un noble exemple d'indépendance, exemple que nous avons été heureux naguère de voir se reproduire dans la magistrature sur la plus grande échelle, lors de la mise à exécution des fameux décrets contre les ordres religieux.

XIII

Mais qui donc osait attaquer avec tant d'audace des amis aussi notoires de la royauté que l'étaient les missionnaires? C'était des royalistes ou du moins des hommes se disant tels ! 1816 nous avait donné la fameuse *Chambre introuvable*, et le pays assistait au triste spectacle d'une scission dans les partisans du gouvernement. D'un côté, les *ultras*, comme ils s'appelaient eux-mêmes avec orgueil, gens de tempérament extrême, qui, *dans l'intérêt de la royauté*, « ils le disaient bien haut », croyaient devoir se montrer plus royalistes que le roi ; de l'autre, les *doctrinaires*, des hommes politiques venus de tous les points de l'horizon et, conséquemment d'opinions molles et indécises. Par opposition à la réaction royaliste, sous la prétentieuse devise *Union et Oubli*, ils tendaient la main, à coup sûr bien prématurément, à ceux qui peu de mois auparavant, étaient encore les ennemis déclarés de la Restauration. Ce furent eux qui formèrent ce ministère hybride, ni chair ni poisson, présidé par M. Decazes, cet homme qui, par les charmes de sa personne et sa forte éducation classique, avait capté les bonnes grâces du Roi, esprit littéraire lui aussi.

A ce moment, l'administration départementale de la Loire-Inférieure avait à sa tête M. de Brosses, fils de l'ancien premier président du parlement de Bourgogne, connu dans le monde des lettres par le récit agréable, quoiqu'un peu surfait, de son voyage en Italie. Notre préfet avait hérité du brillant esprit, de l'agrément de son père ; mais malheureusement pas de sa fortune ; car il dut une fière chandelle à la bienfaisante loi du milliard des émigrés qui lui alloua un bon petit million en échange des propriétés de sa famille, confisquées révolutionnairement. Quand M. Decazes inaugura sa nouvelle politique, de Brosses, jeune, ambitieux et pauvre par dessus le marché, fut pris d'une crainte si naturelle chez les préfets qu'elle leur est comptée à peine comme péché véniel aujourd'hui : il ne voulait pas s'exposer à perdre sa place et, *ultra* jusque-là, il mit tout son zèle au service du ministère. Un de ses amis les plus intimes était M. Humbert de Sesmaisons, un *ultra*, lui aussi, alors député de Nantes.— Malgré leur liaison notoire, le préfet, je l'ait dit, tenait à conserver les bonnes grâces du pouvoir, et il lâcha carrément son ami, au moment où celui-ci sollicitait le renouvellement de sa candidature. Un jour, un ami commun lui témoignant de l'étonnement de ce revirement d'attitude : — « Bah ! répondait-il, d'un ton de bonhomie plus apparente que réelle, Humbert ne pourra jamais passer, il est trop gros pour cela (1). »

Dieu sait comme nos pères les *ultras* firent fête à ce bon M. Decazes, pendant le temps qu'il fut au pouvoir ! Les cou-

---

(1) Le fait est que le brave Humbert était pourvu d'une obésité telle que, pour aller remplir son mandat à la Chambre, deux places dans la diligence de Paris n'étaient pas de trop pour sa seule personne. Un jour, raconte la chronique, *Calino*, son valet de chambre, vint triomphalement lui apporter les coupons des deux dernières qu'il eût trouvées ; seulement l'une était de coupé et l'autre d'impériale. Plus certain que ce joli racontar, c'est que, pour une comédie de société dans laquelle il devait remplir le rôle de l'*Amour*, on lui avait confectionné un beau gilet de camaïeu blanc sur lequel s'éparpillaient des dessins coloriés représentant Cupidon avec son carquois et son arc. *Cinq petites filles*, parmi lesquelles se trouvaient la bonne grand'mère qui a bien voulu me faire ce récit, trouvèrent sans trop de peine le moyen de s'y enfermer toutes.

leuvres à avaler lui firent rarement défaut. Un jour, un irrespectueux *Guignol* le représentait attaché à une potence, condamné qu'il avait été, au préalable, à être pendu et, par un raffinement de vengeance, dans son propre pays de naissance; était-ce trop pour tous ces méfaits? Au moment où, à la grande joie de l'assistance, il était enlevé de terre et qu'il commençait à osciller dans les airs : « C'est drôle! lui faisait-on dire, avec un accent de terroir bien prononcé. de quelque côté que je me tourne, je ne vois que la ville de Libourne! »

Plus enthousiaste encore de la politique Decazienne que le préfet, était le procureur du roi; mais avec quelle différence dans la forme! Si la Providence l'avait doué d'une parfaite sûreté de flair, qualité de premier ordre pour le fonctionnaire soucieux d'orienter sa voile du côté du soleil levant, elle lui avait en revanche absolument refusé la grâce personnelle et cette souplesse de caractère qui aidait tant M. de Brosses à se faire pardonner ses variations politiques. Après tout, serait-il juste qu'elle départit la totalité de ses dons au même individu? Dans les dernières années de l'Empire, ce digne magistrat avait rempli les fonctions de procureur au *Tribunal spécial des prises maritimes*. Nul, au palais du moins, n'avait oublié ses dithyrambes quotidiens en l'honneur du grand empereur, et certaine apostrophe : — « *Tu périras, perfide Albion!* » solennellement lancée à l'Angleterre vers laquelle il étendait une main menaçante, était restée légendaire. Inutile de dire qu'avec semblable caractère, le cher homme s'était trouvé parfait royaliste, à la première Restauration; *ultra*, mais *ultra* renforcé, lors de la seconde : n'était-il pas nécessaire qu'il le fût pour être porté sur la liste du tribunal qu'on reconstituait? Naturellement encore, le ministère *Union et Oubli* l'avait trouvé plein de tendresse pour sa politique. Depuis longtemps aussi sa paix était faite avec Albion, malgré toute la perfidie britannique; et les foudres qu'il lui lançait autrefois avec tant de majesté, il les dirigeait aujourd'hui contre ses amis d'hier. Son suprême bonheur, en ce moment, eût été de poursuivre l'affreux livre que venait de publier cet *ultra* de Châteaubriand : *La Monarchie selon la Charte*; et son désespoir, de ne pouvoir en faire autant pour ses substituts, qui (le croirait-on)? osaient se vanter devant lui, non seulement de l'avoir lu, mais même de le posséder! En 1817, au premier rang des héros présents et passés, bien au-dessus de ce Napoléon qu'il avait tant célébré, il plaçait incontestablement... le duc d'Angoulême ; oui, le duc d'Angoulême, parce qu'il inclinait vers les idées de M. Decazes.

Ce prince ne faisait qu'incliner au début, mais on finit toujours par tomber du côté où l'on penche. Un jour, à la stupéfaction, à la colère de tous les royalistes, il fut appris que l'héritier présomptif de la couronne de France se faisait le champion de la politique ministérielle et arrivait à Nantes pour la préconiser ! C'était trop fort ! Ma foi, tant pis pour lui ; après tout, il n'était pas le roi, le roi qui seul a droit au respect, alors même qu'il se trompe, comme en témoigne la maxime : *Vive le roi... quand même !* Le pauvre prince fut daubé, crossé, comme eût pu l'être le Decazes en personne. On le chansonna, on le tympanisa, Dieu sait comme ! on ne l'appela plus que le *commis-voyageur de la maison Union et Oubli.* — Pour lui attirer un regain de popularité, le préfet l'avait emmené visiter la principale raffinerie de Nantes, à la tête de laquelle était M. Jollin-Dubois, qui n'était rien moins que royaliste. Dès le lendemain, dans les cercles blancs, on fredonnait le couplet suivant, sur l'air de *la Pipe de tabac :*

Vraiment ce bon prince m'échine
En flattant ainsi le bourgeois.
Quoi ! faut-il donc que l'on raffine,
Pour devenir l'ami des rois !
S'il pense tirer quelque lucre,
En faisant ainsi le câlin,
Qu'il s'en aille se faire... *sucre*
A la fabrique de Jollin.

Je ne suis pas absolument certain que ce couplet soit arrivé à son adresse, tant la vérité a de peine à trouver l'accès de l'oreille des princes, *même quand ils se croient libéraux;* mais, avant la fin du jour, le duc put se rendre compte par lui-même des résultats de sa mission. En revenant de l'usine Jollin, pour gagner le port maritime, le cortège officiel était obligé de passer au-dessous du cercle dit *des Jeunes Gens*, situé à l'entrée du quai de la Fosse et de la rue Jean-Jacques-Rousseau, dite alors *rue Dauphine* (singulier nom dans la circonstance !). Ce cercle avait bien un petit parfum de libéralisme; mais, après l'avance si marquée que le prince avait faite aux *idées constitutionnelles*, comme on disait, le préfet espérait bien le faire bénéficier d'un bon accueil; qui sait même? peut-être d'une chaleureuse ovation. Mais quelle déception! Au lieu de l'acclamation recherchée, un silence glacial. Pis encore: les membres du cercle, au grand complet, étaient rangés à leur balcon, le chapeau sur la tête, et pas un front, pas un! ne se découvrit à son aspect! Quel froid, mon Dieu! quel froid cela jeta sur le reste de la visite. Le lendemain, à la vérité, le cercle était fermé par ordre préfectoral, mais les incivils jeunes gens, qui s'attendaient à cet acte de répression, s'en vengèrent par une mordante chanson qui, celle-là, arriva aux oreilles du préfet. Ils disaient, avec quelque apparence de vérité:

> Le bon prince ayant *brossé Brosse*,
> *Brosse* a promis de nous *brosser*.

Eh bien! Brosse, par son aménité, comme j'ai dit, trouva moyen de se faire pardonner sa petite conversion à gauche par les *ultras*, qui pourtant n'entendaient guère raillerie sur l'article. Toutefois, pour l'en punir, ils se mirent momentanément d'accord avec les libéraux (une fois n'est pas coutume), et se donnèrent la petite satisfaction de chanter avec eux les désobligeants couplets.

J'allais oublier le procureur du Roi; lui aussi, ce n'était que justice, dut payer sa part des pots cassés: un malin à mémoire perfide, comme il s'en trouve plus d'un dans le barreau, agacé par le lyrisme à outrance du bonhomme, se fit un vrai plaisir de rappeler au public ses palinodies, dans cet agréable couplet:

> Vive le procureur du Roi!
> Ce digne homme est la vertu même:
> Il aime *les belles*, la *Foi*,
> Sa *place* et le *duc d'Angoulême*,
> Et son amour pour le prochain
> S'étend, dit-on, jusqu'à *la Charte*;
> Au temps jadis, s'il m'en souvient,
> Il aimait aussi *Bonaparte*.

XIV

Je ne voudrais cependant pas laisser mes lecteurs sur une

trop mauvaise impression contre ce brave duc d'Angoulême, momentanément un peu fourvoyé. Grâce peut-être à la sévère leçon qu'il avait reçue chez nous, dégrisé de son libéralisme, il se réconcilia avec ces terribles *ultras*, qui, malgré quelques dissentiments passagers, ne pouvaient pas garder rancune éternelle à un Bourbon. Ils le lui firent bien voir, lors de la guerre d'Espagne, qui, malgré les dédains affectés des libéraux, fut (au moins dans sa seconde partie), mieux qu'une promenade militaire. On avait si perfidement exploité contre la Restauration sa politique forcément pacifique, qu'elle était heureuse de pouvoir prouver à une nation passionnée pour la gloire militaire, qu'elle saurait tenir aussi haut qu'un autre gouvernement l'épée qui avait été confiée à ses mains. La campagne de 1823 rétablit le prestige de nos armes aux yeux de l'Europe, étonnée d'un aussi prompt relèvement. Peut-être notre victoire fut-elle célébrée en termes un peu hyperboliques, mais le voisinage des Colonnes d'Hercule, théâtre de nos derniers combats, ne rappelait-il pas fatalement le souvenir de ce dieu bienfaisant? Pouvait-on aussi marchander le titre glorieux de *nouvel Alcide* au prince qui venait de terrasser l'hydre révolutionnaire, bien autrement terrible que celui de Lerne? La prise du Trocadéro fut chantée par toute la France, à la ville comme à la campagne, et mes lecteurs voudront bien, je l'espère, me pardonner de leur reservir à ce sujet quelques vers que j'ai déjà reproduits ici-même, vers d'un vieux vigneron de Maisdon. « L'duc d'Angoulême,» disait-il,

L' duc d'Angoulêm' n' forg' pas l'acier,
Il a des *Maréchaux* assez.
Bon, bon, bon, Bironette,
Laisse donc Mina danser,
Bon Bironnet!

Les maréchaux de France qui accompagnaient le prince assimilés aux maréchaux-ferrants; Mina, le chef de l'insurrection espagnole, *dansant*, c'est-à-dire, *recevant une danse*, suivant une expression familière aux troupiers, c'est un produit assez réussi des amours de Bacchus et de la Muse de la Poésie.

XV

Il ne faudrait pas que les exploits du duc d'Angoulême en

Espagne nous fissent perdre de vue l'événement si heureux pour notre armée qui s'accomplit en 1818. Des nécessités de plus d'uue sorte, nous l'avons dit, avaient contraint la Restauration de mettre temporairement à l'écart un grand nombre d'officiers. Au bout de trois ans, le maréchal Gouvion-Saint-Cyr, jugeant l'armée renforcée d'assez d'éléments royalistes pour que le gouvernement pût s'appuyer avec sécurité sur elle, avait, d'accord avec le roi, pris la généreuse initiative d'y faire rentrer le plus possible de ses anciens chefs. Un de nos plus glorieux compatriotes, le général Cambronne, fut, entre autres, rappelé à l'activité. Il avait été pourtant bien en évidence lors du drame du retour de l'île d'Elbe; et à Waterloo, un mot héroïque, *quel qu'il fût*, avait attiré sur son nom la notoriété la plus éclatante. J'ai dit que sa famille possédait à Saint-Sébastien, tout auprès de la nôtre, une maison de campagne où je l'ai souvent vu pendant mon enfance. Malgré les attaches politiques bien connues du général, la Restauration ne craignit pas de faire, *en faveur du pays*, appel à son dévouement, désormais inutile à son vieil *empereur*. Quand le brave soldat apprit que *ce roi* qu'il avait combattu lui tendait la main comme à un ami sûr, profondément touché de cette preuvre d'estime et de confiance : « Je jure, — dit-il, lorsqu'il fut appelé à prêter son serment, — je jure fidélité au Roi, *et je saurai le tenir*, » ajouta-t-il avec énergie. C'est de sa propre bouche que mon père a recueilli le propos (1).

Mais qu'était le nom de Cambronne à côté de celui de Rouget de l'Isle, propre frère de l'auteur de la *Marseillaise!* Ce Rouget de l'Isle, ancien général sous l'Empire, n'en fut pas moins sous la Restauration commandant de la subdivision militaire de Nantes. En dépit de la notoriété révolutionnaire de son nom, il y laissa la réputation d'un bon et loyal royaliste.

Et pourtant, ces preuves manifestes du bon vouloir royal à leur égard ne parvenaient guère à désarmer nos pauvres soldats, pris maladroitement au début, il faut bien le dire, et plus tard habilement accaparés par les partis hostiles. Jamais complots carbonaristes (pour ne parler que des plus connus, comme

---

(1) La Restauration fit plus encore pour Cambronne : elle le fit vicomte, de simple baron qu'il était.

ceux de Belfort, de la Rochelle, et, à quelques années de là, celui du général Berton) ne furent plus communs qu'à cette époque. Dans chacun d'eux on trouvait des noms *d'anciens* officiers plutôt que d'officiers *en activité de service*, je suis heureux de le dire, quelles que fussent leurs sympathies politiques. Au complot Berton étaient affiliés plusieurs jeunes gens appartenant à des familles haut placées à Nantes, et l'autorité prévenue en surveillait avec soin les meneurs. « Un jour, me racontait mon père, où je remplissais *par intérim* les fonctions de chef du parquet, on m'amena, sous prévention de participation à ce complot, un jeune officier qu'on venait d'arrêter. C'était un camarade de ma première enfance ! Nous nous retrouvions en présence après de longues années de séparation. Il commença par évoquer ces souvenirs de jeunesse, toujours si émouvants ; puis, arrivant à son affaire, il protesta comme un beau diable de sa parfaite innocence... dont je n'étais pas aussi convaincu qu'il voulait bien le dire. Finalement il réclama sa mise en liberté immédiate. Une profonde compassion s'éveillait en mon âme. Je connaissais mieux que personne les dangers qui menaçaient sa tête ; mais, à moins de forfaire à tous mes devoirs, je ne pouvais songer à le relâcher. Cette heure, je t'assure, fut une des plus pénibles de ma carrière de magistrat. Par bonheur, à ce moment même on m'apporta une missive de mon chef hiérarchique qui retenait pour lui-même l'instruction de l'affaire. Ce fut un fameux poids enlevé de dessus mon cœur. Et par surcroît de chance, mon vieux camarade tomba sur un de ces jurys... comme on n'en rencontre pas tous les jours. Déclaré innocent, il fut renvoyé... *blanc comme neige* », ajoutait mon père en souriant.

XVI

Avant d'aborder l'année 1820, à laquelle je compte m'arrêter, je voudrais jeter un coup d'œil rétrospectif sur celles qui la précédèrent, et constater, ne fût-ce que par comparaison, les résultats d'une politique sage et réparatrice. Si le calme n'avait pu se faire encore dans les esprits, cela tenait à bien des causes dont la royauté était loin d'avoir l'entière responsabilité ; mais dans l'ordre matériel, quel relèvement ! L'agriculture et l'industrie avaient retrouvé les bras qui leur sont indispensables et le commerce reprenait de toutes parts. En moins de trois ans, nous étions devenus assez riches pour solder une indemnité de guerre lourde pour l'époque, et, par un paiement anticipé, nous avions pu délivrer notre sol de l'humiliante présence de l'étranger. Je ne serais pas Nantais si je ne constatais orgueilleusement la promptitude avec laquelle notre ville s'était remise sur pied. J'ai parlé, au début de ce travail, de ses vieilles traditions commerciales. Sa position géographique en faisait un port d'armement. Si nous avions perdu Saint-Domingue et l'Ile de France, les deux plus beaux joyaux de notre couronne coloniale, il nous restait aux Antilles, la Martinique et la Guadeloupe, un pied-à-terre dans l'Inde et l'île Bourbon, dont Nantes, pour sa part, sut accaparer presque tout le commerce. Nos anciennes maisons, c'est vrai, s'étaient à peu près toutes écroulées dans la tourmente révolutionnaire, mais de jeunes s'étaient élevées, moins riches de capitaux, il faut le dire, en revanche pleines de sève et d'ardeur. A nos quais s'amarraient déjà d'assez nombreux navires et d'autres, plus nombreux encore, étaient en construction sur nos chantiers des Salorges. Des raffineries modestes, mais suffisant à nos besoins, s'étaient montées pour travailler les sucres. Ces raffineries et ces constructions maritimes, auxquelles il faut joindre quelques filatures, étaient à peu près les seules industries du moment. C'était, si vous le voulez, encore l'enfance, mais une enfance vigoureuse et grosse de promesses.

Comment se fait-il que le commerce, qui devait tant à la Restauration, ait toujours tendu à s'éloigner d'elle ? Si celui d'armement, *le haut commerce*, comme on le disait, lui fut attaché durant ses premières années, le petit avait nettement fait scission avec elle, et en 1830 on ne comptait plus guère de négociants, quels qu'ils fussent, demeurés fidèles à sa cause. Bien des motifs amenèrent ce résultat, parmi lesquels je puis à distance indiquer quelques lois maladroites et l'emploi de certains mots à effet, mots plus ou moins heureux, quoique toujours immanquables en France. En 1825, *les vieux marquis* et *les voltigeurs de Coblentz* commençaient à avoir fait leur temps; mais le *jésuite* pour les libéraux de cette époque fut une trouvaille d'un prix inestimable. Par le succès que ce mot a conservé jusqu'aujourd'hui nous pouvons juger de la faveur avec laquelle il dut être accueilli dans sa nouveauté ! Chaque jour, hélas ! enlevait à la royauté quelques-uns de ses partisans; les uns s'éloignaient d'elle par mécontement, fondé ou non ; les autres... simplement par mode, pour ne pas donner contre eux prise au ridicule : pouvait-on décemment se laisser appeler *jésuite*, voir même *jésuite de robe courte !*

A l'aide de cette phraséologie retentissante, lors d'une des dernières élections de députés qui eurent lieu sous ce régime, les frères X., les grands meneurs du parti libéral, réussirent à accaparer mon grand-oncle maternel, François Baron, le propre frère du président, au grand chagrin de sa famille, tout entière royaliste. Si le bon père François, comme on l'appelait simplement d'ordinaire, était doué, comme son frère, d'un riche esprit naturel, un peu porté à la facétie, selon la mode du temps, il avait laissé, et il s'en vantait, son fonds intellectuel absolument en friche. Les frères X., langues dorées, s'il en fut, n'eurent donc pas grande peine à amener à eux un pauvre bonhomme qui se piquait de *n'avoir jamais fait sa rhétorique.* Grands et puissants armateurs, d'ordinaire, à la Bourse, ils ne faisaient guère attention à lui, modeste négociant en sels; mais, cette fois, ils l'avaient comblé de prévenances. C'est qu'il s'agissait d'opposer à M. Lévesque, maire de Nantes, candidat royaliste, M. de Saint-Aignan, ancien maire de Nantes, lui aussi, qui représentait l'opinion libérale. Sous le régime censitaire et dans un collège qui ne comptait guère plus de 150 électeurs, on comprend qu'une voix de plus ou de moins pesait d'un poids bien appréciable dans la balance.

A Saint-Philbert, où se tenait le collège électoral, mon oncle fut traité... avec les égards dus à un *nouveau converti.* Les frères X... l'avaient amené dans leur propre voiture. Invité à déjeuner avec eux à la meilleure hôtellerie de l'endroit, il avait bu et mangé comme *quatre*, ne regrettant qu'une chose, de ne *pouvoir voter de même.*

Toutefois, malgré tous les efforts des libéraux, le candidat royaliste fut élu à une faible majorité, c'est vrai, mais à quelques voix de plus cependant qu'il n'en a fallu, soixante ans plus tard, pour faire passer une république. Assez maussades, les vaincus reprenaient le soir le chemin de la ville, mais le père François était d'une telle verve, il leur racontait des histoires relevées de tant de sel... gaulois (on sait que le sel était l'objet de son commerce), que tous les fronts se rassérénèrent et lorsqu'on le déposa devant sa porte, aux éclats de rire qui s'échappaient de la voiture, on eût pu croire que c'était le char des vainqueurs. « Merci, chers messieurs, dit le bonhomme, en s'élançant presque lestement au dehors, merci de l'excellente journée que vous m'avez fait passer. Sans vous, sans votre généreuse invitation, vieux et goutteux comme je le suis, je n'aurais certes pas été aux élections. Je n'oublierai jamais, croyez-le bien, que c'est à vous que je dois le plaisir d'avoir pu donner ma voix à mon excellent ami, M. Lévesque, le candidat royaliste. Sans rancune et à une autre fois, n'est-ce pas ? » Qu'on juge de l'effet de ce discours ! Le malheur voulut par surcroît que François ne se crût pas astreint à un rigoureux silence et qu'à la Bourse du lendemain chacun venait féliciter les frères X... sur leur clairvoyance politique.

XVII

J'arrive enfin à la naissance du duc de Bordeaux, qui sera, si vous le permettez, cher lecteur, la deuxième étape du voyage que nous venons de faire ensemble. En nous quittant, j'éprouve le besoin d'épancher mon cœur dans le vôtre. Quand je pense à toutes les espérances qu'avait fait naître cet événement et à ce qu'elles sont devenues par la suite, je me sens pris d'une inexprimable tristesse. Depuis six ans, la royauté était rétablie, c'est vrai, mais elle ne s'affermissait pas suffisamment dans le sol, faute de racines. Tout à coup, après un crime maudit qui semblait en avoir tranché irrémissiblement la dernière, on vit, suivant la gracieuse expression du poète, on vit un *jeune lis* éclore,

Tendre fleur qui *sort* d'un tombeau.

1820 apparaît comme un point lumineux au ciel, un renouveau de 1814. Cinq années s'étaient écoulées. Si cet enthousiasme quelque peu enfantin d'alors, qui nous fait sourire, nous autres gens blasés d'aujourd'hui, s'était un peu calmé, il s'était formé entre nos pères et la royauté un amour, un amour sérieux, comme serait celui de deux époux éprouvés. Dans cet espace de temps, nous avions pris notre virilité. Si notre parti s'était un peu émietté, si, à côté de lui aussi, s'en étaient créés d'autres, malheureusement devenus irréconciliables, nous avions à leur opposer des adversaires formés dans les luttes parlementaires et de force à les combattre avec avantage. Il sembla que la naissance de l'*Enfant du Miracle* fût l'indication providentielle du rétablissement définitif de la royauté de Henri IV et de Louis XIV, et les partis hostiles semblèrent à ce moment désarmer, découragés qu'ils étaient.

Un peu partout, mais à Nantes en particulier, on eût pu se croire revenu aux premiers jours de la Restauration. A Paris, si révolutionnaire aujourd'hui, c'était mieux encore. A ce sujet, je passe avec bonheur la parole à l'excellent docteur Thibeaud, qui a laissé une mémoire si honorée parmi nous. Il y a quelque dix ans, exilés tous les deux aux eaux de Néris, Dieu sait avec quel empressement j'y recherchais ses intéressantes conversations ! « En 1820, j'étais, me disait-il, interne à l'hospice que dirigeait notre grand Laënnec. Jamais vous ne vous ferez une idée de l'enthousiasme que provoqua dans Paris la naissance du duc de Bordeaux. Un des jours qui la suivirent, nous étions allés, suivant notre coutume, mon cousin Daniel (1) et moi, passer la soirée chez Victor Hugo, son parent du côté paternel.— « Chut, nous dit mystérieusement, en nous barrant la porte, Mme Hugo, qui était venue nous ouvrir elle-même ; Victor n'est pas visible pour le moment. Depuis plusieurs jours je lui demandais en grâce de composer quelque chose pour célébrer le *grand événement*. « Mère, me répondait-il, je n'ai ni la tranquillité d'esprit ni même le loisir de le faire, absorbé que je suis par les danses et par toutes les excitations de la rue (2) (*sic*). » Mais ce soir il est rentré de bonne heure, m'a demandé du café noir et s'est renfermé dans sa chambre en recommandant *qu'on ne le dérangeât sous aucun prétexte* (3). »

Le lendemain, frappant de bonne heure à la porte du poète, les deux cousins, transportés d'enthousiasme, recueillaient la primeur de ces vers qui couronnèrent le front de l'*en-*

---

(1) Le père de l'aumônier en chef des zouaves pontificaux.

(2) A la naissance du duc de Bordeaux, à Paris de même qu'à Nantes, on dansait de joie dans les rues comme on avait fait en 1814, au retour des Bourbons.

(3) J'affirme que ce n'est pas seulement le sens des paroles de M. Thibeaud que je cite ; mais je puis dire leur *texte littéral*, tant elles me frappèrent.

fant sublime d'une auréole telle, que les insanités de sa triste vieillesse n'ont pu encore en effacer l'éclat.

Si nous n'avions pas parmi nous un Victor Hugo, la bienheureuse naissance n'en fut pas moins célébrée avec amour. Un grand banquet fut donné dans la salle de spectacle et j'ai eu entre les mains un recueil des chansons qui y furent dites au dessert. Mon père était l'auteur de l'une d'elles, et je puis assurer, sans mériter d'être accusé d'une trop grande partialité filiale, qu'elle n'était pas la plus mauvaise. Elle nous transporte en plein drame de la venue au monde du royal enfant. *Cent* coups de canon doivent apprendre à la France si c'est un garçon, et *vingt* seulement si c'est une fille. Qu'on juge de l'anxiété avec laquelle les comptaient les amis de la royauté ! Quand retentit le vingt-unième, un cri de bonheur s'échappe de toutes les poitrines. Le voilà, disait la chanson,

Le voilà, le voilà !
C'est un garçon, celui-là.

Puis elle nous montrait le vieux Roi versant entre les lèvres *frottées d'ail* du nouveau-né quelques gouttes de vin de *Jurançon* (comme on en avait fait pour son aïeul Henri IV), et le présentant du haut du balcon des Tuileries au peuple parisien littéralement enivré :

Le voilà, le voilà !
C'est un Bourbon, celui-là.

Ah ! comme nous sommes loin de ce temps ! Que de longues et décevantes étapes nous avons parcourues depuis, et qu'ils sont heureux, qu'ils sont forts aussi (malheureusement pour nous), les peuples qui ont eu la sagesse de n'avoir jamais rompu avec le salutaire principe de la monarchie traditionnelle héréditaire !

XVIII

A cette mémorable date j'arrêterai ces souvenirs, non que je les aie tous épuisés, mais à mesure qu'ils s'éloignent de leur source le filet en devient de plus en plus maigre, et la cause en est bien simple. Quand dans une société il se produit une révolution, il faut un certain temps avant que les divers éléments qui la composent se soient assimilés entre eux ou aient repris leur place normale. Si ces temps ne sont pas les plus heureux, ils sont, à coup sûr, les plus curieux à étudier, et les époques moins agitées qui leur succèdent paraissent vides ou pâles auprès d'eux. J'ajouterai, comme considération particuculière, que mon père commençait à entrer dans sa maturité, et que, avec les années, les objets et les événements n'ont plus le même relief que dans la jeunesse. Il avait cependant conservé assez de feu juvénile pour s'associer du meilleur de son cœur à tous les triomphes de la royauté. La prise du Trocadéro et l'inauguration de la statue de Charette à Legé, entre autres, furent célébrées par lui comme l'avait été la naissance du duc de Bordeaux. A quelque temps de là aussi il s'emmitoufla dans une robe de juge et il dut prendre avec elle le calme de l'emploi. Je n'affirmerai pas cependant que son attention ne se soit plus d'une fois envolée en dehors de l'audience, quand il était obligé de prêter l'oreille à certaines plaidoiries longues et ennuyeuses qui n'ont jamais fait complètement défaut au palais. Alors lui revenaient en tête quelques importuns refrains de ces maudits chansonniers libéraux qui sapaient avec trop de bonheur cette monarchie aimée par lui avec tant de passion· *Facit indignatio versum*, a dit Juvénal, et l'esprit du juge lancé dans les espaces n'eut pas de peine à rencontrer chez ses adversaires une mine de ridicules aussi riche que celle qu'ils avaient trouvée chez nos *vieux marquis*. La Providence, toujours bonne, dispose ainsi équitablement, pour la plus grande joie de la race humaine, de cette précieuse souree de trésors. Je ne me rappelle malheureusement que quelques bribes de ces chansons, qui eussent été remarquées, si elles s'étaient produites dans un cercle moins restreint que celui d'une ville de province. Elles firent parfois crier l'adversaire : preuve que le coup avait bien porté (1).

---

(1) Dans l'une d'elles, intitulée *le Tapin du 13e régiment* (alors en garnison à Nantes) et écrite en jargon du métier, ce brave petit tambour se permettait dans son zèle de donner à son Roi des conseils *dictés par l'amitié*. Il lui disait, en parlant des libéraux :

Faut les m'ner à la baguette,
S'il n'veulent pas marcher au pas.

Après quelque quarante ans, un hasard bien inattendu m'apprit que le

Et maintenant, chers lecteurs, si vous jugez ces petits *papotages* indignes d'avoir été exhibés, je m'en lave les mains. Ce n'est pas à moi qu'il faut vous en prendre, mais à ces amis imprudents dont je vous ai parlé qui m'ont forcé à ouvrir la cage où je les détenais. Moins que jamais ce serait le cas de dire que la quantité rachèterait la qualité. En dehors de la politique où je me suis cantonné, il en est encore quelques-uns que j'ai laissés volontairement derrière la porte, parce qu'ils auraient encombré mon récit, essentiellement chronologique. Si j'ai eu la chance de ne vous avoir pas trop ennuyés, il se pourrait que je les reprisse, pour achever d'esquisser la physionomie particulière de notre ville sous la Restauration. Ce serait alors dans une nouvelle gerbe que je les insèrerais, celle-là composée en majeure partie de brins de folle avoine que ne déparerait pas, — je l'espère du moins, — l'intromission, par ci, par là, de quelques épis de vrai froment.

---

conseil du *Petit Tapin* avait été pris tout à fait en mauvaise part par ces messieurs. Ils songèrent, assez justement, je dois l'avouer, à en jeter la responsabilité sur mon père et à le provoquer en duel. Heureusement que tout se borna à l'intention; sans cela j'aurais peut-être été forcé de parler d'eux avec moins d'impartialité que je ne l'ai fait.

PHYSIONOMIE ET MŒURS DE NANTES

SOUS

LA RESTAURATION (1)

Dans un précédent travail sur les premières années de la Restauration à Nantes (1), j'avais promis à mes lecteurs quelques détails complémentaires sur les mœurs et la physionomie particulière de notre ville à cette époque, détails qui eussent alourdi mon récit. Je disais alors : — « Ce sera dans une nouvelle gerbe que je les insérerai : celle-là composée en majeure partie de brins de folle avoine, que ne déparera pas, je l'espère du moins, l'intromission par ci, par là, de quelques épis de vrai froment. » — J'ai lieu de craindre, hélas ! que mes lecteurs ne trouvent mon avoine un peu creuse ; d'autant plus que j'ai joint quelquefois mes souvenirs personnels à ceux des contemporains (encore nombreux) de cette époque, auxquels j'ai fait largement appel. J'étais bien jeune alors, mais les souvenirs des enfants, un peu exagérés, n'en sont pas moins fidèles au fond. Nous avons tous passé par là, et quoique ma barbe soit devenue bien grise depuis, j'aime à me persuader qu'on me gardera un peu de cette indulgence qu'on a généralement pour l'enfance. Je compte aussi sur l'intérêt que mes compatriotes portent à tout ce qui regarde leur ville. Par cette double raison, j'espère que ces nouveaux *Souvenirs* ne seront pas trop mal accueillis par le lecteur.

---

(1) La première partie de *La Physionomie et mœurs de Nantes sous la Restauration*, seule, a paru du vivant de l'auteur dans la *Revue de Bretagne et Vendée* de juillet 1887. La seconde partie fut publiée quelques mois après sa mort dans les numéros du second semestre 1888 de la même revue, par les soins de M. Robert Oheix auquel il avait confié son manuscrit.

I

Avant d'aborder mon sujet, il me faut revenir de quelques pas en arrière pour rappeler ce qu'était Nantes à la fin du siècle dernier (1). De grandes fortunes commerciales avaient été faites par nos armateurs nantais, tous propriétaires d'importantes habitations *aux Iles*, à celle de Saint-Domingue en particulier, la plus riche de toutes : habitations qu'ils exploitaient eux-mêmes sous la dénomination de *planteurs*. Grâce à cette accumulation de richesses, des maisons splendides, de nouveaux quartiers même (par exemple celui de l'île Feydeau), de beaux monuments publics, comme le Théâtre, l'ancienne Chambre des Comptes (devenue la Préfecture), la Bourse, avaient été construits ou commencés.

La révolution avait arrêté court ce double mouvement commercial et architectonique, en ruinant ceux qui lui avaient donné l'essor, sans parler d'une fin plus triste qu'elle réservait à plusieurs d'entre eux. Devenus pauvres, nos pères ne purent le reprendre, empêchés d'ailleurs qu'ils en étaient par la clôture des mers pendant une durée d'un quart de siècle. Le Gouvernement impérial, avec ses guerres incessantes, avait bien d'autres soucis que celui d'embellir nos villes ; il acheva chez nous le palais de la Bourse commencé sous Louis XVI... et ce fut tout.

Au moment donc où avait éclaté la révolution, Nantes était resté avec de nouveaux quartiers incomplètement reliés aux anciens ; de disgrâcieuses lacunes se voyaient même à chaque pas, entre les maisons nouvellement édifiées ; seules, les rues Jean-Jacques et Crébillon, comprises entre la place Royale et celle du Théâtre, étaient entièrement terminées. L'ancien jardin des Capucins, ce beau square, connu aujourd'hui sous le nom de Cours Cambronne, n'en comptait encore que deux, et, le croirait-on ? la place même du Théâtre, celle qui reçut si justement le nom de Graslin, son créateur, n'était seulement pas pavée et ne le fut que longtemps plus tard.

Dans les autres quartiers, les rues étaient étroites et laides ;

(1) Voir notre article *Nantes avant la Révolution*, publié aussi dans la *Revue de Bretagne et de Vendée*, en 1884.

toutes, vieilles et neuves, étaient sans trottoirs. Faute *d'abattoir public*, les bouchers saignaient au fond de leurs arrière-boutiques les animaux destinés à l'alimentation; et le sang, mêlé aux détritus de toutes sortes, allait souvent se perdre dans l'unique ruisseau creusé au milieu de la rue. Quelques rares reverbères, trop souvent l'objectif des pierres lancées par nos *pouëces* ou *poisses* (1), les éclairaient seuls le soir; car les magasins, avec leurs quinquets mesquins, n'ajoutaient que bien peu à cette clarté tout à fait insuffisante. Les boutiques, même celles de luxe, étaient alors d'une extrême simplicité: telles, qu'on citait comme des modèles d'élégance et de goût, paraîtraient aujourd'hui bien modestes.

II

C'est dans cet état, qui durait depuis vingt-cinq ans (nous en avons dit les causes), que la restauration trouva Nantes. Mais comme, en toutes choses, le changement ne se fait pas du jour au lendemain, il fallut quelques années pour que l'aspect de la ville et ses habitudes pussent se modifier. De là, une division naturelle qui s'impose à notre travail: la première partie comprendra la période de 1814 à 1825, période, on peut dire, de recueillement et d'incubation; la seconde, de 1825 à 1830, période d'expansion et de rayonnement, grâce au retour de la fortune publique et privée.

III

Quels furent les agents principaux de ce retour? La paix d'abord et le commerce qui en fut la conséquence. J'ai dit que la guerre maritime et la perte de nos colonies avaient tué tout le commerce de Nantes. *Tout* est peut-être un peu trop dire; car le commerce a la vie dure; il languit parfois, mais comme le phénix, c'est toujours pour renaître de ses cendres. Ne pou-

---

(1) *Poisses*, nom qui tend à se perdre et qu'on donnait alors aux gamins vagabondant sur la rue. Ils s'amusaient à desceller les pavés à l'aide de rondelles de cuir mouillé, qu'ils *poissaient* sur eux par le vide et qu'ils attiraient avec violence. Tel est l'explication de ce mot donnée par les plus célèbres linguistes du crû, inclinons-nous devant leur autorité.

vant, comme au temps passé, aller s'approvisionner aux lieux de production des denrées coloniales, il se transforma. Sous l'empire, nos négociants (et je ne les en blâme pas, au contraire), avaient armé de nombreux corsaires qui allaient hardiment enlever aux Anglais les navires revenant chargés de riches cargaisons. Ma mémoire et mon estomac ont conservé un reconnaissant souvenir de certains vins de Madère provenant de prises anglaises. Il ne fallait rien moins que la bonté exceptionnelle de ce généreux vin pour faire oublier à nos pauvres marins la perspective trop probable, hélas ! des pontons anglais. Enfin, quand les aventureux corsaires étaient capturés, nos négociants faisaient encore venir, par l'entremise des neutres, le coton, le café et le sucre dont nous ne pouvions plus nous passer, malgré le prix de *six francs la livre* dont on payait le dernier (1).

Nantes était donc vraiment pauvre à cette époque, et par la force des choses on était contraint d'y vivre bien modestement. Pour donner une idée de ce qu'était alors la fortune privée, on considérait comme un *beau parti* la jeune fille qui apportait dans sa corbeille de noces *l'éventualité* d'un revenu de mille écus (3.000 fr.).

Veut-on un autre point de repère pour juger de la simplicité de vie de nos grands-pères ? Nous le trouvons dans la mesquinerie des ameublements qui nous restent de cette époque. Plus de ces beaux meubles dorés, à pieds recourbés ; plus de ces éclatantes porcelaines de Chine ; plus de ces riches tentures de soie du dernier siècle : la mode avait ridiculisé tout cela par l'épithète irrévérencieuse de *rococo*. S'inspirant maladroitement des arts grecs et romains, elle n'admettait plus que les formes raides et droites de la chaise curule ; que des porcelaines nues ou tout uniment dorées, et pour tentures que de simples rideaux de mousseline ou de calicot, bordés d'affreuses franges à glands.

La toilette, surtout celle des femmes, est aussi un excellent *criterium* de l'état des fortunes. Elle était bien modeste dans

(1) Les quelques maisons qui avaient beaucoup de ces marchandises en entrepôt subirent de grandes pertes par suite de la paix et de l'avilissement du prix qui en était la conséquence, mais alors on avait devant soi l'espérance, et jamais espérance ne fut mieux justifiée.

les étoffes qu'elle employait et affectait même des prétentions à la naïveté ; mais elle se rattrapait de cette simplicité exagérée par l'éclat criard des couleurs. Les robes, étriquées dans leurs formes, avaient reçu le nom mérité de *fourreaux*. Leurs corsages s'arrêtaient au haut de la taille, et s'ils étaient d'autre couleur que la jupe, ils prenaient les noms de *spencers*. Au bal, de nombreuses petites boucles de cheveux dissimulaient à peu près tout le front des élégantes, tandis que dans la rue, leurs chapeaux affectaient volontiers la forme niaise du chapeau dit à la *Paméla* ou celle du *shacko*, à moins que ce ne fût le genre gracieux de la *capote de cabriolet*.

La coiffure des hommes n'était guère moins tapageuse. Au lieu de la perruque poudrée de l'ancien régime ou des cadenettes du Directoire, ils portaient leurs cheveux tombant platement sur le front, souvent frisés au moyen d'une serviette mouillée qu'on passait chaque matin sur leur *surface*, et de maigres favoris descendaient sur les joues. Quant à leur habillement, un chapeau de forme *tromblon* à ailes retroussées, recouvrait leur tête ; le frac à pans étriqués, de couleur claire et à boutons d'or avec un collet remontant jusqu'au milieu du crâne, avait succédé à l'élégant habit à la française. La cravate se portait blanche ; la chemise à jabotière ; le petit gilet court, découvrant largement le pont du pantalon sur lequel tombaient de larges breloques en or ou en cornaline. Le pantalon de tricot collant et de couleur claire tendait à se substituer à la culotte courte, dont on voyait encore dans la rue un assez grand nombre de spécimens, mais la culotte comportait toujours le bas de couleur ou la botte remontante à retroussis, enduite de cirage à l'œuf.

La classe ouvrière, elle, avait conservé et conserva longtemps encore ses anciens costumes. Je me souviens en particulier de l'imposant chapeau à deux cornes, placé en bataille, des maîtres couvreurs et du petit tablier en cuir frisé qu'ils portaient pour soutenir leur marteau. Quant aux femmes, aux filles de service spécialement, elles adoptaient, dès leurs plus jeunes années, pour leur habillement, une étoffe d'une couleur particulière qu'elles ne changeaient plus de toute leur vie (1).

---

(1) J'ai connu chez un grand-oncle deux vieille servantes, Perrotte et Gil-

C'était généralement une indienne coloriée nommée *Jouy*, du nom de la grande fabrique qui s'était montée, lors de la paix, pour la confectionner. Un petit mantelet de camayeu dentelé couvrait leurs épaules et, suivant les fonctions qu'elles remplissaient dans le ménage, elles portaient, comme coiffes, la *dormeuse*, la *dorlotte*, le *serre-tête* ou l'orgueilleux *bergot*. Le *bergot* était toutefois l'apanage exclusif des cuisinières, à moins que ces dernières ne fussent du pays où l'on fait le sel. Les *culs-salés* (pardon de ce nom un peu cru qui n'écorche cependant aucune bouche ni aucune oreille nantaise), conservaient leur pittoresque coiffe guérandaise. Les femmes du peuple et les marchandes de poissons et de coquillages étaient restées fidèles à la vieille *câline* de frise qu'elles portaient par dessus leurs coiffes. De dessous la *câline* s'échappaient généralement deux étages de gros pendants d'oreilles ronds, en or, que l'usage avait baptisés du nom significatif de *coques*.

Comme l'ameublement et la toilette, la table se ressentait de cette simplicité générale. Le dîner, dont l'heure recula plus tard, avait habituellement lieu alors à midi. Il ne se composait guère, même dans les meilleures maisons, que d'un potage, d'un plat de viande, d'un plat de légumes et d'un frugal dessert, et le tout servi dans des assiettes de *faïence blanche*. Souvent, à la table de famille, on voyait s'asseoir une ouvrière, habituée de la maison, lingère ou couturière, qui venait tailler ou repriser les effets d'habillement du ménage. Elle prenait sa part de chacun des plats servis sur la table, mais se retirait discrètement au moment du dessert (1).

Et pour être plus modeste que celle d'aujourd'hui, qu'on ne croie point que la chair fût plus mauvaise. En l'absence d'un nombreux domestique, la cuisinière, comme feu maître Jacques, cumulait souvent plusieurs emplois. C'était la maîtresse

---

lette, qui faisaient partie intégrante de la maison. Toutes deux avaient un costume de coupe identique, seulement l'une l'avait de couleur verte et l'autre de couleur rouge.

(1) Cette frugalité dans l'ordinaire se voit encore en Allemagne, ainsi qu'ont pu le constater nos pauvres soldats prisonniers, et que me le rapportait une jeune fille qui a résidé, comme institutrice, plusieurs années dans une maison princière, où le dessert n'apparaissait sur la table qu'aux jours fériés.

de maison elle-même qui allait faire sa provision au marché. Sans parler de l'économie qu'elle y trouvait, il n'y avait pas de danger que le boucher, en faisant la roue devant elle, lui passât des paquets d'os déguisés sous le nom de *réjouissance;* elle n'achetait jamais non plus un poisson avant de l'avoir consciencieusement flairé; puis, rentrée chez elle, elle ne dédaignait pas à l'occasion de mettre la main à la grande œuvre de la préparation culinaire, aussi, quels chefs-d'œuvre d'un goût exquis sortaient de ses habiles mains! L'estomac a la mémoire ordinairement plus fidèle que le cœur : j'en appelle à celle de tous les étrangers qui ont eu le bonheur de séjourner en notre ville en ce temps-là. Où trouvait-on, ailleurs qu'à Nantes, le pot-au-feu avec ce goût fin qu'y donne l'abondance des légumes, ou ces fricandeaux au jus résumant les qualités spéciales de la cuisine française, qui, d'après la doctrine des maîtres, doit toujours être *franche de goût, blonde* et *dégraissée* (1)?

Il faut dire, par exemple, que le vin rouge paraissait généralement peu sur la table, réservé qu'il était aux malades et aux personnes délicates. D'ordinaire, on ne buvait que le petit *muscadet* du crû, dont on laissait vieillir à la cave quelques bouteilles pour les jours où l'on mangeait des huîtres.....

---

(1) On va me prendre pour un gourmand, malgré ma sobriété habituelle, mais je ne puis pourtant pas passer sous silence certains produits particuliers à notre ville. Sans parler des humbles *civelles* et des bigorneaux (montée d'anguilles et limaçons de mer), qui ont bien leur mérite, je dois relater les crevettes (à Nantes, on dit chevrettes) blanches de rivière et ces exquises petites huîtres de la baie de Bourgneuf, dignes rivales de celles d'Ostende, qu'on promenait sur le dos d'un cheval par toute la ville..... au prix de *huit sous* le cent! Nous avions encore les sardines fraîches du Croisic qu'on appelait sardines de Bateau par opposition à celles des Sables qui arrivaient en charrettes. Quand on les avait mises sur le gril, leur peau s'enlevait tout entière d'un seul coup de fourchette. Hélas! les fabricants de conserves ne nous laissent plus aujourd'hui que la dernière qualité de ces délicieux petits poissons. Quant aux huîtres, frappons-nous la poitrine, mes frères! il faut bien le dire, c'est nous, nous, les habitants de Nantes, qui avons tué la poule aux œufs d'or, en dépeuplant irrémédiablement par notre gourmandise leur patrie, la baie de Bourgneuf. Aussi la Providence nous en a-t-elle punis en les remplaçant par les huîtres de Portugal, à la coquille rugueuse et au goût cuivré.

Je continue la description des habitudes quotidiennes de nos pères. Après le dîner, chacun retournait à ses occupations jusqu'à la chute du jour. Les hommes mûrs allaient alors faire un tour à leurs *chambres de lecture*; c'est ainsi qu'on appelait ce que nous nommons aujourd'hui *cercles* ou *clubs*. Toutes étaient situées dans de modestes appartements bourgeois qui ne ressemblaient guère à ceux de nos cercles modernes. On n'y recevait qu'un petit nombre de journaux; mais, par contre, on y achetait beaucoup de livres qui étaient consciencieusement lus, et qui formaient un vrai fond de bibliothèque. Outre les salons de lecture, proprement dits, il y en avait d'autres dans lesquels concurremment avec le billard, le tric-trac et les échecs, on jouait, en les intéressant par un modeste enjeu, l'écarté et le piquet. L'impériale, à cause de son nom et de son origine, avait quelque peu perdu de sa faveur, car nos cercles étaient généralement *royalistes*, à l'exception de celui dit *des Jeunes Gens*, situé sur la Fosse, qui fit un si revêche accueil au duc d'Angoulême. Enfin, vers neuf heures, on quittait le cercle. Chacun des sociétaires rentrait chez lui prendre son souper, puis, à dix heures, tout le monde se couchait pour se lever au point du jour; ainsi le voulait la bonne tenue d'un ménage.

IV

Qu'on n'aille pas s'imaginer que cette simplicité dans le mode de vivre excluait l'amour du plaisir, bien au contraire, car le plaisir n'a pas de plus grand ennemi qu'un luxe dispendieux. C'était le temps par excellence des parties de campagnes. On se rendait en société à Loquidi ou à la Jonnelière, non pour y *luncher*, comme on le ferait aujourd'hui, au champagne et au foie gras, mais pour y manger, sous forme de *guillarées* ou de *casse-museaux* trempés dans du lait doux, le produit des amendes payées par les sociétaires pris *sans vert* (1). C'était encore

(1) Le *vert*, dont la célébrité a été grande, était l'obligation pour tout membre d'une société de plaisir, de porter constamment sur lui la feuille verte d'une plante ou d'un arbrisseau désigné par le suffrage général. Pendant toute la durée d'un mois, il était tenu d'exhiber cette feuille sur la demande de tout co-sociétaire qu'il rencontrait, sous peine d'amende. De là le dicton: prendre quelqu'un *sans vert*, c'est-à-dire en faute.

les promenades en bateau sur la Sèvre ou sur l'Erdre, avec refrains chantés en chœur ou sérénades d'instruments à vent. On débarquait sous les vieux châtaigniers de la rive, et l'on y dansait de joyeuses rondes. Elles n'étaient interrompues que pour jouer *aux jeux innocents*, dont les gages s'acquittaient généralement sur les joues des jeunes filles qui, il faut le dire du reste, s'y prêtaient avec beaucoup de complaisance. Puis, la nuit venue, on rentrait à la ville, pour le souper... par couples généralement.

Mais ces bonnes journées ne se terminaient pas là d'ordinaire. Après le souper, on se réunissait de nouveau et l'on dansait au son d'un instrument quelconque, rarement d'un piano, qui était alors d'un trop grand prix pour être affecté à de vulgaires sauteries. Si une jeune fille possédait *un filet de voix*, si mince qu'il fût, elle se serait fait bien tort, en refusant de soupirer la romance du jour (1) avec un simple accompagnement de guitare, voire sans accompagnement (2). Sur le coup de onze heures, danses et musique s'arrêtaient pour permettre de servir le thé. Ce n'était pas comme aujourd'hui une fade eau chaude; ce thé portait le nom de *thé-poëlon*, en raison du vase dans lequel il avait bouilli avec des flots de lait. D'autres fois, le *thé-poëlon* était remplacé par le lait d'avoine (on prononçait d'*aveine*), excellent breuvage, bien à tort délaissé par la mode. Enfin, pour remercier les jeunes filles et avoir l'occasion d'acquitter encore quelques gages en retard, on reprenait les *jeux inno-*

---

(1) Ah! les *romances-troubadour*, romances qui avaient bercé mon enfance, quel souvenir enchanteur elles avaient laissé dans mon cœur! Quelques années plus tard, pour mon malheur, hélas! j'achetai sur la place Bretagne (ces gémonies de toutes les gloires), *quatre kilogrammes* de ces fameuses romances au prix de dix sous le kilo! Avec quelle tendresse j'emportai chez moi ce trésor, je laisse à le penser, car j'avais l'espoir de révolutionner, grâce à lui, le goût moderne, perverti par Wagner et tous les ennemis de la mélodie. Hélas! je le découvris, à ma grande déception, la plupart de ces airs que je tenais en haute estime étaient aussi plats que les paroles en étaient écœurantes.

(2) Je connais une vénérable grand'mère qui, à l'époque de sa belle jeunesse, fut contrainte de monter debout sur un tabouret pour chanter sans accompagnement, au milieu d'un salon, la romance *Fleuve du Tage*, alors dans toute sa nouveauté. Quelle jeune fille de nos jours, en semblable circonstance, oserait affronter une épreuve aussi redoutable?

cents, et à minuit on se séparait gaiement, tout disposé à recommencer.

Que les plaisirs de la classe aisée ne nous fassent pas oublier ceux du peuple. La dive bouteille a été de tout temps et longtemps encore restera pour lui le premier de tous. Ce n'était pas *du lait doux*, comme nos pères, qu'il allait savourer à la campagne, mais du vin, la boisson nationale par excellence. Le dimanche (le lundi n'était pas encore de mise) on voyait des bandes d'ouvriers s'échapper de la ville, accompagnés souvent de leurs femmes et de leurs enfants, pour se diriger du côté des barrières, où le vin, n'ayant pas de droits à payer, était naturellement moins cher. Entre toutes, la Ville-en-Bois, en Chantenay, avait conquis une préférence bien marquée, mais aussi quel Eden, que cette bonne station, où toutes les maisons étaient des cabarets ! On y jouait aux quilles, à la boule, non sans arroser les parties d'un nombre fort respectable de chopines; aussi, le soir, quand on rencontrait sur la route un brave garçon quelque peu titubant et chantant la gloire, ce thème favori des ivrognes : Encore un qui revient de la Ville-en-Bois, — disait-on, et l'on se rangeait avec indulgence pour lui faire un plus large passage.

La mode est aux chansons populaires. C'est donc le cas de rappeler la chanson de la Ville-en-Bois, dont le sel, par trop gaulois, ne nous permet de citer que les deux premiers couplets :

Est-il un lieu plus agréable
Que celui de la Ville-en-Bois ?
On y rencontre maints grivois
Buvant assis, le ventre à table.
Ces messieurs boivent tout leur saoûl
Du petit vin blanc à six sous,

Avec leur souper dans leur poche,
Marchant à l'aide d'un bâton,
Cette sans-dents, ce vieux grison,
Vont encore faire bamboche.
Bacchus leur promet au retour
Quelque doux souvenir d'amour.

. . . .

V

De tous ces plaisirs, cependant, le plus en faveur était la

musique. En tout temps, elle a été en grand honneur à Nantes, mais je doute qu'elle l'ait jamais été autant que dans les dernières années de l'Empire ou les premières de la Restauration. Si en raison de son prix élevé, nous l'avons dit, le piano n'était étudié que par un petit nombre de jeunes filles, beaucoup d'entre elles (par coquetterie peut-être) pratiquaient la harpe qui faisait valoir la beauté du buste, des bras et même du pied. La plupart se contentaient de la guitare, instrument peu difficile et... économique. Le goût des jeunes gens se portait de préférence vers les instruments à vent (si dédaignés aujourd'hui), par la raison qu'ils se prêtaient mieux que ceux à cordes aux sérénades en plein air. Sous le nom de *musique d'harmonie*, tout opéra était arrangé (dérangé conviendrait peut-être mieux), souvent par le compositeur lui-même, pour deux clarinettes, deux cors et deux bassons. Aujourd'hui nous trouverions ces arrangements tout-à-fait insuffisants, au point de vue des basses surtout, mais alors on n'était pas aussi difficile.

Oh! que de charmes offraient les belles nuits de printemps ou d'été, pour aller comme à Séville donner des sérénades aux gentilles danseuses de la saison hivernale! La sérénade était absolument de rigueur pour honorer un ami qui disait adieu à la vie de garçon. Pendant le repas de noces, la bande des musiciens venait s'installer sous ses fenêtres, et au dessert il était d'usage qu'on les priât de monter pour s'unir à la famille et boire à la prosépérité des jeunes époux.

Après 1815, des chanteurs tyroliens eurent un succès de vogue avec leurs airs à battements répétés sur les tons les plus élevés de la voie de tête. Ils firent école, et parmi leurs disciples, les frères Guillemé, Boitard et autres, acquirent, une grande réputation. Les, *La la, i, tou* ne réussirent pas cependant à détrôner la musique d'harmonie (qui mourut d'une façon plus pitoyable), et ne furent qu'une nouvelle richesse ajoutée à celles que nous possédions déjà.

Dois-je dire la triste fin de ces beaux concerts en plein air? Oui, puisque c'est l'histoire locale. Un soir, que les six exécutants de rigueur venaient de donner une sérénade sur la Fosse, ils se virent entourés par une troupe nombreuse d'hommes à figures peu rassurantes qui *les engagèrent* à les suivre... sous une forme impérative. Résister était impossible en présence du nombre, et faire appel à la police était bien inutile à une époque où l'on disait d'une chose mal faite : « C'est comme la police de Nantes. » Ils grimpent donc avec leur escorte une de ces raides petites rues qui descendent sur la Fosse, et s'arrêtent avec elle en face d'une maison qui s'ouvre avec empressement devant eux. Ils se trouvent là en présence d'un équipage de négriers fraîchement débarqués, qui s'ébattaient avec quelques beautés chères au matelot :

— « Vous allez nous faire danser, leur dit-on. » Les pauvres musiciens, plus morts que vifs, prirent leurs instruments, et *puisqu'il le fallait*, entamèrent une contre danse d'un ton à porter le diable en terre. Dès la première figure, un *hourrah* formidable les rassura sur les intentions qu'on avait à leur égard, mais, à la fin du quadrille, la joie était devenue du délire. Danseurs et danseuses se les arrachaient, on les embrassait, on les forçait de trinquer. Après un si cordial accueil. pouvaient ils décemment se refuser à jouer de nouveau? Heureux d'en être quittes à si bon compte et mis en gaieté par l'originalité de la situation, nos jeunes gens commencèrent avec plus d'entrain le second quadrille. Cette fois l'enthousiasme ne connut plus de bornes et ce ne fut qu'après les serments les plus solennels d'un prompt retour, que les harmonistes furent rendus à la liberté. Quoiqu'ils se fussent bien promis le secret sur cette aventure, peu glorieuse pour eux, ils étaient six... et je ne sais comment le bruit en transpira. Faute donc de sécurité pour ces sérénades, la pauvre musique d'harmonie mourut pour ne plus se relever. Hélas !...

Mais en dehors des salons particuliers et de la rue, la musique, soit symphonique, soit vocale, trouvait un temple spécial et hospitalier sur la place du Pilori, dans les grands salons du *père* Rivière, importateur à Nantes de la célèbre méthode de chant dite du Méloplaste (1). Méritait-il, ce brave père Rivière, ce renom de *grand professeur*, qu'on se plaisait à lui accorder? Je serais tenté d'en douter d'après deux de ses élèves que j'ai connus. Le premier prétendait qu'il lui avait brisé une voix, que je le soupçonne un peu de n'avoir jamais possédée. Quant au second (une femme), si elle en avait une bien douce pour ses enfants (et j'en parle en connaissance de cause), cette voix,

(1) Cette méthode n'est autre que celle de MM. Galin, Chevé et Paris.

faute d'avoir été assouplie, était aussi rude qu'elle était puissante.

Quoi qu'il en soit, le père Rivière donnait chaque année, par abonnement, un certain nombre de concerts, auxquels était conviée l'élite de la ville. Les amateurs y exécutaient des ouvertures, quelques symphonies de Haydn, et les plus forts d'entre eux abordaient bravement le classique *concerto* sur leurs instruments tant à cordes qu'à vent. De leur côté, pris d'une noble émulation et délaissant l'humble romance de salon, les chanteurs et chanteuses se lançaient dans les grands morceaux d'opéras. Mon père m'avait parlé souvent des succès qu'y obtenait une de ses cousines, Mlle Boutet, devenue plus tard Mme Lourmand. Jeune, et de figure éminemment sympathique, sans être jolie, elle possédait le charme et justifiait son gracieux nom d'*Aimée*. Elle avait de plus une magnifique voix que, malgré tous ses efforts, le terrible Méloplaste n'avait pu réussir encore à briser. A quelque soixante ans de là, j'eus un jour l'idée de lui parler de ses anciens triomphes. A ce souvenir, sa bonne figure s'illumina d'un radieux sourire, et je la revis telle qu'elle avait dû être dans sa jeunesse : — « Vous me rendez bien heureuse, me dit-elle, en me serrant la main, après quelques instants de silence. C'était tout au plus si j'avais seize ans lorsque je débutai chez M. Rivière. J'étais bien intimidée, je vous assure, quand je montai sur l'estrade, en voyant tous les regards braqués sur moi. Je devais chanter le fameux air d'*Œdipe à Colonne* :

« Dieu, ce n'est pas pour moi que ma voix vous implore. »

A peine avais-je ouvert la bouche que je perdis complètement conscience de mon être. Il paraît cependant que je ne chantai pas trop mal (au goût de mes auditeurs du moins), car je fus soudain réveillée par une clameur, un bruit formidable. Ouvrant les yeux, je vis la salle entière debout et des centaines de mains qui m'applaudissaient à tout rompre. Mes jambes, à ce moment, ployèrent sous moi et je serais tombée si je n'avais été soutenue par le bon père Rivière qui pleurait d'émotion en me serrant affectueusement la main. »

VI

En raison d'un tel amour pour la musique, on pourrait

croire que le théâtre, et en particulier le théâtre lyrique, devait faire de brillantes affaires. Il n'en était rien. Nos pères, je l'ai dit, n'étaient pas riches, et les places, même *debout au parterre*, coûtaient relativement assez cher. Comme de nos jours, les directeurs, sauf quelques rares exceptions étaient voués traditionnellement à la faillite. Ce n'était pas pourtant les appointements qu'ils donnaient à leurs artistes qui pouvaient les ruiner, car pendant trente années que l'acteur Joseph tint l'emploi de ténor (quelle fraîcheur de voix il devait avoir à la fin de sa carrière!), il se contentait de cent louis (2.400 fr.) par an. A ce prix, il cumulait les emplois de fort ténor, de ténor d'opéra-comique, et au besoin de grande utilité, car il se vantait d'avoir rempli *tous* les rôles dans la *Caravane du Caire*, à la seule exception, disait-il avec regret, de la *jambe droite de devant du chameau*. C'était aussi le beau temps de Mlle Pelet, que nous avons vue s'éteindre de nos jours dans les pratiques d'une haute piété. Elle tenait avec un grand succès le rôle si passionné de *Julia*, dans *La Vestale*. *La Vestale* me rappelle aussi le vieux Calcina, si remarquable par la longueur de son nez fleuri : Calcina, l'imposant chef des soldats romains et de tous les guerriers qui leur ont succédé pendant l'espace de cinquante ans ; Calcina enfin, que le public ne voyait jamais entrer en scène sans l'honorer d'un « *bravo Calcina* ! » applaudissement qui allait jusqu'au fond du cœur du vieil artiste !

VII

Si les jours ordinaires du théâtre étaient peu brillants, il n'en allait pas de même quand les artistes de renom venaient dans notre ville. La rareté de leurs visites en faisait événement, une révolution dans les habitudes nantaises ; c'était l'objet de toutes les conversations, et de longues heures avant l'ouverture des portes, une interminable queue se formait à l'entrée de la salle de spectacle. J'ai ouï souvent raconter la .açon ingénieuse dont s'y prit un père de famille, non moins soucieux des intérêts de sa bourse que de ceux de l'art, pour faire voir Talma à ses filles sans bourse délier. Comme elles le sollicitaient de les mener au spectacle, affirmant, non sans raison, qu'elles étaient peut-être les seules jeunes filles de leur âge qui ne l'eussent pas vu, le bon père consentit à la fin à combler leurs vœux. Vêtues pour la circonstance de leurs plus frais atours et de leurs robes des dimanches, elles prirent joyeusement avec lui le chemin de la place Graslin. Tout-à-coup un mouvement s'y produit ; c'est le grand artiste qui sort de l'hôtel de France, où il était descendu, pour se rendre au théâtre... — «Examinez-le bien, mes enfants, leur dit le père, en se portant vivement à sa rencontre, car c'est lui, c'est Talma ! » — Puis quand elles lui demandèrent à prendre les billets d'entrée : « A quoi bon, leur dit-il d'un air faussement naïf, puisqu'à présent vous pouvez assurer à tous, sans mentir, que vous avez vu Talma ? »

VIII

Je ne serais pas complet, si après avoir aussi minutieusement décrit que je l'ai fait les habitudes extérieures de mes compatriotes pendant cette même époque, je n'essayais de faire pénétrer quelques instants mon lecteur dans leur for intérieur.

Il faut reconnaître que les mœurs étaient un peu dures. Rude avait été l'éducation que l'ancien régime donnait à la jeunesse, et cette rudesse n'avait pu que s'accroître par le spectacle des horreurs de la Révolution ou par les guerres incessantes dont elle était le témoin. Elevés dans l'idée de voir un jour leur vie tranchée sur les champs de bataille, les jeunes hommes n'avaient pas eu le temps de s'accomoder aux molles habitudes de la paix. Ils recherchaient le danger et le bravaient avec une insouciance qui eût été *héroïque*, si elle n'avait été *insensée*. Certains se faisaient un jeu de descendre à cheval les deux volées de marches du cours Saint-Pierre, ou bien, lorsque la Loire charriait des glaçons, d'autres, plus téméraires, s'amusaient à patiner sur la crête unie par le givre, des parapets des quais, au risque de se briser les membres en tombant du côté de la chaussée ou de se noyer au milieu des glaces si la chute avait lieu du côté du fleuve.

Mais, où la jeunesse se dépensait avec le plus de passion, vraisemblablement par un reste inassouvi d'habitudes belliqueuses, c'était le duel, surtout quand la politique s'en mêlait ; l'on sait comment elle est habile à fourrer son nez partout, nous en avons parlé dans un autre travail (1). Nulle géographie ne m'a bien indiqué les régions où l'harmonie a jadis régné sur la terre ; à Nantes, les frontières de son empire ne dépassaient guère les Salons du *Méloplaste*. On se battait donc, on conspirait même un peu partout, tout celà concuremment avec les parties de *vert*, les *jeux innocents*, et les bonnes soirées de *thé-poëlon*.

Une autre caractéristique de cette époque était la simplicité dans les habitudes de la vie usuelle. Au risque de faire faire la grimace à quelques-uns de mes concitoyens, devenus millionnaires et grands seigneurs par la grâce de Dieu ou la supériorité de leur intelligence (si une dette envers Dieu pèse d'un poids trop lourd sur leur cœur), il faut bien reconnaître que la vie de nos pères, à quelque rang qu'ils appartinssent, était celle de très minces bourgeois. S'il était besoin d'une goutte d'huile pour adoucir cette légère égratignure faite à leur amour-propre, je leur dirais que cette condition vient d'être singulièrement relevée. La Providence s'était plu à combler un de ses enfants de ses dons les plus rares ; elle n'avait oublié qu'une chose : c'était de le faire naître Rohan ou Montmorency. En homme d'esprit qu'il était, il s'en consola. Il fit mieux ; chaque fois qu'il montait au Capitole, je veux dire à la tribune qui était le sien, il remerciait les dieux avec effusion de l'avoir fait naître *petit bourgeois*. Pourquoi aurions-nous plus d'amour-propre que n'en avait M. Thiers ?

DEUXIÈME PARTIE

COMMERCE ET INDUSTRIE. — PHYSIONOMIE DE LA RUE

Toilette des Hommes et des Femmes

I

Commerce et Industrie.

Dix ans se sont écoulés, et les bonnes semences jetées dans

---

(1) Voir dans la *Revue de Bretagne et de Vendée* de 1885, *Souvenirs politiques et anecdotiques de Nantes sous la Restauration*, tome VII, p. 126-135, 192-203, 297-309, 367-378.

la terre ont amené leurs fruits mûris par l'atmosphère bienfaisante de la paix. Nantes a repris son commerce maritime, et l'aisance, la richesse même circulent aujourd'hui dans toutes ses artères. A la place des anciens *planteurs de Saint-Domingue*, une nombreuse tribu d'armateurs a surgi dans les rangs de la haute bourgeoisie ; des relations se sont nouées entre eux et les habitants des colonies qui leur adressent, pour les vendre à consignation, les produits de leur sol. Sous la direction vigilante des pères, se forment les enfants, riche pépinière commerciale de l'avenir. Il faut y joindre encore de jeunes subrécargues (1) ou des capitaines au long-cours qui, après avoir pratiqué de près les affaires et gagné quelques capitaux, se fixent à terre après un certain nombre d'années de navigation, pour tirer parti des bonnes relations personnelles qu'ils ont nouées dans leurs voyages. Aussi quel mouvement, quelle animation sur le vieux port de la Fosse ! Que de navires s'y succèdent, sans compter ceux qui sont en construction sur les chantiers qui bordent le fleuve ! Mais ce qui fait battre mon cœur d'un légitime orgueil, et je ne dois point le passer sous silence, c'est la réputation d'honnêteté dont jouissait le commerce nantais. C'était un axiôme reçu qu'*avec la parole d'un négociant de Nantes on pouvait se passer d'écrit.*

Il n'entre pas dans mes intentions de faire l'historique et la statistique de notre commerce en 1825 ; c'est donc à grands traits seulement que j'essaie d'en donner idée. Il est cependant une particularité que je ne dois pas négliger, c'est la prééminence que l'opinion publique accordait au commerce d'armement sur tous les autres. L'industrie, et en particulier la raffinerie, était classée à un rang bien inférieur. Il est vrai que si elle est devenue une grande dame depuis, une vraie reine pour tout dire, elle n'était alors qu'une bien humble servante confectionnant dans une toute petite marmite une cuisine plus modeste encore (2).

---

(1) Il était d'usage alors de faire accompagner les marchandises d'armement par des commis chargés de les vendre pour le compte de l'armateur, le capitaine n'ayant charge que de la conduite du navire ; plus tard ces derniers cumulèrent les deux emplois.

(2) Il ne faudrait pas croire cependant que cette prospérité n'eût jamais subi d'atteinte, ne serait-ce que par la révision des tarifs douaniers. Surpris par

Constructions publiques et privées. — Avec la richesse, le goût des entreprises tant publiques que privées s'était relevé à Nantes. Comme je l'ai dit, il y avait d'indispensables raccords à faire entre la vieille et la nouvelle ville, voire entre les constructions neuves. Il restait à bâtir d'importants édifices de première utilité. De 1825 à 1830, je me souviens avoir vu s'élever la prison de la place Lafayette, démolie aujourd'hui; l'abattoir actuel et la halle aux toiles transformée en musée des tableaux; l'hôtel de la Monnaie, rue Voltaire, présentement Palais des Sciences, après avoir été Palais de justice (1); et puis la chapelle des Missionnaires de Saint-François, devenue celle de l'Externat des Enfants-Nantais; encore l'église Saint-Louis, remplacée par la belle église de Notre-Dame de Bon-Port. Enfin, lors du passage de la duchesse de Berry, en 1828, j'assistais avec toute la ville à l'inauguration du canal de Nantes à Brest, œuvre de premiére importance en cas de guerre maritime, dans un temps où les chemins de fer n'étaient pas encore connus.

De tous ces travaux, le plus essentiel était le raccord de la vieille cité à celle édifiée par Graslin à la fin du siècle précédent et honorée des faveurs immédiates de la mode. Ce fut à M. Bernard des Essarts, adjoint au maire de Nantes, et à M. de Lauriston, receveur général du département, que revint l'honneur principal de cette utile entreprise. La jonction des deux villes se faisait alors par le vieux pont (démoli aujourd'hui) et par l'étroite petite rue de la Casserie, dont les tronçons existent encore de chaque côté du canal de l'Erdre. Il faut le voir, ou plutôt il faut l'avoir vu pour le croire; cette rue était le centre de la plus luxueuse des industries, celle de la bijouterie et de l'orfèvrerie. En une couple d'années, la société

---

l'une d'elles, M. Lequen, un de nos plus importants armateurs, quoique royaliste dévoué, se refusa à acquitter les nouveaux droits dont on le grevait. Mais le fisc, lui qui n'a d'opinion que celle de sa caisse, fit saisir immédiatement des quinquinas que M. Lequen avait en entrepôt. Le lendemain circulait à la Bourse la nouvelle que « le *quinquina* avait payé pour *Lequen qui n'a* pas payé. » Et qu'on ose répéter après cela que le commerce est l'ennemi de l'esprit !

(1) Il vient d'être tout récemment orné d'une remarquable façade, œuvre de notre éminent et regretté architecte Bourgerel.

formée par ces deux messieurs avait percé, dans l'axe tout indiqué de la place Royale au Change, une large voie et jeté sur la rivière un beau pont, rue et pont qui, suivant l'usage habituel, reçurent le nom du souverain régnant. Immédiatement les orfèvres trouvant dans les nouveaux magasins de larges et confortables installations pour leurs étalages, ne tardèrent pas à déserter leurs sombres boutiques de la Casserie. La rue Charles X... pardon ! la rue d'Orléans (puisque la mode a définitivement ratifié la sottise de ce changement politique), devint, concurremment avec la rue Crébillon, la grande artère du commerce de détail nantais.

Encouragés par la réussite de l'entreprise, les mêmes spéculateurs, associés avec d'autres, tentèrent de créer deux nouveaux quartiers : l'un qui par la rue des Arts reliait la place du Palais de Justice actuel à Saint-Similien, et l'autre sur l'emplacement de la tenue de Launay. Ces quartiers avaient tous les deux, notamment le second, l'inconvénient d'être trop éloignés du centre de la ville. La mode, cette déesse capricieuse qui dans le siècle précédent avait bien agréé l'île Feydeau inondée tous les hivers, fut pour eux une marâtre dès leur naissance, et c'est depuis quelques années seulement qu'elle s'est un peu relâchée de la rigueur qu'elle leur tenait. Et qu'on le remarque, tous ces importants travaux furent faits par l'initiative privée, sans qu'on eût l'idée de demander à l'Etat ou à la ville une aide qu'on ne manquerait pas de solliciter aujourd'hui.

Et à côté de ces hardies entreprises qu'on peut bien appeler d'intérêt public quoique dues à l'initiative privée, il s'en produisait d'autres qui complétaient notre ville en l'embellissant. Les propriétaires de terrains libres, pour les mettre en valeur, bâtissaient sur eux des maisons neuves. Successeur de nos anciens et grands architectes nantais Ceineray et Crucy, Seheult, dit *le Romain*, en raison d'un voyage d'étude qu'il avait fait à Rome, jetait en 1825 pour son propre compte les premières assises d'un bel hôtel sur le cours Henri IV, qui, nous l'avons dit, n'en comptait encore que deux. L'essor était donné, et, coup sur coup, M. Bernard des Essarts (que nous retrouvons dans toutes les grandes entreprises de ce temps), en faisait construire deux autres à la suite de celui de M. Seheult. En peu d'années, ce beau square était devenu ce que nous le voyons aujourd'hui. Remarquons toutefois que ce grand mouvement architectural privé ne prit son développement que dans la période qui suivit 1830, sous l'impulsion qui lui fut donnée par le jeune architecte Chenantais.

Mais à côté des maisons neuves, il s'opérait (dans celles de construction plus ancienne), des transformations qui les rendaient plus confortables qu'elles ne l'étaient originairement. Presque partout, au moins dans les pièces principales, de riches parquets de chêne remplaçaient les carreaux en briques rouges ou cirées qui donnaient froid aux pieds rien qu'à les regarder. Puis, dans beaucoup d'entre elles, on établissait des loges de *portier* (le concierge ne viendra que plus tard). Le portier, tout fier de sa nouvelle dignité, *était heureux alors* de tirer le cordon. Quel progrès sur l'appel avec le lourd marteau dont on se servait auparavant pour faire descendre des sphères célestes une pauvre servante, trop souvent maussade pour avoir été dérangée dans ses rêves éthérés !

Dans un autre ordre d'idées, le commerce de Nantes n'avait pas attendu les derniers jours de la Restauration pour fonder une banque sur le modèle de la Banque de France. La nôtre datait de 1818. Etablie et dirigée par nos plus importants négociants pendant une trentaine d'années, elle rendit d'immenses services à notre commerce. En 1848, la grande sœur, la Banque de France, ouvrit fraternellement ses bras à toutes ses petites sœurs de province. Plusieurs avaient besoin de ce puissant réconfort, et elles s'empressèrent de fusionner avec elle ; mais celle de Nantes aurait pu continuer toute seule sa glorieuse carrière.

Enfin, quelques années avant la chute de la Restauration, je me rappelle avoir entendu parler de la fondation de la Caisse d'épargne, qu'on surnommait alors la *Banque du peuple*. Les masses devaient y apporter toutes leurs économies, et les intérêts s'accumulant indéfiniment avec les intérêts devaient en peu d'années amener une richesse générale. Le rêve était beau, trop beau même pour se réaliser complètement. Je ne nie pas l'utilité des caisses d'épargne, mais n'ont-elles pas été trop souvent les fidèles gardiennes du magot *d'infidèles cuisinières* expertes dans l'art de faire danser l'anse du panier ? Quant à recevoir les *économies de la classe ouvrière*, elles ne voient pas assez souvent la couleur de son argent.

II

Physionomie de la rue

Descendons maintenant dans la rue..... Nous pouvons encore le faire sans être accusés de vouloir renverser le gouvernement établi, l'expression n'ayant reçu que plus tard la signification révolutionnaire qu'on lui donne aujourd'hui. Malheureusement le tracé primitif de nos voies n'avait pas reçu la largeur qui leur serait bien nécessaire aujourd'hui. Telles quelles cependant, elles se transformaient par la simple substitution d'une seule et large chaussée, bordée d'un double ruisseau aux deux pentes primitives qui aboutissaient au ruisseau du milieu.

Voitures. — Où le changement est devenu plus appréciable encore, c'est dans l'animation qu'on y remarque. Nous ne sommes plus au temps quasi-mérovingien des trois voitures légendaires circulant dans la ville de Nantes (1). Des véhicules assez nombreux, indices certains de fortune, la sillonnent en tous sens. Les uns sont de lourdes et solennelles calèches ornées de sièges à franges, traînées par deux grands chevaux du Nord ; derrière elles, un laquais galonné se tient gravement debout s'appuyant sur des courroies de cuir; d'autres sont des cabriolets à brancards ou à pompe (2), ce qui est le suprême de la fashion.

Cavaliers et chevaux. — Si les équipages étaient l'apanage de quelques maisons notoirement connues par leur fortune, il n'en était pas de même des chevaux de selle, que possédaient nombre de jeunes gens. Il faut dire que le prix de ces animaux n'était pas alors très élevé, et que modeste aussi était celui de leur pension, qui ne dépassait guère quarante à cinquante francs par mois. Moins modestes, mais dans un autre sens, étaient les cavaliers qui les montaient. Je les revois toujours dans mes retours en arrière, porteurs de grands éperons dorés

---

(1) J'ai peine à croire à cette tradition, mais ne faut-il pas respecter la légende, quand elle est aussi expressive et aussi inoffensive que celle-là?

(2) Au lieu d'être fixé sur le dos du cheval par les brancards, le cabriolet à pompe avait un timon auquel on attachait deux chevaux reliés à la dossière par une grande barre transversale de bois ou d'un métal quelconque.

et de sous-pieds en gourmettes de métal, se plaisant à faire piaffer, caracoler leurs chevaux dans la rue, au grand effroi de nos *bonnes* et de nous, enfants, qui ne les en admirions que plus pour cela. J'aime à croire que ce n'était pas pour nous jeter de la poudre aux yeux : mais pourquoi ce clinquant dans leur équipement et dans celui de leurs chevaux ? Je n'oublierai jamais la magnifique peau de tigre dont un *lion* du temps (pardon de l'association du nom de ces fauves), dont un lion du jour, dis-je, se servait en guise de tapis pour sa selle : c'était, je crois, le consul américain.

Fiacres et voitures publiques. — Que compte toutefois dans une ville le nombre des voitures privées, auprès de celui des voitures publiques ? Je ne sais quel en était le chiffre avant 1825, mais à cette époque, leur station principale, la place de la Bourse, était garnie d'un nombre réspectable d'énormes fiacres et de cabriolets à deux banquettes, uniformément jaunes. Leurs chevaux étiques paraissaient toujours à la veille de s'abattre sous le poids qu'ils semblaient traîner ou porter. C'est qu'il était bien lourd généralement, ce poids ! On ne se fait guère une idée aujourd'hui des ressources que ces cabriolets à ventres rebondis offraient à une famille économe pour l'aménagement de ses bagages et de ses nombreux enfants, le cocher étant relégué sur un siège en dehors.

Roulage. — Et ce n'était pas tout. De nombreuses charrettes de toutes sortes encombraient la rue. Notre admiration enfantine se portait de préférence sur les lourdes charrettes de roulage, à deux roues, recouvertes d'une bâche tendue comme une toile de navire, et attelées de cinq ou six forts chevaux à la file. Leur collier était recouvert d'une peau de mouton bleue et orné d'un unique et gros grelot.

Sauniers, mulets et jocquetiers. — Je dois parler aussi de ces files nombreuses de petits mulets que conduisaient les Sauniers du bourg de Batz, le fouet à manche court et à longue mèche passé en bandoulière. Leur pittoresque costume se composait d'une longue blouse, d'une culotte courte, de hautes guêtres (le tout en toile blanche), et d'un chapeau à larges ailes crânement relevé. D'autres fois, on se heurtait aux *jocquetiers* ou aux *portefaix de la Poterne* (1) marchant à côté de

(1) Ancienne petite porte sur le quai Flesselles, du temps où la ville était

maigres haridelles chargées transversalement d'une pochée de grain ou de farine. La coiffure de ces honnêtes gens était soit un chapeau blanc de meunier, soit un *capuron* en toile de ficelle, disgracieux, mais bien utile pour défendre leur tête et leurs épaules contre l'aspérité des fardeaux.

Diligences. — Et dans cette longue récapitulation des choses qui contribuaient à l'animation de la rue, je serais bien ingrat si j'oubliais les diligences, tant elles m'ont fait passer d'agréables instants. Dieu sait avec quelle impatience, mes frères et moi, nous attendions la venue de nos *bonnes* chargées le soir de nous ramener de l'école! C'est qu'il ne s'agissait de rien moins que d'arriver avant quatre heures et demie sur la place du théâtre, pour assister au départ de la voiture des messageries royales de Nantes à Paris, dite du *Grand Bureau*. Nombre de curieux comme nous, et ils n'avaient pas notre âge pour excuse, ne faisaient jamais défaut à cette quotidienne représentation. La voiture jaune et armoriée de fleurs de lys pour justifier son titre, avec ses quatre compartiments de coupé, intérieur, rotonde et impériale, formait un imposant monument que six énergiques chevaux de poste, à queue retroussée, n'étaient pas de trop pour traîner. Aujourd'hui on les attelerait trois de front; on préférait alors les placer deux à deux en trois volées. Un vieux postillon, vêtu du costume traditionnel (petite veste à revers rouges et grosses bottes), monté sur un des chevaux de timon, et armé d'un grand fouet, semblait conduire l'équipage que menait en réalité un gamin d'une quinzaine d'années, perché sur un des chevaux de la volée de devant; son fouet à lui avait une mèche aussi longue que le manche était court, et durant tout le parcours de la ville, il le faisait claquer artistement au-dessus de sa tête coiffée d'un bonnet en peau de renard à queue pendante. Après l'appel des voyageurs et leurs derniers embrassements, le signal du départ était donné, et au milieu d'une gerbe d'étincelles, la lourde machine s'ébranlait sous le pénible effort des six chevaux.

---

ceinte de murailles du côté de la Loire. Sa voûte, qui était conservée, servait d'abri à une corporation de portefaix, aujourd'hui éteinte, et assez médiocrement cotée alors dans l'opinion publique. On disait d'un homme mal élevé, qu'il était grossier comme un *portefaix de la Poterne*.

N'est-elle pas prise sur le vif, la description qu'en a faite le chansonnier Désaugiers :

Adieu donc mon père !
Adieu donc ma mère !
Adieu donc mon frère !
Adieu mes petits !
Les chevaux hennissent,
Les fouets retentissent,
Les vitres frémissent....
Les voilà partis !

Quelle différence entre ce départ pittoresque et celui, si froid, dont le sifflet du chemin de fer donne aujourd'hui le signal!

III

Toilette des hommes et des femmes.

Après avoir reproduit la physionomie extérieure de la ville, rentrons dans l'intérieur des appartements.

J'ai parlé, dans le chapitre précédent, de la toilette de nos grands-pères ; je ne puis faire moins que de dire quelques mots de celle adoptée pendant la nouvelle période. *En chevalier français* (le terme était de mise en 1825), je cède le pas aux dames. Leur toilette a-t-elle gagné ou perdu, en richesse et élégance, par l'accroissement général de la fortune ? Je serais bien embarrassé de le dire. Si les étoffes qu'on emploie sont devenues plus luxueuses que celles des premiers temps, si la corbeille de noces de toute jeune fille riche renferme un ou plusieurs cachemires de l'Inde, impossibles à se procurer autrefois, la coupe du vêtement proprement dit, de naïve qu'elle était, est devenue grandement prétentieuse. Je n'ai pas le temps de suivre la mode dans ses incessants changements, mais on me comprendra, quand j'aurai dit que c'était par excellence le temps des manches à gigots, des peignes et des coiffures à la girafe (1). Quant aux chapeaux, on les ornait d'une profusion

(1) La nouvelle girafe, qui fut donnée au gouvernement français en 1828, fit une véritable révolution à Paris. Que n'absorba-t-elle dans son germe la révolution de Juillet qui éclata deux ans après, et nous bénirions jusque dans les

de plumes. J'eus occasion, il y a quelques années, d'en voir une collection ayant appartenu à une femme bien modeste dans ses goûts cependant, et je crois que la simplicité apparente de nos belles dames d'aujourd'hui aurait peine à s'accommoder de tous ces plumages d'autruche, de marabout, d'oiseaux de paradis, etc.

La toilette des hommes, elle, a fait certainement quelques progrès, grâce au remplacement du tailleur à façon par le tailleur en magasin. Expliquons-nous. Jusque-là, nos pères avaient coutume d'acheter leur étoffe chez le marchand de draps et de faire confectionner leurs vêtements par des ouvriers à domicile (1). Ceux-ci, à un certain moment, eurent la bonne idée de cumuler les bénéfices du commerçant avec ceux du confectionneur. A cet effet ils descendirent de la mansarde dans la rue et exposèrent aux yeux du client d'élégants étalages. Stimulés par le double aiguillon de l'amour-propre et de l'intérêt, ils améliorèrent sensiblement leur coupe. Ce n'était pas de trop, car la mode avait maladroitement délaissé la coquette botte à retroussis et la culotte courte, qu'une demi-douzaine de veillards s'attardaient seuls à porter en même temps que la chevelure poudrée. Désormais, les hommes ne sortent plus qu'avec le pantalon à grand pont, le frac à boutons métalliques ou la grande redingote, dite *Lévite*. Leur chemise est à petits plis, ornée d'une épinglette à la jabotière, et le col mou remonte jusqu'à la naissance des oreilles avec de nombreuses cassures.

Autour de ce col s'enroule une large cravate blanche, en mousseline ou en batiste, ployée sur un moule élevé de baleine. Quant au chapeau, toujours fortement évasé en forme de tromblon, il porte le nom de *castor*, du nom de l'animal dont il est censé être la dépouille, quoique, en réalité, il ne soit fait qu'en poil de lièvre bourru ; son prix est invariablement d'un vieux louis de vingt-quatre francs, mais son usage est pour ainsi dire

---

siècles les plus reculés le nom de cet animal au long cou qui jusqu'à présent n'a servi qu'à l'ébaudissement des badauds.

(1) J'ai connu nombre de personnes qui avaient adopté une coupe et une couleur invariables pour leur habillement ; l'une d'elles ne portait, par exemple, que des *redingotes* bleu-ardoisé, tandis que celles de son beau-frère étaient couleur bronze ou tabac d'Espagne.

illimité, à la différence du chapeau de soie qui le supplanta hypocritement un jour, grâce à son bon marché apparent, puisqu'il n'en coûtait originairement que douze; mais quelle différence dans la durée des deux !

Toutefois, le vêtement caractéristique de ce temps était le carrick avec sa montagne de petits collets s'étageant les uns sur les autres; le carrick, importation britannique, que nos pères eussent bien fait de laisser aux Anglais, La mode le voulait de couleur claire, presque blanche. Le carrick, pour être hideux, n'en était pas moins l'idéal des cochers de fiacre qui l'ont recueilli comme une précieuse épave quand la capricieuse déesse n'en a plus voulu. Il n'y a pas plus d'une vingtaine d'années, j'avais encore la satisfaction de revoir parfois ce bon vieux costume sur les épaules du docteur Lafond, le directeur de notre Ecole de Médecine, cet excellente homme que nous avons tous connu, et je puis dire tous aimé Jusqu'à son dernier jour, il conserva dans son intégrité cette toilette qui avait été celle de sa jeunesse, y compris le fameux carrick.

Si j'ajoute à cette description que la mode n'autorisait que le port de vilains petits favoris, et qu'elle laissait les cheveux continuer à tomber platement jusqu'au milieu du front, j'aurai tracé le portrait d'un homme *mûr* du temps de la Restauration. On eût dit que *tous* tendaient à paraître plus vieux qu'ils ne l'étaient en réalité, et ils y réussissaient parfaitement, du reste.

Toilette des jeunes hommes. — Quant à la jeunesse, elle s'efforçait de son mieux de réagir contre cette apparence de vieillesse anticipée. Elle s'avisa un jour de dégager son front des cheveux qui le masquaient et de les relever sur le front, comme nous le voyons dans les portraits de Lamartine à l'époque où il publia ses premières *Méditations*. Elle ne se trouva pas plus enlaidie pour cela. Elle fit de plus ajuster ses vêtements d'après les formes du corps humain, et non plus d'après celle de la barrique, ancien patron de tous les tailleurs. Enfin, elle adopta pour les pantalons le petit pont, bien autrement seyant que ne l'était le grand. Mais ce fut la cravate qui fut l'objet de ses toutes particulières attentions; elle l'éleva... aussi haut qu'elle le put faire, et la façon d'en arranger le nœud devint un art véritable. Aujourd'hui que nous la portons basse et à un seul tour, nous rions de l'apparence de solennité que donnait cette haute cravate. Il n'en n'est pas mois vrai que, quand nous comtemplons les portraits des gens de ce temps, nous sommes frappés de *leur grand air*, et c'est à elle qu'ils le doivent pour la majeure partie.

Elégant excentrique : le bel Allotte (1). — Mais ne serait-ce que pour mettre un peu de gaîté dans mon récit, je ne puis résister au plaisir de dire un mot de la toilette d'un *beau* de l'époque, un *beau* que notre vieille bonne, qui avait connu les temps de la Révolution, appelait, par un reste d'habitude, un *mirliflore* ou un *muscadin*. Loin d'essayer de devancer la mode, le bel Allotte, mort depuis quelques années bien oublié à la campagne, s'appliquait à faire retour, en l'exagérant, à celle de la génération qui l'avait précédé. Il avait adopté le costume de 1807. Quelle joie c'était pour nous autres, enfants, quand nous apercevions arrêté devant la maison qu'il occupait, place Graslin, son éclatant cabriolet à pompe, au timon duquel étaient attachés deux grands chevaux danois à tête busquée. Enrênés courts et hauts, et gardés à l'avant par un tout petit laquais à bottes à retroussis, ils blanchissaient d'écume leurs mors et leurs robes foncées. Où l'admiration atteignait son comble, c'était quand nous voyions apparaître le maître de l'équipage lui-même. D'abord il portait des moustaches, genre de barbe réservé aux seuls militaires ; puis il arrangeait ses cheveux en deux grosses papillotes latérales enroulées sur deux petits peignes. Son *castor*, généralement gris, étaient crânement posé sur le côté de la tête. Le premier, il avait osé rompre avec la cravate blanche ; mais la sienne, de couleur toujours très voyante, était plus raide et plus haute qu'aucune autre. Son frac à boutons métalliques et son gilet extra-court étaient aussi de nuance très claire. Il fallait voir son pantalon gris-perle ou blanc qui, ample et bouffant aux cuisses, s'étranglait sur le cou-de-pied ! Deux larges sous-pieds, en gourmettes métalliques, encadraient des deux côtés ses bottes ornées de longs éperons de cuivre brillant. Et ces éperons n'étaient pas pour la simple parade, car le bel Allote ne

(1) Pourquoi hésiterais-je à mettre en toutes lettres le nom de ce brave garçon qui aimait tant à faire parler de lui de son vivant ? Il me semble que ses mânes ne peuvent que m'être reconnaissants de l'hommage posthume que je leur rends.

sortait pour ainsi dire jamais autrement qu'à cheval ou en voiture.

Mais la merveille des merveilles était son carrick blanchâtre, qu'il portait toujours déboutonné pour laisser apercevoir son ébblouissante toilette de dessous. Dieu me pardonne! ce carrick me semblait avoir deux fois plus de collets que les autres et puis... et puis sa doublure était couleur flamme de punch!

LA VIE PRIVÉE ET LES FÊTES PUBLIQUES

I

Vie domestique, vie mondaine

Nous commencerons par rappeler, dans ses traits caractéristiques, la physionomie de la vie usuelle des familles nantaises sous la Restauration, et nous indiquerons les amélioration qui s'y introduisirent alors.

En dehors de quelques maisons réputées pour leur fortune, on ne connaissait guère encore à Nantes le luxe, ce ver rongeur de toute société qui lui donne accès chez elle. En attendant son inévitable invasion, nous arrivons du moins au confortable. De beaux meubles, de riches tentures de soie, avaient remplacé les mesquins mobiliers et les rideaux de calicot à franges de la période précédente. Malheureusement, la mode n'avait pas encore rompu avec le style grec, et les formes des meubles étaient toujours droites et raides. Dans les ménages, la domesticité s'était accrue (peut-être n'en était-on pas mieux servi pour cela), la table aussi à l'ordinaire était plus abondante, plus recherchée et plus élégamment décorée qu'autrefois. Les dîners de cérémonie frisaient même le luxe par l'éclat de l'argenterie, des cristaux et de la porcelaine dorée. Pour la porcelaine de Chine, quoique bien abondante encore à Nantes, on la reléguait dédaigneusement au fond des armoires, sinon à la cuisine! Mais ce qui valait mieux que tout ce clinquant d'apparat, c'est la chère de ces festins; elle était réellement exquise. Le renommé traiteur Millet ne le cédait en rien aux

Véry et aux Véfour du Palais-Royal pour la délicatesse de ses accommodements, pas plus que Marbreau, le confiseur, à ses grands confrères de la capitale, malgré la modestie de son installation sur la place de la Bourse. A cette époque encore les marchands de vins de Bordeaux et de la Champagne laissaient *au temps* le soin d'améliorer leurs produits sans prendre eux-mêmes cette peine inutile. Il me souvient enfin des belles dindes truffées et des pâtés de foie de canard que Mme Juleault, une fine marchande, toujours debout sur le seuil de sa porte, étalait devant les yeux gourmands des négociants qui allaient chercher leur courrier au fond de la cour de la vieille poste, rue Santeuil.

Lés petites réunions de famille avaient pris, elles aussi, un cachet d'élégance jusque-là inconnu. Les appartements ne sont, à la vérité, encore éclairés que par de la chandelle de suif (1), la lampe étant réservée pour les réceptions cérémonieuses; mais le thé qu'on y sert est de vrai thé, sans autre mélange que celui d'un *nuage de crème servie à part*. Le bon vieux *thé-poëlon* dont nous avons parlé avait décidément fait son temps. Relégué dans la loge du portier et rehaussé des ingrédients les plus hétéroclites, il faisait les délices des invités de Mme Gibou, comme nous l'apprend une désopilante chanson du temps.

Si les réunions, même intimes, ont pris ce caractère de distinction, que dirons-nous des autres? Je me souviens d'un grand bal auquel j'ai assisté pendant trop peu d'instants hélas (les enfants se couchaient alors de bonne heure)! bal donné pour l'inauguration des salons d'un nouvel hôtel du cours Henri IV. Comme les appartements étaient vastes et qu'on dansait dans quatre pièces, l'orchestre se composait de *dix* musiciens conduits par un jeune violoniste mulâtre nommé *Télémaque*, l'Arban de toutes les fêtes nantaises. Je me rappelle, comme si c'était hier, l'entrée au salon, sur le coup de huit heures, de toutes les belles dames du temps. Leurs robes étaient courtes et dégageaient la cheville pour qu'on put admirer la grâce de leur danse. Beaucoup d'entre elles portaient le tur-

---

(1) Il existait deux sortes de chandelles, celle de *huit* ou celle de *six* à la livre; la première employée pour les usages habituels, la seconde pour les grands jours. *De la six*, comme on disait avec orgueil.

ban oriental en velours rehaussé de grosses épingles d'or ou de pierreries; d'autres, des coiffures élevées où s'entremêlaient avec art la gaze et de brillants épis dorés savamment arrangés par le grand Moriceau, le *premier*, que dis-je? le seul artiste reconnu par la mode. On dansait par *numéro*, combinaison assez compliquée que je n'ai pas la prétention d'expliquer, mais on *dansait* en réalité au lieu de *marcher* comme on le fait aujourd'hui; on se pressait même autour des danseurs en renom, chaussés *ad hoc* de bas de soie à jour et de fins escarpins. Comme cette année-là l'hiver avait fait défaut et qu'il n'existait pas de glacières, on fut obligé de se passer de glaces; mais elles furent hypocritement remplacées par des *bonbons glacés au sucre*, ce qui n'était pas tout à fait la même chose. Hélas! à dix heures précises, nous fûmes arrachés, mes jeunes frères et moi, à ce spectacle enchanteur, sans avoir eu le temps de faire connaissance avec le punch qui ne fut servi que plus tard; le punch, une *délicieuse boisson*, nous disait en manière de consolation notre bonne, brave fille, mais un peu sujette à caution du côté du liquide.

Il existait encore un autre genre de soirées de cérémonie, puisqu'on y venait qu'en toilette, mais d'un caracrère plus austère que celles où l'on dansait. Sans que la jeunesse en fût exclue, elles étaient particulièrement réservées aux dames âgées, aux gens de professions graves, comme les ecclésiastiques. Ces soirées, connues du temps de Molière et tombées en désuétude aujourd'hui, étaient affectées au jeu, et appelées, je ne sais pourquoi, *Cadeaux*. Aux quatre coins du salon étaient placés des échiquiers ou des tables de tric-trac, ce jeu si noble, si digne, que Balzac a baptisé du nom de *jeu des évêques*. Au milieu des salons se trouvaient de nombreuses petites tables en drap vert sur lesquelles étaient épandus des jeux de cartes enveloppés de leurs fins papiers de soie, réservés pour l'écarté et le piquet. La jeunesse leur préférait d'ordinaire la hasardeuse bouillotte réputée si dangereuse avant l'invasion du lansquenet et du baccara. Je ne sais si le Whist était beaucoup pratiqué, il était en tout cas suppléé par les deux *Bostons* de Nantes et de Lorient. Mais à toutes ces tables, qu'elles quelles fussent, il était d'usage, au renouvellement des joueurs, de mettre quelques pièces de monnaie aux bobêches des flambeaux. Cette mise était censée être le profit des domestiques. Quelques mauvaises langues disaient bien tout bas que certaines maîtresses de maison... économes, partageaient volontiers ce petit bénéfice avec leurs serviteurs, quand elles ne le prenaient pas en entier pour elles. Mais on sait qu'on ne doit jamais croire les mauvaises langues.

Telles quelles, ces soirées, tant de danse que de jeu, imposaient à l'invité l'obligation de venir faire dans la huitaine une visite de remercîment. Comme il n'était pas d'usage encore pour les maîtresses de maison d'avoir un jour fixe de réception, il arrivait la moitié du temps qu'on ne trouvait chez elle que *visage de bois*. La visite se faisait alors par le dépôt d'une simple carte, mais quelles cartes ! Elles étaient moirées, ondulées et de toutes les couleurs ! Quelle fantaisie aussi dans le carton et l'impression des noms gravés en caractères tantôt minuscules, tantôt gigantesques ! Comme elles avaient remplacé avec avantage pour l'œil l'ancien *billet de visite* modestement écrit à la main sur des cartes à jouer.

II

Pratiques religieuses

Après m'être étendu aussi longuement que je l'ai fait sur les usages mondains, c'est bien le moins que je dise quelques mots de la façon dont on entendait la pratique de la religion. On le sait, la rudesse des mœurs était grande alors et tout s'en ressentait dans la vie usuelle : il était donc tout simple que les directeurs spirituels et les prédicateurs s'appliquassent moins à mettre en relief la bonté et la miséricorde de Dieu que sa justice et sa rigueur. Ils choisissaient de préférence pour sujets de leurs discours les thèmes terribles de l'enfer ou du petit nombre des élus. Je n'oublierai jamais avoir vu ramener chez lui, évanoui de terreur, un de mes oncles, homme de haute valeur, et plus encore bon chrétien, qui venait d'assister à un sermon sur le jugement dernier. Quel triomphe pour le prédicateur ! Nos confesseurs mêmes à nous autnes enfants se montraient assez sévères pour nos peccadilles. Ce rigorisme était-il la conséquence des mœurs du temps, ou provenait-il, comme on me l'a assuré, d'un reste de jansénisme ? J'ai peine à croire à cette dernière supposition, car la plupart des jansénistes avaient versé dans l'ornière du schisme révolutionnaire, tandis que presque tous nos vieux prêtres s'étaient montrés d'admirables confesseurs de la Foi dans les temps de la persécution. — S'ils n'étaient pas jansénistes, ils étaient, du moins, tous franchement Gallicans de doctrine.

De la pratique intérieure de la religion à la pratique extérieure, nous trouvons encore entre nous et nos pères une différence sensible. Prenons par exemble le carême qui, dans les familles religieuses, était observé dans toute sa rigueur. Pour en connaître l'époque nous n'avions besoin ni du calendrier ni du mandement épiscopal ; dans les jours qui le précédaient, nous voyions régulièrement arriver chez nous les mariniers de Richebourg qui venaient nous apporter des échantillons de raisins secs et de pruneaux de Tours rapportés de leurs voyages au *Pay-Haut* (Pays-Haut). Ces fruits et le fromage formaient la seule alimentation aux collations de la sainte quarantaine, ignorante des adoucissements modernes, tels que café, thé et chocolat chaud ; de même aussi nul, à moins d'être malade ou de complexion délicate, ne se croyait affranchi de l'obligation du maigre pendant tout ce temps. Aussi, avec quelle impatience voyait-on approcher le beau jour de Pâques, d'abord pour chanter un joyeux *Alleluia* au Seigneur ressuscité, ensuite pour voir réapparaître sur la table de la famille le savoureux *lard à la casse*, que, seuls au monde, *ô fortunatos nimiùm!* connaissent les bienheureux habitants de Nantes et de Rennes.

III

Fêtes publiques civiles

Si telles étaient nos habitudes ordinaires, il en était d'autres dont le retour n'avait lieu que de loin en loin et qu'on peut ranger dans la classe des spectacles. Disons tout de suite que la population nantaise, comme l'ancien peuple Romain, a toujours été friande de spectacles, de quelque genre qu'ils soient. Passons-les successivement en revue, en commençant par le plus gai de tous, je veux dire le Carnaval.

A part Nice, je ne crois pas qu'il existe une seule ville en France où il soit autant en honneur qu'à Nantes. Mais aussi quel merveilleux théâtre pour son exhibition était notre quai de la Fosse avant que la largeur de sa chaussée n'eût été diminuée par la voie ferrée ! De la Bourse jusqu'aux Salorges, tant du côté des maisons que de celui de la promenade, c'était un défilé remontant et descendant de chars remplis de joyeux personnages travestis et masqués. Les plus beaux équipages de la ville s'entremêlaient avec eux, et d'élégants cavaliers, les uns costumés, les autres en toilette de ville, occupaient le milieu de la chaussée. Toutes les fenêtres étaient garnies de curieux, gracieuses demoiselles, enfants et jeunes mamans, auxquels les masques lançaient des oranges.

Un foule houleuse de gamins les suivait et se battait pour rattraper ces beaux fruits quand ils tombaient à terre. Dans cet incessant chassé-croisé, les masques et les gens en voiture s'interpellaient gaiement au passage. Si dans l'une se trouvait quelque beauté à la mode, quelque *Lionne* de la saison qui finissait en ces jours, un beau jeune homme, reconnaissable au bon goût et à la fraîcheur de son costume, sautait de son char à terre et venait galamment lui offrir des bonbons et des fleurs. Il les accompagnait parfois d'un compliment piquant qu'autorisait l'incognito du masque.

Sur la promenade même c'était une foule confuse de simples flâneurs et de gens travestis auxquels leur bourse modeste n'avait pas permis de se donner le luxe d'une voiture. Ils n'en étaient pas de plus mauvaise humeur pour si peu. Parmi eux on rencontrait en grand nombre le vieux paysan nantais avec ses gros sabots bourrés de paille, son chapeau à trois cornes, sa jaquette à gros boutons rouges. Il portait sur son épaule un bissac blanc rempli, en guise d'oranges, de simples pommes de terre et de gros oignons qu'il proposait aux acheteurs dans un langage rustique. S'il rencontrait sur son chemin une jolie jeune fille, il trouvait toujours pour elle au fond de sa besace une pomme d'api, aussi fraîche que ses joues juvéniles, et il la lui offrait en échange d'un petit baiser toujours gaiement refusé, mais si prestement pris que la belle enfant n'y voyait le plus souvent que du feu.

A côté du paysan on rencontrait nombre de Grecs. La Grèce, en 1828, était en pleine lutte d'indépendance, et rien d'étonnant que la mode fût aux fustanelles et à la culotte, très seyantes du reste, des compatriotes de Canaris. Grâce cependant à sa richesse, le costume Turc n'avait pas perdu toute faveur; c'étaient encore des troubadours en pleine mode dans ces temps précurseurs du romantisme, des arlequins, des pierrots, des polichinelles à la langue aiguisée, des ours blancs, des ours noirs qui s'amusaient à échanger leurs têtes entre eux, comme dans le célèbre Vaudeville du temps, l'*Ours* et *le Pacha*. Citons aussi l'éternel pêcheur à la ligne qui, grimpé sur les marches de la Bourse, tenait au bout de son hameçon un vieux hareng fumé, et le pâle malade, tout habillé de blanc, poursuivi de près par l'apothicaire armé de l'instrument qui, en dépit *de sa bénignité*, causait tant de frayeur à l'infortuné M. de Pourceaugnac (1).

Le patinage, quand la température s'y prêtait, possédait, avec le Carnaval, le privilège de passionner notre public nantais. Nous fûmes servis à souhait dans le fameux hiver 1829-1830, où la Loire n'eut rien à envier à la Néva, car elle fut comme elle traversée par les charrettes. C'était sur la glace unie de l'Erdre que se donnaient généralement rendez-vous les patineurs, et ils étaient nombreux, car toute la jeunesse du temps patinait, de même qu'elle montait à cheval ou faisait des armes. Les plus renommés, afin de se mieux faire remarquer, revêtaient pour la circonstance un costume en laine blanche, d'autres, au contraire, les *sauvages* ou les *fanatiques*, dédaigneux des applaudissements du vulgaire, s'en allaient déjeuner d'un trait à Nort, distant de sept lieues, faisant ployer et craquer la glace sous leur poids, dans les larges plaines liquides de Mazerolles. Les mondains, au contraire, et ils n'é-

---

(1) Dans ce même ordre d'idées, je veux rappeler les deux cavalcades de 1827 et 1828. Oubliant toute divergence politique, ce qui était bien rare à cette époque, nos jeunes élégants organisèrent quatre belles compagnies de cavaliers costumés l'une en Grecs, les héros du jour, l'autre en Turcs, et les deux autres en personnages de fantaisie. Elles vinrent se ranger et faire un carrousel sur le cours Henri IV.

La deuxième cavalcade, pour ne pas avoir l'air de copier sa devancière, avait, à grand regret, réduit le nombre des cavaliers; mais son attraction principale était un grand char richement décoré et traîné par des bœufs à cornes dorées. Ce char portait une longue bascule transversale dont les bras se relevant et s'abaissant tour à tour, faisaient monter jusqu'à la hauteur du toisième étage deux corbeilles dans lesquelles d'élégants cavaliers déposaient entre les mains des dames des bonbons et des bouquets.

taient pas les plus malhabiles, au lieu de courir au loin après la fortune, venaient, à l'instar du sage de la fable, l'attendre tranquillement sur le seuil même de sa porte : ils ne s'écartaient guère des regards des belles élégantes accourues pour admirer leurs brillants *Dehors* ou *Arrières*. Quel triomphe pour leur amour-propre quand ils les avaient décidées, malgré une frayeur bien naturelle, à se confier à eux et à faire, sous leur conduite, une course vertigineuse en traîneau ! Enfin, si l'art de ces aimables garçons allait jusqu'à pouvoir tracer, avec le patin « un cœur enflammé » sur la glace, n'avaient-ils pas quelques droits à se croire *irrésistibles ?*

IV

Revues et parades militaires

Nous avions aussi, le dimanche, sur le cours Saint-Pierre, la parade ou revue des troupes précédée de la messe militaire de midi et demi. Qu'elle était imposante, cette messe, quand la vaste basilique de Saint-Pierre retentissait du bruit des crosses de fusil, tombant simultanément sur les dalles sonores du pavé. Où l'émotion était la plus vive, c'était à l'élévation ; quand au son des clairons et des tambours battant aux champs, les hommes ployaient le genou à terre et que le drapeau du régiment s'inclinait devant le Dieu des Armées ! La messe terminée, le régiment allait prendre position sur le Cours pour être passé en revue par le général Despinois. Nul enfant de mon âge n'a oublié sa belle prestance militaire, sa haute taille qui dépassait celle de tous les officiers de l'état-major, et surtout son cordon de Grand'croix de la Légion d'honneur, porté en sautoir. On nous disait qu'il avait assisté à la bataille de Marengo, et quoique *Marengo* fût pour nous du grec ou de l'hébreu, ce nom sonore nous plaisait à nous autres bambins. J'ai ainsi connu les anciens uniformes de l'infanterie française (ceux à collets rouges) des régiments de ligne, ou ceux jonquille de l'infanterie légère ; le vieux shako tromblon à plumet ou à pompon, dont la couleur rouge ou jaune indiquait les compagnies de grenadiers ou de voltigeurs, tandis que le centre ne portait en guise d'épaulettes qu'une plate et disgracieuse galette. Enfin j'ai applaudi au remplacement du terne pantalon bleu par l'éclatant pantalon rouge. Parfois nous avons vu des régiments suisses avec leurs sacs rouges. Mais les plus heureux jours pour nous étaient ceux où à l'infanterie venaient s'adjoindre quelques escadrons de cavalerie de passage. Les jeunes officiers, *mirabile visu*, avaient alors coutume de laisser traîner bruyamment leurs sabres sur les pavés de la rue. La revue terminée, la troupe s'ébranlait, et sapeurs, tambours en tête, défilait devant le général aux sons d'une martiale musique. Qu'ils étaient beaux ces braves sapeurs avec leur hache sur l'épaule, leurs hauts bonnets à poils et leur barbe qui s'étalait longue et touffue jusque sur leur tablier de peau blanche !

Qu'il était merveilleux aussi ce gigantesque tambour-major, tout chamarré de broderie, quand il lançait en l'air, en la faisant tournoyer, sa haute canne à pomme dorée !

Aujourd'hui, cinq brins de barbe suffisent pour faire un sapeur du premier piou-piou venu (1) ; le mesquin shako a remplacé le bonnet à poils, et le tablier blanc lui-même leur a été enlevé. N'a-t-on pas abaissé aussi la taille du tambour-major et ne lui a-t-on pas interdit les voltiges de sa canne ! Ah ! sommes-nous devenus tellements forts et puissants que nous devions supprimer *comme inutile* cette pompe de l'œil qui entretenait dans notre nation le goût militaire, comme on a enlevé pour la même cause à nos musiques actuelles le vieux chapeau-chinois si réjouissant à l'œil ! Est-ce un sage calcul de se borner à ce qui est strictement utile ? J'ai vu la fin de ces belles revues, et en voici le motif. Despinois, très dévoué au gouvernement de la Restauration, était, par contre, la bête noire du parti libéral. A propos d'un complot militaire dont il avait tenu pendant quelque temps les fils entre ses mains, et dont les auteurs avaient été arrêtés par ses ordres, un jeune homme à tête chaude, un jour de revue, ne s'avisa-t-il pas de tracer en gros caractères sur le sable de la promenade la transformation du nom du général en celui *D'Espionidès !* Grâce à l'agilité de ses jambes, le délinquant put échapper aux agents qui le poursuivirent ; mais, pour éviter le retour de semblables manifestations, les parades furent momentanément suspendues.

---

(1) Ils sont encore plus confondus avec le reste de la troupe, ces pauvres sapeurs, depuis que le port de la barbe est devenu obligatoire pour tous.

V

Fêtes religieuses

Les fêtes religieuses étaient également fort aimées de notre population nantaise, foncièrement religieuse, malgré les excitations révolutionnaires qu'on ne cesse d'allumer chez elle. Oui, fort aimées, ces fêtes, dont il ne nous reste, hélas ! que le souvenir. A celle de la Fête-Dieu, par exemple, on voyait affluer toute la ville et la campagne environnante. Rien de plus imposant et de plus gracieux en même temps que ce long défilé à travers nos rues tendues de riches tapis, d'enfants habillés de blanc, de congrégations et de prêtres revêtus de riches ornements, qui faisaient alterner les cantiques et les hymnes sacrés avec les marches éclatantes de la musique militaire. De jeunes Lévites jetaient des fleurs ou faisaient fumer l'encens devant le Saint-Sacrement porté par l'évêque lui-même. C'était encadré dans une double haie de soldats avec leurs armes reluisantes, que s'avançait le cortège sacré. Il s'arrêtait de temps en temps devant de majestueuses estrades, artistement décorées, du haut desquelles l'officiant bénissait la multitude pieusement agenouillée à ses pieds. Ah ! la Fête-Dieu, c'était par dessus toutes, celle des enfants. Les grands parents s'occupaient à l'avance du choix d'une bonne place pour les y mener voir passer la procession. Nous en avions, mes jeunes frères et moi, toujours une de réserve à une fenêtre de la Haute-Grande-Rue, chez un brave coutelier, nommé Durassier (quel nom prédestiné pour une semblable profession !) Quel bonheur c'était pour nous que d'épandre à gros flocons sur les prêtres et les soldats les feuilles de roses dont nous avions à la main des corbeilles remplies ! On était même obligé de tempérer nos largesses pour qu'il nous en restât quelques-unes pour le Saint-Sacrement. Mais, quand au milieu des fonctionnaires de tout ordre qui lui faisaient escorte, nous distinguions les robes des juges du tribunal, dont mon père faisait alors partie, et qu'au-dessous de nos fenêtres nous voyions une figure souriante qui se relevait affectueusement vers nous, on eût dit le miracle de la multiplication des pains au désert, et nous trouvions encore au fond de nos corbeilles...

vides, un reste de fleurs à projeter sur la tête paternelle et sur celle de ses collègues.

Un autre genre de fêtes religieuses partageait avec la procession de la Fête-Dieu les sympathies populaires des Nantais, c'était dans les derniers jours de la Semaine Sainte les visites aux *tombeaux* ou reposoirs figuratifs de grandes scènes de la Passion. Pour solder les frais de leur édification, à l'entrée de chaque église. une double rangée de gentilles fillettes tendait aux visiteurs leurs petites écuelles ou *crôles* d'argent, avec tant d'entrain que le contenu en tombait souvent bruyamment à terre. A l'intérieur, comme de nos jours, au fond d'une caverne sombre; était exposé le corps du divin Crucifié. Mais ce qui donnait alors à cette cérémonie un caractère tout particulier, c'était dans toutes les rues et dans l'église même, le bruit de *traquenards* et de *cornards*, qu'on y entendait. Les premiers, simples petites crécelles que les enfants portaient à la main, simulaient les clameurs du peuple réclamant de Pilate la mort du Juste, pnedant que les seconds, gros coquillages, dans lesquels on souflait, exprimaient par leurs sons rauques et lugubres l'horreur dans laquelle le monde se trouva plongé après le crucifiement.

En dehors des églises, quoique dans le même ordre d'idées, on trouvait à chaque coin de rue de modestes exhibitions privées. C'étaient de *petits Paradis*, tel était le nom qu'on leur donnait, édifiés par les enfants du peuple. La construction en était des plus simples : une pauvre chaise de jonc recouverte d'une serviette blanche figurait l'autel que surmontaient divers objets de piété, tel que le crucifix de la famille, entouré de chapelets et d'images de dévotion. Mais au milieu d'eux, se trouvait toujours une petite soucoupe qu'on tendait devant le *pieux* ou *généreux* passant. Y avait-il moyen de refuser un *pauvre petit sou* à des enfants qui le sollicitaient si gentiment ? Pourquoi la mode a-t-elle dédaigneusement laissé tomber en désuétude ce touchant usage, comme elle a laissé se perdre la gracieuse coutume des *Mais*, guirlandes de fleurs tendues d'un côté à l'autre de la rue le premier jour de cet aimable mois de printemps ? A peine la trouve-t-on aujourd'hui au fond de quelques campagnes perdues.

INSTITUTIONS CHARITABLES
MAGISTRATURE, BARREAU, TRIBUNAUX
BEAUX-ARTS, — JOURNAUX

I

Institutions charitables

Dans le mouvement général d'initiative donné par la Restauration, les œuvres pieuses et charitables devaient avoir leur place marquée tout aussi bien que les œuvres matérielles. Je me bornerai à citer celles qui furent particulières à Nantes. Jusque-là, la charité ne s'était guère préoccupée de la puissance du principe d'association, et chacun la pratiquait individuellement de son mieux. Une femme, dont le nom ne devrait jamais être oublié dans notre cité, songea une des premières à la mettre en application. Madame Pradelan avait été une des plus brillantes femmes de notre société. Après la mort subite de son mari, elle consacra le reste de sa vie et mit son expérience du monde au service de Dieu et de la charité. Associant quelques bonnes âmes, elle acheta un vaste terrain rue de Gigant et fonda la maison dite de *Miséricorde* ou des *Dames Blanches*, pour recueillir les pauvres filles tombées, ou celles ayant besoin d'être prémunies contre des éventualités redoutables.

Ce ne fut pas tout. La vue de trop nombreux enfants abandonnés sur le pavé et ne vivant que de rapines, sur les cales de déchargement du port (on les appelait des *mouches à miel*), lui inspira également une profonde pitié. Elle songea avec tristesse à l'avenir que leur ménageait une aussi triste éducation. Il fallait les réunir sous une autorité tutélaire, et il n'était pas facile d'y faire consentir des parents intéressés trop souvent aux vols. A force de sollicitations, elle parvint pourtant à obtenir qu'on lui confiât quelques-uns de ces garnements, et c'est avec *neuf* enfants, garçons et filles, que fut entreprise l'œuvre de *Sainte-Marie* (1). Dans une des salles

(1) Plus tard l'œuvre cessa de s'occuper des garçons, pour se consacrer exclusivement aux filles.

du vieux *Sanitat* on leur donnait la nourriture du corps en même temps que celle de l'intelligence et de l'âme. Quelques années plus tard, grâce à de zélées coopératrices et en particulier à Madame Proteau, dont on retrouve le nom en tête de toutes les bonnes œuvres de la ville, une maison, mise sous le vocable de Sainte-Marie, était édifiée. Aujourd'hui ouvroir et école, cette maison, dirigée par les dévouées *Sœurs de la Sagesse*, rend les plus grands services aux jeunes filles de la classe ouvrière, procurant à un certain nombre d'entre elles l'abri et la nourriture, et à toutes l'instruction et la connaissance approfondie d'une profession manuelle. Si remarquable qu'elle fut par le cœur, Madame Pradelan donna la mesure complète de sa valeur dans les démarches administratives qu'elle fut obligée de faire pour l'édification de cette maison. Mieux encore, elle en rédigea les Statuts, dont le modèle lui faisait entièrement défaut. Ces statuts étaient si bien compris, qu'ils ont été adoptés à peu près par tous les établissements de même nature qui se sont créés depuis lors.

A peu près en même temps que l'œuvre de *Sainte-Marie*, se fondait celle de la *Maternité*, sous le touchant patronage de quelques dames du monde, qui se faisaient un devoir de venir personnellement en aide aux pauvres femmes en couches. Puis, et toujours par l'association, se créait la société des *Ecoles Chrétiennes* (1) dont on confia la direction aux Frères du Père de Lassalle, communément appelés alors *Frères à quatre bras* en raison des doubles manches de leurs robes. Pauvres humbles Frères, que les démocrates (ces grands amis de l'humanité !) conspuaient et appelaient par dérision *Ignorantins*, surnom relevé par les Frères eux-mêmes comme un titre glorieux (2). Heureusement le vrai peuple, quelque égaré qu'il soit aujourd'hui, les venge de ces orgueilleux mé-

---

(1) Les Ecoles Chrétiennes faisaient partie d'un ensemble d'œuvres religieuses les comprenant à peu près toutes ; malheureusement, son programme, que j'ai lu, était trop étendu. Qui trop embrasse, mal étreint, dit le proverbe, et l'on se borna, pour l'instant, à aller au plus pressé. Plus tard, on vit se développer la magnifique société de Saint-Vincent-de-Paul.

(2) Je crois aussi me rappeler avoir lu que ce nom d'*Ignorantin* avait été celui de l'un des premiers Frères qui furent les auxiliaires du Révérend Père de Lassalle.

pris en leur envoyant ses fils à instruire, de préférence à tous les autres maîtres, comme étant les meilleurs amis et les plus dévoués instituteurs de l'enfance.

La sympathie que je professe pour les Frères ne doit pas me rendre injuste pour une société laïque, fondé quelque peu avant celle des *Ecoles Chrétiennes* par quelques hommes de cœur, pour subvenir à l'insuffisance des ressources nécessaires à l'instruction populaire. Son principe d'enseignement se basait sur la mutualité, c'est-à-dire sur l'enseignement donné aux enfants par ceux d'entre eux qui étaient plus instruits que les autres, et sous la surveillance d'un maître. Quoique importée de Suisse à Paris, cette méthode était originaire d'Angleterre, comme en témoignait son nom de *Lancaster*. Je n'ai pas à apprécier sa valeur pédagogique ; mais à la différence des écoles laïques actuelles de l'Etat, qui, sous couleur hypocrite de neutralité, élèvent l'enfant en hostillité avec toute religion, c'est sur elle que s'appuyaient les fondateurs de *l'Ecole Mutuelle*. Je ne peux résister au plaisir de citer les belles paroles par lesquelles MM. Dobrée, Babin-Chevaye, Bergerot, Chaignau et le général Marion de Beaulieu, à la séance d'inauguration, définissaient le but de leur œuvres : « Les soussignés, réunis dans le but de concourir à une action qu'ils croient éminemment utile à l'humanité dans l'état actuel de la civilisation, et mus par des sentiments de piété et de charité chrétiennes, invoquent, avant tout, le secours de la divine Providence pour les soutenir dans leurs efforts et assurer le succès de leur entreprise, parce qu'ils sont dans la persuasion que notre sainte religion est la source de tout bien et de toute vertu, et qu'elle peut seule leur donner la constance et la longanimité dont ils ont besoin, pour arriver au but qu'ils se proposent ».

Encore bien que j'aie circonscrit mon travail à la fin de la Restauration, je ne peux passer sous silence la Société Industrielle, qni prit naissance quelques jours seulement après la révolution de Juillet. Je n'apprendrai rien à personne en disant que cette révolution fut *glorieuse* : elle le proclamait assez haut pour qu'on eût mauvaise grâce à ne pas l'en croire sur parole. Mais la gloire n'est pas du pain, et le premier effet de cette révolution avait été d'enlever aux classes ouvrières, pour lesquelles elle avait été *soi-disant* faite, le travail qui seul le lui procure. Il fallait aviser à la situation, sans quoi la gloire de la nouvelle révolution eût été compromise. On se réunit donc et la fondation de la Société Industrielle fut le résultat des efforts communs. *Instruire et soulager le peuple*, tel fut son premier programme, et personne ne fut choqué dans la circonstance de la voir mettre la charrette avant les bœufs, en s'efforçant de soulager la misère présente. De grands et utiles travaux de voirie donnèrent de l'ouvrage aux bras inoccupés. Puis, dégagée de ses préoccupations de la première heure, la Société poursuivit comme but définitif : « *l'amélioration morale, intellectuelle et physique de la classe ouvrière.* » Pour y atteindre, elle employa divers ingénieux moyens, dont le principal fut la création de classes d'enseignement spécial faites aux jeunes ouvriers. Aujourd'hui installée dans un local bien approprié, dû à la générosité de MM. Lorette de la Refoulais, père et fils, cette Société, dirigée par des gens d'intelligence et de cœur, fournit à nos diverses industries une élite de contre-maîtres qu'il n'est pas rare de voir devenir patrons à leur tour.

II

Magistrature, Barreau, Tribunaux

Je serais un ingrat si je ne disais quelques mots de la magistrature, dans les rangs de laquelle je suis pour ainsi dire né, puisque mon père, de 1815 à 1830, eut l'honneur de faire partie du Tribuual de Nantes. Comme je l'ai écrit dans un autre travail, la magistrature était alors grave et digne dans sa tenue privée comme dans sa tenue publique. Par une prudence dont on ne doit pas la blâmer, alors que la science du Droit n'était pas encore bien fixée, elle était portée à juger d'après la lettre de la Loi, tandis qu'aujourd'hui on tend peut-être trop à vouloir en scruter l'esprit. Dans ce courant d'idées, et avec les mœurs du temps, les condamnations au criminel étaient naturellement sévères ; œil pour œil, dent pour dent, telle était, comme dans l'Ancien Testament, la jurisprudence en vigueur. Après tout, est-il si démontré que comme *justicier*, Moïse soit bien inférieur à M. Grévy ? (1). Il ne s'écoulait alors guère d'années

(1) Ce passage était écrit avant la démission de cet homme politique.

sans que les quelques braves gens qui s'étaient permis d'attenter à la vie de leurs semblables ne payassent de leur tête cette petite fantaisie. Si le crime était moindre, avant d'être envoyé au bagne, le condamné était marqué publiquement au fer rouge sur l'épaule. Pour des délits, même de médiocre importance, le pauvre diable, attaché à un poteau dit *Louisette*, était exposé pendant un certain laps de temps aux huées de la basse populace. Malgré la sévérité qu'on serait peut-être tenté de me reprocher, j'applaudis de tout mon cœur à l'abolition de ces coutumes dégradantes, qui ne faisaient qu'exciter les instincts de cruauté de la multitude, sans utilité pour l'amendement du coupable.

La Magistrature et le Barreau se tiennent de trop près pour que je sépare l'une de l'autre. Si je n'ai rien à apprendre à Messieurs les Avocats qui tous, ou à peu près tous, connaissent les transformations qu'a subies l'art de la parole, le public, lui, ignore généralement que Messieurs du Barreau, au lieu de parler d'abondance comme ils le font aujourd'hui, plaidaient sur des notes écrites et à peine développées, lues par eux à l'audience. Dans ce genre, s'étaient acquis une légitime réputation, MM. Demangeat, Christophe Laënnec et surtout Colombel, mort depuis Président de notre tribunal. Quand on parcourt un de leurs anciens mémoires, on est tout surpris de la façon minutieuse avec laquelle ils exposaient les affaires au lieu de les embrasser dans leur ensemble, comme cela se pratique généralement aujourd'hui. Ils abondent en petits traits mordants. Impossible que, sur le nombre, il ne s'en rencontrât pas quelques-uns assez acérés pour trouver le défaut de la cuirasse de l'adversaire. J'entends souvent gémir nos avocats actuels sur le métier *qui s'en va*, disent-ils ; mais en est-il beaucoup parmi eux qui voudraient revenir à ce beau temps où une consultation *verbale* se payait *trente* sous et une écrite (et longuement motivée), un *petit écu ?* M. Colombel, qui plaida les plus belles affaires d'alors, confiait à mon père, son ancien camarade de droit, qu'en travaillant depuis quatre heures du matin jusqu'à neuf heures du soir, il ne faisait pas rendre plus de six mille francs à son cabinet. Par contre quelle charmante époque pour le plaideur, était celle, où, moyennant des prix aussi doux, il pouvait se passer le luxe d'un procès et se payer le plaisir de faire crosser un adversaire détesté, par une langue experte et aussi acérée qu'aucune de celles d'aujourd'hui!

Charité bien ordonnée commence d'abord par soi-même, et le Barreau, qui a couvé l'éclosion de tant de révolutions, ne pouvait se priver du plaisir d'en opérer une dans sa propre maison : disons mieux, dans son palais. Celle-là, du reste, était tout-à-fait en rapport avec les nouvelles habitudes parlementaires. On trouva, non sans raison, que les notes écrites étaient des entraves gênantes; on les relégua donc à l'état de charpente cachée, et la parole fut le brillant revêtement de l'édifice. Devant cette nouvelle exigence, les vieux avocats se retirèrent; d'autres modifièrent leur ancienne manière, mais tous ne parlèrent plus que d'abondance. on se laissa aller avec délices à ces entraînements de parole si favorables à l'éloquence, surtout dans les cours d'assises.

Mon père fut témoin au Palais des brillants débuts de trois jeunes avocats dont la fortune fut bien différente : MM. Guillemeteau, Billault et La Giraudais. L'opinion publique, m'a-t-il répété souvent, était bien partagée alors pour deviner lequel des trois avait le plus d'avenir. Le premier se réfugia promptement dans l'obscurité d'un bureau préfectoral où il rendit de grands services par son intelligence et sa connaissance des affaires; Billaut fut, comme on le sait, un des plus habiles orateurs du deuxième Empire; quant à La Giraudais, à l'esprit si brillant, au verbe si coloré, il n'eût été inférieur à aucun maître de la parole, si un souffle favorable l'eût emporté vers les mêmes rivages que son ancien émule.

III

Les Beaux-Arts, et spécialement la musique

Venons maintenant aux Beaux-Arts, en particulier à la musique, qui de tout temps, on le sait, fut en grand honneur à Nantes.

Commençons cette fois par le théâtre. — Pour obéir à une respectable tradition, ses directeurs continuaient à accumuler faillite sur faillite : les causes en étaient multiples, mais la principale se trouvait dans les exigences du public. Croirait-on qu'il ne savait plus se contenter de ce qui le charmait autrefois, et qu'il prétendait avoir le droit de renouveler ses acteurs chaque année, au lieu de les faire durer trente ans comme avait duré le ténor Joseph? De plus, en vrai *sybarite,* il se refusait à rester debout au parterre pendant de longues heures, comme l'avaient fait ses pères, et il voulait rester *assis* à la représentation. Je ne sais quel directeur eut la chance de pouvoir lui présenter dans la même saison deux cantatrices d'un talent entièrement dissemblable, mais tout à fait hors ligne, Mesdames Ponchard et d'Aigremont. La première, douée d'un organe essentiellement sympathique, était sans égale dans l'art de dire le cantabile; la seconde, disciple de la nouvelle école italienne, brillait par la légèreté de sa voix et excellait dans la floriture mise à la mode par le jeune Rossini. Le Pactole eût dû couler dans la caisse du pauvre directeur, si nos pères avaient été raisonnables] et eusssent fait fête aux deux cantatrices. Il paraît qu'ils ne l'étaient pas plus que nous le serions aujourd'hui, car déjà divisés sur la question politique, ils se divisèrent encore sur les questions d'art, ou mieux sur les questions de personnes. Hélas! Dès que l'une des deux chanteuses ouvrait la bouche, elle était outrageusement siffflée par les partenaires de sa rivale; souvent les coups de cannes succédaient aux sifflets et il n'était pas rare que la querelle artistique se vidât sur une autre scène que celle de la place Graslin.

Mais en dehors de celle-là, il existait des demeures privées aussi hospitalières à la musique que l'avait été jadis celle du bon vieux *Méloplaste,* l'amoureux attardé de l'antique *hurlo francese.* C'était sur le boulevard Delorme, la maison de M. Mosneron Saint-Preux, directeur des Contributions Indirectes et par surcroît, dilettante passionné (1). Malgré une préférence assez naturelle pour la nouvelle musique italienne, surtout quand elle était interprétée par des grands artistes de passage et par son ami Orfila, le célèbre doyen de l'Ecole de médecine de Paris (2), M. Mosneron était éclectique, et tous les genres

---

(1) Cette maison était, paraît-il, prédestinée à être le Temple de la musique, illustrée qu'elle a été depuis par de remarquables séances de quatuors de Madame Levesque et ses nièces, Mesdames Bonjour et Laënnec.

(2) Quand on chantait chez M. Mosneron, surtout pendant les belles soirées de printemps, les fenêtres restaient grandes ouvertes, et un public nombreux s'accumulait sur la promenade, applaudissant avec le même entrain que

avaient accès chez lui... hors le genre ennuyeux. Il avait monté un orchestre qu'il dirigeait lui-même, avec lequel il faisait exécuter ouvertures ou symphonies. S'il arrivait d'aventure, comme dans toute réunion d'amateurs, qu'un instrument essentiel vînt à manquer, plein de ressources, il le remplaçait d'office par un *alto* dont il avait une surabondance. Un soir, l'orchestre fut forcé de s'arrêter par le fait du quinquet qui vint subitement à s'éteindre. — « Mettez donc un alto à sa place, » s'écria une voie joviale. — Le mot eut de l'écho.

Il ne serait pas juste de passer sous silence le succcès qu'eurent à leur passage à Nantes les frères Bohrer, virtuoses allemands célèbres dans l'exécution des œuvres de chambre de Haydn, Mozart et Beethoven. Cette musique fut une vraie révélation pour notre public qui en ignorait à peu près l'existence. Elle laissa dans la mémoire de tous ses auditeurs un souvenir qui n'a été effacé depuis par aucun interprète de ces mêmes œuvres, quelque vaillants qu'ils fussent. Les Bohrer, comme Madame Vigano, firent école. Leurs principaux adeptes furent MM. Théodore Coquebert, Renaud, Lourmand et Chéri Baron, et les salons de MM. Paris et Dauphin s'ouvrirent à la musique de chambre comme celui de M. Mosneron Saint-Preux s'était ouvert aux musiques vocale et symphonique. C'est une satisfaction pour moi de constater que j'ai eu entre les mains des cahiers d'œuvres qu'exécutaient nos amateurs vers 1820 et que, sept années avant qu'on eût osé interpréter au Conservatoire les symphonies de Beethoven (le plus grand épouvantail des timides), ces quators, au moins les premiers, étaient exécutés à Nantes.

La pauvre musique d'instruments à vent profita de ce regain artistique. Pour remplacer les morceaux d'opéra platement arrangés en *harmonie*, Reicha, compositeur de peu de génie,

---

celui qui remplissait les appartements. Je sais même une conversion à la musique Rossinienne aussi subite, sinon aussi éclatante que celle de saint Paul sur le chemin de Damas. Elle fut opérée par Madame Vigano, dans le bel air de la Donna di Lago. Madame Vigano forma divers disciples, entre autres MM. de Bouteiller et Cuissard, l'un le ténor, l'autre le baryton d'un célèbre trio dont la basse était le jeune capitaine, devenu depuis le général Mellinet, que nous avons encore le bonheur de posséder, aimé et honoré de tous.

mais d'une science réelle, avait composé des quintettes remarquables par leur facture (1). Nos amateurs nantais n'eurent plus besoin alors d'aller courir après le succès dans les rues de la ville... ou dans les bouges du quai de la Fosse.

Quel beau temps c'était alors pour les artistes, chanteurs ou instrumentistes, qui avaient quelque talent et qui ne craignaient pas d'affronter les ennuis d'un long voyage ! A peine arrivaient-ils dans une ville, que la municipalité mettait gracieusement à leur disposition la salle d'honneur. Le public, qui n'était pas saturé des jouissances de l'Art, s'empressait d'accourir à leur premier appel. Si j'ai parlé des frères Bohrer qui mettaient leur virtuosité au service de la grande musique, il en était d'autres, comme Gebauer, le bassonniste, qui ravissait au même degré le public en exécutant sur son instrument, assez peu agréable à entendre en solo, les plus fantaisistes élucubrations. — Nantes a conservé la mémoire d'un certain *Menuet du Diable* d'une difficulté naturellement diabolique, mais d'une sonorité que je serais bien embarrassé pour qualifier, si Auber, l'ancien directeur de notre Conservatoire national, ne l'avait fait, en assurant aux juges de l'un de ses concours « que la basson était un instrument *absolument inodore.* »

Et pendant que la musique brillait d'un si vif éclat à Nantes, la littérature ne pouvait rester en arrière du grand mouvement intellectuel qui s'épanouissait du reste sur tous les points de la France. L'époque de la Restauration fut une des périodes les plus brillantes de notre *Société académique.* Elle comptait alors parmi ses membres les plus actifs les Thomini, Ursin, Richer, Athénas, malheureusement un peu attardés dans les voies de de la vieille littérature classique. Tollenare, lui, orientait sa voile du côté des rêves encore peu explorés de l'économie politique, tandis que Bizeul (de Blain), par ses belles recherches sur les voies romaines qui sillonnent nos pays, ouvrait la porte à la science encore increéée de l'archéologie. Mais un véritable poète se révéla tout à coup parmi nous : c'était une jeune fille, Elisa Mercœur, qui eût certainement fait une glorieuse trouée dans la pléïade romantique, si la mort n'avait fauché à leur aurore les jours de la pauvre enfant.

---

(1) Balzac, fidèle et minutieux observateur, constate dans un de ses romans le succès qu'obtenaient alors les quintettes de Reicha.

Et pourquoi ne citerai-je pas aussi le vicomte Walsh, l'auteur des *Lettres Vendéennes?* Si la forme déclamatoire et ampoulée de ces lettres est aujourd'hui bien passée de mode, l'œuvre a réussi cependant à échapper à l'oubli, grâce à l'intérêt du sujet. C'était un enthousiaste hommage rendu au dévouement de pauvres paysans insurgés contre la tyrannie; n'ont-ils pas mérité d'être appelés un *peuple de Géants* par Napoléon lui-même?

IV

Journaux et Journalisme.

De la discussion par la parole à la discussion par la plume, c'est-à-dire, de la plaidoirie au journal, il n'y a qu'un pas. Aujourd'hui où sous chaque pavé semble pousser une feuille de chou quelconque, pourra-t-on le croire? à une époque aussi enfiévrée de politique que l'est la nôtre, il n'existait à Nantes qu'un seul journal, *l'Ami de la Charte,* l'aïeul du *Phare de la Loire.* Comprendra-t-on aussi que le parti royaliste, riche et nombreux chez nous, n'eût pas un organe pour le défendre, quand il était journellement attaqué par la feuille démocratique qui, grâce à sa spécialité commerciale, trouvait accès dans toutes les maisons! Quelle incurie! et que le poète latin avait donc raison de dire:

Quos vult perdere, Jupiter dementat.

Singulière figure que celle de ce père Mangin, trop disgracieusement traité du côté des agréments physiques par la Providence qui l'avait fait gros, court, myope et boîteux! Par contre, elle l'avait mieux doué du côté de l'intelligence et du caractére.

Après avoir été témoin de tant de palinodies politiques, j'aimerais à rendre justice à la constance de ses opinions, si cette constance n'avait été employée à attaquer ce que nous respectons le plus: la religion et la royauté (1). Pour défendre sa

(1) J'ai pourtant quelques raisons personnelles de croire qu'il est mort chrétiennement. Lors de sa dernière maladie, vers 1852, Mangin habitait la même maison que ma famille, sur le cours Henri IV. Emue de compassion pour le pauvre pécheur moribond, ma mère fit demander à Madame Mangin, qui partageait toutes les idées de son mari, la permission de lui prêter un

cause, Mangin paya toute sa vie de sa personne comme de sa bourse et de sa liberté. Bon diable au fond, il prenait le temps comme il venait, même quand la bise soufflait aigre pour ses épaules assez mal couvertes. Du temps de la seconde République, un jour où il était sous les verrous pour délit de presse, — « M. La Giraudais, disait-il à l'honorable avocat dont j'ai parlé, expliquez-moi donc comment faire pour ne pas aller en prison? La Restauration, et je ne l'avais pas volé, m'y a envoyé. La royauté de Juillet, que j'avais contribué à fonder, a fait de même; et c'est maintenant la République, ce gouvernement que j'ai appelé de tous mes vœux, qui me traite comme n'ont traité ses devanciers »! — Pour le consoler, le spirituel avocat le renvoya, dit-on, à la République de Platon. Pour ma part, je la préfèrerais à beaucoup d'autres, mais elle n'est pas, semble-t-il, du goût de nos républicains.

PERSONNAGES MARQUANTS — PERSONNAGES GROTESQUES
BATEAUX A VAPEUR ET OMNIBUS
MANISFESTATIONS POLITIQUES ET RELIGIEUSES
ÉPILOGUE

I

Personnages marquants.

Mon étude serait incomplète, si je ne donnais un souvenir à quelques hommes particulièrement distingués, dont je n'ai

---

crucifix qui, vraisemblablement, devait faire défaut dans le mobilier du ménage. L'odieuse secte *des solidaires*, qui ferme impitoyablement la porte des malades à toute consolation religieuse, n'existait heureusement pas encore; l'offre fut bien accueillie et c'est la croix entre les mains, qu'est mort le vieux démocrate, *l'Ami de la Charte*.

Après l'enterrement, convenable mais nullement civil, la veuve, Madame Mangin, renvoya le crucifix à ma mère, l'accompagnant de quelques vers empreints de la plus vive reconnaissance pour le *Christ consolateur*. Ma mère pria Madame Mangin de garder le crucifix et conserva les vers.

pas eu occasion de parler encore, et qui pourtant honorèrent Nantes en ce temps.

A tout seigneur, tout honneur.

Je commencerai par la plus haute personnalité du département, le préfet de Brosses, administrateur hors ligne autant qu'homme spirituel et de bonne compagnie. J'en parle d'autant plus volontiers que, dans un précédent travail, j'ai peut-être, écho des passions du temps, été trop sévère pour lui, parce qu'il avait versé un instant dans la politique du ministère Decazes. Une fois revenu de cette erreur, M. de Brosses se montra jusqu'au bout fidèle et intelligent serviteur de la Royauté. — En dehors de ses réceptions officielles, il en avait organisé d'autres plus intimes, composées de gens d'esprit, dans lesquelles on s'efforçait de battre en brèche les libéraux, avec une arme bien émoussée aujourd'hui, mais que l'*on disait alors* être la plus redoutable en France, avec celle du *ridicule.*

Au physique, M. de Brosses était petit, mais doué d'une physionomie vive et aimable. Toujours en mouvement, c'était généralement dans sa bibliothèque qu'il donnait ses audiences.

Un jour qu'il rangeait ses livres, grimpé jusqu'au plafond de la pièce, — M. le Préfet, lui dit un solliciteur qui l'entretenait d'une affaire des plus sérieuses, je vois bien que je vous dérange aujourd'hui ; soyez donc assez bon pour me fixer une autre heure où vous pourrez m'écouter.

— Pardon, Monsieur, repondit le Préfet, je vous ai parfaitement entendu.... Et il reprit de point en point le narré de l'affaire telle qu'elle lui avait été exposée.

Avec un semblable caractère, il ne pouvait manquer de plaire aux femmes pour lesquelles il avait toujours un mot gracieux, quoique piquant à l'occasion. Ce fut lui qui, le premier à Nantes, fit servir des glaces à ses soirées. Cette nouveauté eut un tel succès, qu'il entendit un jour une de ses invitées se vanter à une de ses amies, d'en avoir absorbé *seize pour sa part.*

— Ah ! Madame, dit le Préfet, en se précipitant sur le plateau qui les portait, permettez-moi de vous offrir la *dix-septième !* (1)

(1) Les soirées, même officielles, avaient alors un cachet aristocratique que leur fit perdre, en 1830, l'introduction de la garde nationale dans le monde

Un des fidèles du salon du préfet de Brosses était le vicomte Walsh, l'auteur des *Lettres Vendéennes*. C'était un homme de manières essentiellement distinguées, à une époque où l'on comptait pourtant un grand nombre d'hommes distingués. Causeur charmant, il n'était rien moins que ce conteur solennel, dont on pourrait se faire l idée d'après ses livres. Un soir, dans le salon préfectoral où se trouvaient *des femmes*, on parlait de Nantes, dont il était déjà de bon ton de médire.

— Pour moi, dit un jeune fonctionnaire fraîchement débarqué, j'aimerais *assez* votre ville, si les cheminées de toutes ses cuisines ne fumaient pas et si tous ses escaliers n'étaient pas empestés par l'odeur de certains cabinets qu'on y a si maladroitement installés.

— Qu'à cela ne tienne, s'écria Walsh, je veux vous la faire aimer tout à fait, car j'ai trouvé le remède à ces deux inconvénients.

— Et lequel ? demanda unanimement l'assemblée.

— C'est bien simple : on fera la cuisine dans les petits cabinets.

— Et les autres choses, interrogea une vieille douairière qui n'avait pas froid aux yeux.

— Les autres choses, comtesse ? Mais tout naturellement dans les cheminées des cuisines.

Et les dames, qui étaient en grand nombre à la réunion, ne furent pas les dernières à rire de cet arrangement fantaisiste. Espérons que les petites filles ne se montreront pas plus prudes que ne le furent alors leurs grand'mères.

A côté de MM. de Brosses et Walsh, je dois citer M. de Lauriston, frère du maréchal de ce nom. M. de Lauriston, de 1813 à 1830, remplit à Nantes les fonctions de receveur général des finances. Si les avantages pécuniaires que pro-

---

officiel. Comment un Préfet eût-il pu fermer les portes de ses salons aux *épouses* des héros qui les lui avaient ouvertes ? Nantes a longtemps conservé le souvenir de la fameuse partie d'écarté entre un officier de la nouvelle milice et Madame Portier, femme d'un commissaire de marine. Celle-ci appartenait à un meilleur monde que celui dans lequel elle était forcée de se commettre. On était arrivé à quatre points, d'un côté comme de l'autre :

— *Atout*, fit le soldat citoyen ; *Ratout*, ajouta-t-il, et *Ratatout*, s'écria-t-il en lançant sur le tapis sa troisième carte : *enfoncée, la Portière* ! (Historique).

curait cette place étaient grands, M. de Lauriston, gentilhomme de cœur comme de naissance, se croyait obligé d'en faire bénéficier sa ville d'adoption. Ainsi que je l'ai dit au commencement de cette seconde partie, il avait, avec M. Bernard des Essarts, pris part à tous les travaux qui s'y accomplirent, sans demander le moindre subside à l'Etat. Le resserrement de crédit provoqué par la Révolution de Juillet le surprit avant qu'il eût pu liquider sa spéculation ; il faillit être ruiné.

Pendant que son mari s'occupait de tant d'utiles travaux, Madame de Lauriston se mettait, elle, à la tête de toutes les œuvres charitables de la ville. Etait-elle jolie ? C'eût été trop dire ; mais son visage avait une expression angélique de candeur et elle possédait au plus haut point cette grâce, cette distinction de manières qui constituent le charme de la femme. Elle aussi rendit à Nantes des services dont nous ne saurions lui être assez reconnaissants. Si notre société féminine jouit d'un renom bien mérité de dignité et de vertu, elle le doit en partie à la bonne impulsion que lui avait donnée Madame de Lauriston. A la suite des époques troublées, il se produit toujours un certain relâchement dans les mœurs, et il existait à Nantes, comme partout ailleurs, du reste, un certain nombre de femmes dont la conduite avait donné prise à la médisance. Libre d'attaches officielles, madame de Lauriston avait impitoyablement exclu de ses salons toute femme, quel que fût son rang, dont la réputation n'était pas irréprochable. Etre admise dans sa société était donc un honneur dont chacune était fière et qu'on tenait à justifier.

Je n'aurais que l'embarras du choix si je voulais citer tous les hommes hors ligne du clergé nantais de ce temps ; je me bornerai à M. de Beauregard, devenu curé de Sainte-Croix après avoir été officier dans l'armée Vendéenne. Considérez le portrait de nos vieux prêtres ! Qui n'a remarqué sur leurs figures un cachet tout particulier de dignité, en même temps que de bonté et de finesse ? Tel était celui de M. de Beauregard, et nulle physionomie n'attirait plus la sympathie que la sienne.

— Mes chers amis, dit-il à mon père et à ma mère dont il avait béni le mariage, je ne me souviens pas avoir jamais vu devant moi une somme de 500 francs m'appartenant en propre.

Et pourtant il était sorti d'une famille aisée, sinon riche, du pays du Legé. On devine l'emploi qu'il faisait de sa fortune. Inutile de dire combien il était adoré de ses paroissiens, affable qu'il était pour tous, principalement pour les petits, avec lesquels il se plaisait à s'entretenir. Un jour brûlant d'été, il apprend qu'une vieille poissonnière de ses ouailles est dangereusement malade, mais qu'elle a expressément défendu de lui amener un prêtre. Pour qu'une femme de cette classe rude, mais bonne au fond, eût fait semblable recommandation, il était à craindre qu'elle n'eût quelque poids un peu lourd sur la conscience. Justement, il existait encore parmi les poissonnières certaines mégères qui, connues pendant la Révolution sous le nom de *tricoteuses de la guillotine*, venaient faire leur ouvrage au pied de l'échafaud. Celle-là en était peut-être. Raison de plus pour que le digne pasteur ne la laissât pas mourir sans avoir tenté de la réconcilier avec Dieu. Sans hésiter, il gravit donc les cinq étages qui conduisaient à la mansarde de la vieille et se présente inopinément à sa vue.

— Qui vous a permis, lui dit-elle, de monter ici ? Qu'y venez-vous faire ? — Et se relevant, furieuse, sur son séant : — F.....z-moi le camp, entendez-vous, et ne revenez jamais ici.

— Je ne f.....ai toujours pas le camp, répondit le curé dans le même langage que la vieille, avant de m'être reposé un peu. Croyez-vous donc, ma bonne femme, que ce soit rien d'avoir monté cinq étages par une chaleur pareille ?

Et là-dessus il se laisse tomber lourdement sur une chaise, en s'épongeant le visage avec son ample mouchoir à carreaux bleus. Grande fut la surprise de la vieille; mais sans lui donner le temps de se remettre, le curé se mit à parler de la pluie et du beau temps (un peu trop chaud même pour la conservation du poisson), de la maladie qui la clouait sur le lit, et de ceci et de cela. — Enfin, comme il le racontait gaîment à mon père, nous devînmes *les meilleurs amis du monde*, et quand, au bout d'une heure, je la quittai, c'était elle qui me suppliait de revenir, ce à quoi je n'ai pas manqué, vous devez le penser.

II

Personnages grotesques

On pourrait, à bon droit, me faire des reproches si je me

bornais aux illustrations de la ville, sans dire un mot des célébrités de la rue. Qui de mes contemporains ne se rappelle avoir connu *Coco le Nègre, Pierrot l'Aveugle.* et *Bignaré la patte de Poulet,* glorieuses célébrités d'alors, bien oubliées aujourd'hui !

Pauvre vieux Coco, ancien esclave ramené en France et devenu citoyen libre ! Le principal emploi qu'il faisait de sa liberté était de se grotesquement coiffer d'un shako de soldat, assis auprès d'une borne du pont de la Casserie et de se chauffer aux rayons d'un soleil qui ne lui rappelait que de loin celui des Tropiques. Par les jours de froid, on le voyait tout grelottant, et son visage contracté prenait une expression de tristesse et de cruelle souffrance.

Tout l'opposé de Coco était Pierrot l'Aveugle, et en les voyant l'un à côté de l'autre, on eût dit Héraclite et Démocrite. A tous les coins de la ville, on rencontrait le jovial aveugle invariablement coiffé d'un chapeau gris, vêtu d'une longue redingote bleue et portant en sautoir une flûte de buis jaune dont je ne l'ai jamais vu jouer. Chacun l'aimait à cause de sa belle humeur, et les gros sous affluaient dans son escarcelle sans qu'il eût besoin de trop les solliciter. Comme il connaissait à fond, sans les avoir jamais vues, toutes les rues de la ville, sa profession officielle (car il se fait gloire d'en avoir une), était de *reconduire chez eux les gens égarés par les temps de brouillard* (historique). Peut-être eût-il pu leur adjoindre les ivrognes, race reconnaissante d'ordinaire ; mais s'il oubliait d'en parler, son teint, haut en couleur, suppléait à son silence (1).

---

(1) Pierrot l'*Aveugle,* ramenant chez eux les égarés et les ivrognes, nous remet en mémoire une anecdote dont l'auteur de cet article, M. Francis Lefeuvre, fut lui-même le héros, bien peu de mois avant sa mort — Tous ceux qui l'ont connu savent qu'il était la charité même, quelque forme que dût prendre le dévouement à son prochain. Un jour de l'hiver dernier, rentrant chez lui en compagnie de sa sœur, notre collaborateur fut témoin d'un quasi-accident : un ivrogne glissa sur la chaussée et tomba, la tête sous la roue d'un omnibus. Heureusement, la roue dévia ; l'ivrogne se releva sain et sauf, avec l'aide de M. Lefeuvre. Tout autre que celui-ci se fût borné à le remettre sur ses jambes ; crainte de rechute, M. Lefeuvre voulut reconduire son protégé jusqu'à domocile. Le domicile était éloigné : tout au bout d'un des quartiers excentriques. Notre ami met résolument sous son

Et comme si elle eût tenu à compléter sa ressemblance philosophique avec l'illustre Athènes, Nantes, non contente de posséder Héraclite et Démocrite, avait aussi son Diogène, dans la personne de Bignaré, de son état tondeur de chiens. Comme Diogène, Bignaré avait circonscrit ses besoins au plus strict nécessaire, et pourvu que le bissac qu'il portait fût plein de vieilles croûtes de pain, il se trouvait heureux. La nature s'était montrée envers lui plus généreuse encore qu'envers le célèbre Cynique, car, au don de la philosophie, elle avait ajouté celui de la poésie. De tous les vers qui découlaient incessamment de ses lèvres, pourquoi faut-il, au grand détriment de la postérité, que les Nantais, en véritables Béotiens, n'aient retenu que ceux-ci :

Bignaré, la patte, la patte,
Bignaré, la patte de poulet.

A coup sûr ils sont beaux, mais c'est peut-être un peu court pour lutter avantageusement contre l'Iliade. Si sept villes de la grèce se sont disputé la gloire d'avoir donné naissance à Homère, aucune, que je sache, n'a encore réclamé l'honneur d'avoir été le berceau de Bignaré. Mais Nantes qu'il aima, peut s'enorgueillir de posséder sa cendre, puisque, suivant la tradition qui veut que les poètes meurent à l'hôpital, il vint finir ses jours au nôtre (1).

---

bras gauche le bras droit du *citoyen* et les voilà en marche, suivis par Mlle Lefeuvre. Au bout de quelques pas, le *citoyen* s'aperçoit que son compagnon a besoin des deux mains pour le soutenir à peu près en équilibre ; il se retourne gravement vers Mlle Lefeuvre : — « Citoyenne, prenez les parapluies ! » Ainsi fut fait ; et pendant quatre bons kilomètres, M. Lefeuvre traîna son aimable alcoolique, lequel n'interrompait le chant mélodieux de la *Marseillaise* que pour crier « à bas la calotte ! » C'était un jour d'élections. Le plus curieux de l'histoire, c'est qu'en arrivant à destination, M. Lefeuvre (une des figures les plus connues du Nantes *clérical* et *réactionnaire*) faillit être écharpé par les « frères et amis » du *citoyen* auquel il venait de sauver à peu près la vie. Juste et logique réccompense de sa miséricordieuse odyssée! M. Lefeuvre avait tout du *bon Samaritain*, — excepté l'hérésie. — ROBERT OHEIX.

(1) Quel malheur que Victor Hugo soit venu rompre cette tradition si glorieuse pour la gent poétique ! On voit bien que nous sommes en temps de Révolution.

III

Faits mémorables. — Bateaux à vapeur et omnibus

Et maintenant que j'ai décrit Nantes sous la Restauration ; que j'ai longuement parlé de ses coutumes et que j'ai rendu hommage à ses principales célébrités, il me reste à entretenir mes lecteurs des faits les plus mémorables qui se sont passés de 1825 à 1830.

Ma mémoire, sans que j'aie besoin de l'interroger beaucoup, me ramène tout d'abord aux deux principaux évenements qui frappèrent mon imagination enfantine et qui firent, du reste une vraie révolution à Nantes : l'établissement des bateaux à vapeur et celui des omnibus. Sans remonter aux tentatives géniales mais peu pratiques de Papin et de Fulton, le marquis de Jouffroy avait le premier inauguré sur la Seine la navigation *à vapeur*, et des bateaux marchant à l'aide de ce moteur ne tardèrent pas à s'établir sur tous les grands cours d'eau du Royaume. Nantes devint le point d'attache de ceux de la basse et de la haute Loire. Jusque-là, il ne fallait jamais moins d'une marée et quelquefois de deux (sans parler de l'obligation de coucher parfois en route), pour permettre à nos négociants de descendre à Paimbœuf, où les appelaient la surveillance de l'armement ou du désarmement de leurs navires. Avec les pyroscaphes, trois ou quatre heures suffisaient, et l'on pouvait aller et revenir dans la même journée, après avoir mangé, au besoin, au fameux *hôtel Giacometti*, une de ces légendaires têtes de veau dont le chiffre stupéfiant ne sera connu qu'au jour du jugement dernier.

Plus longue était la durée de la navigation de Nantes à Angers sur la haute Loire. On mettait parfois douze heures pour accomplir ce voyage d'une vingtaine de lieues, Mais comme ce temps était abrégé par la beaute de sites comme Clermont, Champtoceau ou Saint-Florent... et par les exquis beefsteaks du restaurant du bord !

Il n'y eut pas jusqu'à notre tranquille rivière de l'Erdre qui ne voulût avoir, elle aussi, son bateau à vapeur. Comme le canal de Nantes à Brest n'était pas encore en communication avec la Loire, on fut obligé de traîner le nouvel engin de locomotion *sur des rouleaux* du chantier des Salorges, son berceau, jusqu'au Port-Communeau, son point d'attache, *Tout Nantes*, grands comme petits, se portait à la rencontre de ce singulier bateau qui, comme les rois Mérovingiens, se faisait hâler par des bœufs, — en attendant qu'il pût être mis en marche par le feu ! Enfin, après plusieurs journées de travail, le *papa Patouillard*, nom que lui valut sa marche aussi lente que solennelle, pris possession de l'élément pour lequel il avait été construit. Dès le premier jour, son pont était envahi par une nombreuse clientèle qui ne lui a pas fait défaut jusqu'au moment où il fut détrôné par les wagons du chemin de fer. C'était des prêtres, des chasseurs, des religieux, des soldats en congé, et je dois ajouter : des touristes, car rien n'était agréable comme cette navigation à travers une succession de petits lacs encaissés dans leur bordure de vieux châtaigniers. Qu'ils étaient beaux ces arbres ! surtout par les belles soirées d'automne, quand leur feuillage se dorait des chauds rayons d'un soleil couchant !...

Plus encore que les bateaux à vapeur, les omnibus passionnèrent le public nantais, car Nantes peut revendiquer la gloire de cette belle invention, dont l'idée avait germé dans le cerveau d'un de ses enfants (1). Avant les omnibus, nous avions pour tout moyen de locomotion que les lourds et coûteux fiacres jaunes dont j'ai parlé. Tout à coup retentit dans la Cité, *comme un éclat de tonnerre* (aurait dit Bossuet), cette incroyable nouvelle : « On va donc pouvoir aller pour *trois sous* de la Bourse jusqu'au pont de Pirmil ! »

L'idée de la création des omnibus, comme celle de tant d'autres découvertes, dut sa naissance au hasard. M. Baudry voulant utiliser les eaux chaudes de sa minoterie (eaux perdues sans profit pour personne), avait fait construire un établissement de bains à Richebourg. Comme cet établissement était éloigné de l'intérieur de la ville, il avait commandé la confection de deux grandes voitures en forme de berlines et à caisse allongée, pour transporter ses clients. L'une était même agrémentée d'une petite boîte à musique que le cocher

(1) M. Baudry, important minotier à Richebourg, quitta Nantes pour aller exploiter sa création à Paris. Par suite des difficultés de la dernière heure et d'un hiver rigoureux, il ne rencontra que la ruine au lieu de la fortune qu'il avait droit d'espérer : un matin on le trouva noyé dans le canal Saint-Martin.

faisait mouvoir au moyen de pédales, et ces airs qu'elle reproduisait d'une façon si orignale faisaient oublier la longueur de la route. De là à l'idée d'un service à établir pour un plus long parcours, il n'y avait qu'un pas. Contrairement à tant d'autres, le programme du fondateur tenait toutes ses promesses. Mieux encore, car ces voitures, qu'on baptisa du nom modeste d'*Omnibus* (*pour tous*), étaient élégantes, propres et confortables. Avec à-propos, on les avait mises sous le patronage de la pièce la plus populaire du temps, la *Dame Blanche*, le chef-d'œuvre de Boiëldieu. Pour prouver qu'elles méritaient bien leur nom gracieux, elles étaient peintes tout en *en blanc*. *Blancs* aussi étaient les *quatre chevaux* qui les traînaient... le premier jour; *blancs* étaient leurs harnais ainsi que les chapeaux en cuir verni de leurs conducteurs, de vrais postillons en culotte de peau *blanche*. Hélas! à quelques mois de là, cette éclatante toilette était odieusement maculée par la boue du ruisseau, et de maigres haridelles de toutes robes, attelées de harnais impossibles, avaient remplacé les blancs coursiers du premier jour. Ajoutons qu'un beau matin, à l'instar des ménagères économes, les *Dames blanches*, sans abandonner leur nom, firent teindre en couleur sombre leurs belles robes de noces. Mais qu'elle qu'en fût désormais la nuance, le résultat principal *était acquis*: pour *trois sous* on traversait la ligne des ponts. A leur exemple et pour exploiter certains autres parcours, de nouvelles entreprises se fondèrent, parmi lesquelles les *Hirondelles* (singuler nom pour des omnibus). La propriétaire de ces voitures, qui remplissait en même temps les fonctions de conductrice, était très empressée à faire au public les honneurs de son véhicule. Malheureusement, elle n'avait pour l'attirer ni l'âge ni les charmes de la Dame Blanche; aussi avait-on dérangé, à son intention, un couplet bien connu de la fameuse pièce, et le public le chantait ainsi :

Je ne puis rien comprendre
A la voix douce et tendre
Que Madame Silandre,
Dont le cœur est à prendre (1),
Vient de nous faire entendre
Du seuil de l'omnibus.

---

(1) Vers introduit dans le couplet uniquement pour le besoin de la rime.

IV

Manifestations politiques et religieuses
Voyage de la duchesse de Berry

J'aurais voulu, dans un récit consacré à la peinture des mœurs et de la physionomie de notre ville, de 1815 à 1830, ne pas dire un mot de politique : mais le moyen d'y réussir, quand on parle de la Restauration ? La Charte fut pendant ces quinze ans le dada de l'opposition fort improprement nommée *libérale*. Ce fut au cri de : *Vive la Charte !* que se fit la Révolution de Juillet : mais, longtemps avant cette époque, c'était là le mot de ralliement de tous les ennemis de la Royauté (1)

Un soir vers 1825, au milieu d'une fête, on vint prévenir le préfet qu'une véritable émeute se formait sur la place du Théâtre, toujours au cri de : *Vive la Charte !* Le colonel de Richambeau (2), qui se trouvait à la soirée, ne prit que le temps de ceindre son sabre et accourut sur les lieux du désordre. A sa vue, les perturbateurs l'entourèrent et le harcelèrent par des clameurs tellement menaçantes que pour se dégager, il fut obligé de dégaîner et frappa un jeune homme qui se trouva assez grièvement blessé à la main.

Une autre fois à propos de je ne sais quel procès politique, une foule nombreuse, composée des mêmes éléments, assiégea le palais du Bouffay où se tenait la Cour d'assises. Il fallut une charge de cavalerie, commandée par le jeune capitaine

---

(1) « Il fallait bien crier quelque chose », me disait gaîment un jour un vieil ami fanatique du premier empire, qui, en fait de liberté et de charte, ne prisait rien tant que le sabre du premier Napoléon.

(2) Le manuscrit de M. Lefeuvre porte bien *Richambeau* ; mais nous nous demandons s'il ne faut pas lire : *de Brîchambaud* ? C'est le nom d'un général connu, né et mort à Rennes. — Nous profitons de l'occasion pour déclarer que nous n'avons usé qu'avec une extrême réserve du droit de correction, droit que l'auteur nous avait donné par une disposition quasi-testamentaire inscrite sur le premier feuillet du manuscrit (en prévision de décès antérieur à la publication). Nous traiterions avec le même respect les autres œuvres inédites que M. Lefeuvre a laissées et dont il nous avait parlé : sa famille ne voudra sans doute pas en priver le public. — Robert Oheix.

de gendarmerie Laroche, pour dégager la place et délivrer les jurés de la pression qu'on voulait exercer sur eux.

Cependant, à la fête du Roi, malgré cette effervescence *révolutionnaire* plus que *libérale*, presque toutes les fenêtres étaient pavoisées de drapeaux blancs fleurdelysés et illuminées le soir. Suivant l'antique usage aussi; le vin coulait des barriques placées au coin des principales rues.

N'oublions pas une belle fête, dont j'ai gardé la mémoire ; ce fut en 1827, l'érection, à Saint-Similien, de la grande croix de Mission que l'on voit encore aujourd'hui près de l'ancien porche de l'église. Ce fut une des manifestations officielles de l'alliance entre le trône et l'autel, manifestations que le gouvernement de la Restauration rechercha avec plus ou moins de bonheur au détriment de la religion sans doute, au sien probablement. Elle devait naturellement en provoquer d'autre en sens contraire : manifestations toujours de mauvais effet. La procession parcourut les principales rues de la ville, précédant la lourde croix portée par des jardiniers de la paroisse et suivie d'une foule nombreuse de fonctionnaires et de simples fidèles. Tous avaient suspendu à leur boutonnière une petite croix commémorative, à peu près introuvable aujourd'hui. De temps en temps le cortège s'arrêtait et un missionnaire, debout sur une marche ou sur une borne, adressait aux masses quelques paroles vibrantes, toujours bien accueillies. On ne parlait alors que de l'entraînante éloquence du Père Menou (absolument oublié aujourd'hui), l'organisateur de la cérémonie.

L'année 1828 vit à son tour une fête, mais celle-là d'un tout autre genre. La Royauté, il faut bien le dire, perdait du terrain dans le pays. Pour le regagner et en particulier pour ralier la Vendée, jusque-là trop ingratement traitée par lui, le gouvernement, sous motif d'inaugurer l'ouverture du canal de Nantes à Brest, avait envoyé dans nos provinces de l'Ouest la duchesse de Berry. Nulle, mieux qu'elle, n'était propre à mener cette tâche à bonne fin. Elle était si vive, si accorte, si gracieuse, qu'on n'avait pas le temps de remarquer l'injustice de la Providence qui l'avait fait naître laide ; n'était-elle pas d'ailleurs la mère de l'enfant qui devait hériter un jour de la couronne de France? Comme je l'ai dit à l'occasion de la fête du Roi, le culte de la Royauté était encore vif à Nantes.

Jamais foule ne fut plus nombreuse que celle qui se pressait sur le quai de l'Erdre ; jamais acclamations ne furent plus chaleureuses que celles qui retentirent quand apparut la *bonne princesse* (c'est le nom que tous lui donnaient) pour poser la première pierre du pont qui reçut tout naturellement le nom de *Pont Madame*, »

— Elle n'est pas belle, mais elle a l'air si bon, si aimable : » entendait-on dire de tous les côtés.

Et les acclamations de redoubler. On répétait de plus que dans la visite qu'elle avait faite à la maison d'Asile du Sanitat, elle avait demandé à madame Pradelan, qui en était la directrice, l'autorisation de travailler de sa main pour les pauvres de Nantes. Une légende imprimée au bas du portrait des enfants de France en faisait foi et ces portraits, devenus rares, étaient alors répandus à profusion dans la ville.

Le lendemain, tout heureuse de l'accueil qui lui avait été fait, la princesse reprit le cours de son voyage et fit son entrée dans le légendaire pays vendéen par Clisson. Encore bien que je me sois promis de ne parler que de Nantes, je ne peux taire la réception qui fut faite à la duchesse. C'était le complément de celle qu'elle avait reçue chez nous.

Si Chateaubriand, au commencement de ce siècle, nous avait ouvert de nouveaux horizons littéraires, le mouvement imprimé par lui avait repris, après une longue accalmie, plus ardent que jamais, et en 1828 nous marchions à grands pas vers le romantisme qui en fut l'épanouissement. Grâce à quelques littérateurs tels que Marchangy avec sa *Gaule poétique* (aujourd'hui bien oubliée), et Walter Scott avec ses immortels romans historiques, le moyen-âge, tombé en si grand discrédit, reprenait faveur chez nous : à la suite revenaient à la mode ses vieilles légendes, sa belle architecture et son cortège obligé de chevaliers, pages, écuyers, troubadours, damoiseaux et damoiselles. Parmi les fervents de la nouvelle école historique se trouvait le Vicomte Walsh, dont j'ai eu tout récemment occasion de parler. On lui dut l'organisation de la fête de Clisson. Quand la princesse et son cortège furent en vue du vieux château féodal, un héraut d'armes s'approcha, sonna du cor et demanda au gouverneur, accouru à l'appel, si « *Haute et Puissante Dame Marie-Caroline de Sicile, duchesse de Berry* » pouvait être accueillie dans la place. En ce moment, à tous les créneaux garnis de bannières, apparurent les chevaliers chargés d'armes étincelantes : le pont-levis s'abaissa et au son d'une éclatante fanfare, à laquelle se mêlaient les acclamations de la foule, la princesse fit son entrée dans l'antique manoir d'Olivier de Clisson (1)

Si les yeux de la duchesse de Berry furent charmés par cette habile reproduction des choses du passé, son cœur fut profondément touché à la vue de pauvres paysans, anciens débris des héroïques armées vendéennes. Pour lui dire l'amour à la vie à la mort qu'ils avaient voué aux Bourbons, ils étaient venus se ranger sous leurs vieux drapeaux blancs, tachés encore de leur sang généreux. Mais cet amour tourna au délire, quand, au banquet qui suivit la cérémonie, la princesse vint attacher de sa main la croix de Saint-Louis sur la poitrine de leur chef, le brave Douillard qui, dans la grande guerre, avait commandé la division de Clisson. On rendait donc enfin justice au dévouement si désintéressé de la noble Vendée!

Pauvre princesse !... A quelques années de là, et dans quelles tristes circonstances, elle devait encore revoir Nantes et le pays vendéen qui ne l'avait pas oubliée ! n'avait-il pas répondu, même sans espoir, au suprême appel qu'elle lui avait fait pour relever la couronne de son fils?

Epilogue

J'ai dû omettre bien des choses dans ce travail, mais je crois en avoir assez dit pour donner à mon lecteur une idée générale de ce que fut Nantes sous la Restauration. J'ai examiné notre ville au point de vue de sa transformation, du mouvement commercial et artistique qui s'y développa, de ses mœurs et coutumes : de sa physionomie d'ensemble en un mot. Je m'arrêterai donc à 1830, époque à laquelle je fus placé dans un collège lointain. Si je suis forcé, par la ligne nettement tranchée que tracent les événements eux-mêmes, de m'arrêter à la Révolution de Juillet, je puis pourtant dire qu'une maladie m'ayant ramené à Nantes vers la fin de 1832, j'y fus témoin de l'arres-

(1) Si ces fêtes historiques sont devenues bien banales, il n'en était pas de même en 1828 ; elles étaient au contraire un indice de l'esprit du temps et de notre retour aux vieilles origines historiques.

tation de la pauvre duchesse de Berry, si acclamée quatre ans auparavant. Détail assez peu connu : dans les jours immédiats qui suivirent sa capture, j'entendis mystérieusement parler autour de moi d'une tentative qui, du reste, n'aboutit pas ; tentative conçue par quelques gens de cœur dont les noms me sont connus, pour enlever en mer le navire qui transportait de Nantes à Blaye l'illustre captive.

Je puis raconter encore que dans les premières années qui suivirent la Révolution, le cours Henri IV, sur lequel était située la maison de mes parents, était devenu le théâtre habituel des banquets et fraternisations patriotiques des garde-nationaux étrangers avec les nôtres. Je vois, comme si c'était hier, tous ces braves soldats-citoyens nous arrivant, quelquefois un peu titubants, qui par les voitures publiques, qui par les bateaux à vapeur, au chant de la *Parisienne*, pâle copie de la *Marseillaise*.

Je me rappelle aussi de beaux jeunes gens à la physionomie intelligente, mais au costume étrange. Au lieu de fracs et de redingotes, ils portaient une tunique bleue à plastron rouge, serrée à la taille par une ceinture de cuir. Leur tête était coiffée d'un béret également rouge, sous lequel s'étalait une longue barbe : ils se faisaient appeler *Saint-Simoniens*, du nom de Saint-Simon, le fondateur de la secte. Ils péroraient beaucoup et souvent avec éloquence, pour propager leurs doctrines. Hélas ! le public n'y comprenait pas grand chose, surtout à l'affranchissement de la femme, *à la femme libre*, comme on disait, — à la recherche de laquelle ils couraient *sans beaucoup de succès*, ajoutait-on malicieusement. En attendant, les Saint-Simoniens banquetaient de leur mieux : c'était toujours autant de pris.

Enfin, pour ne pas rompre avec la note gaie, et, bien que le sujet n'y prête guère, on se heurtait de temps en temps dans la rue contre un cercueil conduit au cimetière par des prêtres dits *Français*. Ces prêtres étaient des adeptes de l'abbé Châtel, d'assez piteuse mémoire, et on les appelait *Français* parce qu'ils avaient banni la langue latine de tous leurs offices. Le public se moquait de ces dissidents (généralement peu recommandables), du culte catholique et il retournait à sa vieille messe en latin. Par compensation, et en attendant qu'il devînt tout à fait libre-penseur, le journal l'*Ami de la Charte*, dans la personne de son rédacteur en chef, se faisait un devoir d'assister pieusement à toutes les messes de l'église française. Il partageait sa tendresse entre l'*église française* et les *Saint-Simoniens*, quelle que fût la divergence de leurs idées ; tant il est vrai que pour certaines gens il n'existe qu'une seule religion : la haine de la religion catholique.

Bien différents de tous ces prétendus apôtres sociaux et religieux, étaient les enfants de l'infortunée Pologne : je les ai vus dans le même temps arriver à Nantes, revêtus encore de leur uniforme de combat. Il n'a fallu rien moins que leur héroïsme pour les sauver du ridicule auquel la protection de la Révolution les exposait.

Et maintenant, je laisse à une plume plus habile et plus autorisée que la mienne le soin de poursuivre ma tâche ; mes lecteurs ne perdront rien au change. Qu'il me suffise de dire que de beaux jours, continuation et conséquence de ceux dont j'ai parlé, ont lui encore pour notre ville. Ils lui ont permis d'achever sa transformation et d'ajouter, dans la construction privée surtout, de beaux fleurons à sa couronne architecturale. Pour y être juste, ajoutons que le commerce et la grande industrie y atteignirent un degré de prospérité dont les premières années du second Empire furent l'apogée. Soyons complet : sous l'impulsion que leur donna un nouveau cercle, qui prit leur nom pour enseigne, les Beaux-Arts brillèrent d'un lustre inconnu jusqu'alors.

Pour clore, je suis fier de rappeler que certains enfants de Nantes sur la terre d'Afrique, dernier legs de la Restauration, allumèrent les premiers feux d'une gloire dont l'éclat a rejailli jusque sur leur ville natale. Personne, je pense, ne me contredira quand j'aurai nommé Bedeau, Mellinet et La Moricière.

L'ÉDUCATION DES GARÇONS

AU TEMPS PASSÉ

Je m'amusais un jour à récapituler les innombrables tyrannies sous lesquelles nous sommes forcés de courber la tête. Il n'était guère de coin de l'horizon où je n'en aperçusse quelques-unes, en haut comme en bas, du côté de la politique comme du côté de l'usage, quand l'une d'elles (et ce n'est pas la moindre) surgit à ma pensée : celle des enfants. — « Quoi ! des tyrans, ces charmants petits êtres, si gracieux et si coquets, qui provoquent et semblent attendre les caresses ? »

— Hélas ! oui ! Est-ce parce qu'ils sont réellement délicieux, ou parce que les mœurs se sont généralement amollies, que les parents, sous prétexte de développer les sentiments affectueux des enfants, se font un devoir de ne réprimer aucun de leurs caprices ? Un père est-il tenté de reprendre un peu de cette autorité que lui a confiée la Providence, il est à près certain d'être contrecarré par son aimable moitié, sinon par la bonne elle-même, qui gâte sournoisement le bambin..., quand elle ne le néglige pas absolument. Quoi d'étonnant alors que ces pauvres petits, habitués à être adulés depuis leur plus jeune âge, soient de bonne heure les tyrans de leur famille, sans parler de ce qu'ils pourront devenir par la suite ? Ah ! que je comprends bien la boutade de ce brave célibataire auquel on voulait faire admirer les marmots d'une maison où il était invité à diner : — « Charmants ! Charmants ! dit-il en grimaçant un sourire, mais à quelle heure les couche-t-on ? »

Au risque d'étonner la génération actuelle, trop disposée à dater la création du monde du jour de sa propre naissance, je dirai qu'il n'en était pas de même au temps passé ; et non seulement chez nous, mais chez tous les peuples de la terre. Le seul régime suivi dans l'éducation de l'enfance était celui de la fermeté, et cette fermeté n'excluait pas, bien au contraire, l'usage de la correction corporelle, en vigueur encore aujourd'hui dans toutes les classes sociales de l'Angleterre et de l'Allemagne.

— « Frapper nos enfants! Quelle horreur! me diront à peu près toutes les mamans. Nous préférons bien les *prendre par le raisonnement.* » Tant mieux pour celles d'entre vous, mes chères dames, qui ont la chance de faire pénétrer la raison dans des cervelles qui, comme le disait un éducateur distingué, ne sont pas encore ouvertes pour la recevoir. Que leur demander alors, sinon l'obéissance? Le grand Colbert, lui, n'entendait pas les choses de la même oreille que vous. Les mémoires contemporains nous apprennent que, pour je ne sais plus quelle faute, il corrigea *à coups de canne,* dans son cabinet, Seignelay, son fils, déjà premier commis de Ministère.

— Dans des temps un peu plus rapprochés de nous, je n'ai, sur ce sujet, qu'à fouiller dans ma mémoire pour recueillir une ample moisson de faits, qui m'ont été appris par des parents ou de vieux amis. Je me bornerai à en citer un seul. Une de mes bisaïeules fut souffletée par sa mère, à laquelle elle demandait (ce n'était pourtant pas trop d'exigence) un pauvre maître d'orthographe.

— « Je t'apprendrai, petite effrontée, lui fut-il répondu, à vouloir devenir plus savante que ta mère! »

Si cette rigueur s'explique par la tradition séculaire, il faut dire aussi que l'enfant, jusqu'à ce qu'il fût grand, comptait pour *bien peu,* sinon pour *rien,* dans la famille, durant ses premières années. Généralement, même dans les classes aisées, sitôt après son baptême, on l'emmenait en nourrice à la campagne, et on ne l'en retirait que fort tard. Je tiens d'un vieil oncle breton que, quand on vint le chercher pour le réintégrer dans la maison paternelle, on le trouva, quoique âgé presque de six ans! encore pouillé d'une grosse robe de bure, jurant comme un charretier et poursuivant avec un grand fouet les canards de la ferme à travers *des lacs de purin.* — Un jour, je demandais à une bonne dame bisaïeule combien elle avait eu d'enfants.

— « Attendez, me répondit-elle, en comptant sur ses doigts. J'en ai eu un en élevage à Saint-Sébastien, un autre à Rezé, un troisième à... à... Ma foi, il y a si longtemps, que j'en ai oublié le nombre ! » — Mais j'ai gardé le trait suivant pour le bouquet : un père et une mère avaient perdu à la ville cinq de leurs enfants, quand le sixième fut atteint de la maladie qui avait enlevé tous ses frères et sœurs. *Pour ne pas le voir mourir* (je cite textuellement les termes dans lesquels le fait m'a été raconté), on l'emmena à la campagne. C'était pendant les vendanges et l'enfant, qui couchait *seul* dans un cellier, tourmenté d'une fièvre ardente, se leva au milieu de la nuit pour aller boire à même de la *boisson* ou *boëte* qu'on fait avec le marc du raisin. Par une chance inouïe, cet insolite médicamment lui fit l'effet d'une bienfaisante purgation, qui le remit sur pieds en quelques jours. *Au bout de trois semaines* pourtant, les parents, *qui croyaient leur enfant mort*, se décidèrent à venir savoir ce qu'il était advenu de lui et, à leur grande *satisfaction* (*bonheur* serait beaucoup trop dire), ils le trouvèrent gaillard et dispos, comme s'il n'eût jamais été malade.

Je n'assurerais pas qu'au point de vue de l'affection mutuelle entre enfants et parents, ce mode d'éducation n'eût quelques inconvénients ; mais, pour arriver un peu tardivement, l'affection ne s'en développait pas moins. En définitive, qui oserait affirmer que le nombre des bons fils est plus considérable aujourd'hui qu'il ne l'était au temps passé ?

A quelle époque commencèrent à s'amollir ces mœurs trop rudes ? A coup sûr, pas à celle de la Révolution ni de l'Empire, dont les habitudes militaires se seraient mal accommodées d'un relâchement de discipline, quel qu'il fût. Leur adoucissement doit dater, comme beaucoup d'autres bonnes choses, de la Restauration, sous laquelle j'ai eu le bonheur de naître, et la meilleure preuve en est... que je n'ai connu aucun de mes camarades *mis*, ou plutôt *abandonné*, en nourrice jusqu'à l'âge de six ans.

Ma première éducation a donc été l'éducation de tous les enfants d'alors ; elle fut ferme, mais d'une fermeté aussi exempte de dureté que le permettaient les mœurs du temps. (Je dois bien cet aveu à la mémoire de mes parents, qui s'occupaient beaucoup plus de leurs enfants que ne le comportait la coutume). Cet adoucissement relatif n'allait pas toutefois jusqu'à la suppression de la correction manuelle, complément obligatoire de nos punitions ordinaires. Si, après nous être bruyamment chamaillés, mes frères et moi, nous finissions, et ce n'était pas rare, par nous prendre aux cheveux, une double taloche tombait impartialemment sur la joue des deux combattants et mettait fin au débat. — Nous laissions-nous aller à mettre les deux coudes sur la table, où, ce qui était plus inconvenant, à nous y endormir, un petit coup sec de manche de couteau sur les doigts, après un appel à l'ordre resté sans effet, nous faisait reprendre une meilleure tenue. — Le *fouet* ou la *fessée* ne nous étaient pas épargnés, mais cette grande punition était réservée pour les grosses fautes, et Dieu merci ! elles étaient rares.

Malheureusement, la coutume ne réservait pas aux parents le *plein exercice* de l'autorité paternelle. Cette autorité se déléguait à tous ceux qui s'occupaient de l'enfance et, de nos pères et mères, elle passait tout naturellement à nos *bonnes*. Il faut le dire, les nôtres justifiaient assez généralement ce beau nom de *bonnes*. Moins à cheval sur leurs droits et plus ferrées sur leurs devoirs que celles d'aujourd'hui, elles s'attachaient souvent jusqu'à la mort à la famille dans laquelle elles étaient entrées, et un usage, glorieux pour elles, leur en décernait même le nom au bout d'un certain nombre d'années. D'autres fois, et ce n'était pas moins honorable, aprés de longs ans de service, elles trouvaient sur leur route un *douanier*, cette Providence *des filles mûres*, qui, épris de leurs vertus (peut-être un peu de leur bourse), venait offrir sa main et son cœur. A la différence d'aujourd'hui, c'était elles qui nous tutoyaient, quand nous leur disions respectueusement *Vous* et, comme elles nous aimaient réellement, les grands abus d'autorité de leur part étaient rares. Il me souvient pourtant d'une certaine fessée... et avec une poignée d'orties, qui mieux est, qu'en l'absence de mes parents et pour un bien petit délit, me donna une bonne.. . un peu vive. Il m'en cuit encore, rien qu'en en parlant. Bah ! « qui aime bien châtie bien, » dit l'Ecriture ; j'ai toujours pensé que ce châtiment n'était que l'expression de la trop grande dose d'amitié que cette excellente fille avait pour moi ; je lui ai donc pardonné de bon cœur.

Si j'étais conséquent, je devrais, sans transition, passer de nos bonnes aux maîtres chargés de notre instruction, dépositaires à leur tour de l'autorité paternelle ; mais flaneur je suis né et flaneur, je le crains, je mourrai. Que mon lecteur veuille donc me pardonner si je me laisse aller à mon péché mignon, car j'ai vraiment besoin de mettre quelque intervalle entre ma fessée aux orties et les férules que me réservait l'avenir.

Donc, avant que nous ne fussions mis, mon frère cadet et moi, à l'école, puis à la grande pension, on nous envoyait chaque jour prendre nos ébats sur quelque promenade publique, comme les Cours Saint-Pierre, Saint-André, le Cours Cambronne, dit alors le Terrain des Capucins ou simplement *le Terrain*, la Fosse, la Bourse, la Petite-Hollande. Toutes étaient plantées de beaux et vieux ormeaux. Comme nous n'avions pas alors le bonheur de vivre sous un gouvernement tolérant, même pour la licence, ces promenades n'étaient pas encore le rendez-vous d'une foule de *voyous*, dont les ignobles propos en chassent aujourd'hui la gracieuse population enfantine. Alors que les tout petits s'amusaient à danser en rond ou à faire des pâtés avec du sable mouillé, nous autres, plus grands, profitions des précieuses cachettes que nous offraient les gros troncs d'arbres pour nos parties de *cutte* (1) ou de *viste*. Nous jouions aux *marbres*, non sans *moigner* un peu, à la *mère aux pots*, que sais-je encore? Nos aînés, eux, plus lestes et plus adroits que nous, s'exerçaient au saut de *fion*, aux *barres*, et, ce qui excitait notre suprême envie, ils se juchaient sur de hautes échasses; les *échasses*, ce jeu favori de l'humanité, qui, jeune ou vieille, au moral comme au physique, veut toujours paraître plus grande qu'elle ne l'est en réalité!

Mais il n'était pas bon que les petites filles, souvent les propres sœurs de nos camarades, voulussent se mêler à nos jeux. Il fallait voir la galanterie avec laquelle nous les éconduisions! Il est vrai que, quelques années plus tard, nous leur faisions bien amende honorable; mais, pour l'instant, nous leur montrions crûment que

« Du côté de la barbe est la toute-puissance, »

la barbe fût-elle encore à pousser.

L'appellation de *fille* était, du reste, l'injure la plus sanglante que nous pussions donner à des camarades moins turbulents que nous ne l'étions.

---

(1) Que mes lecteurs étrangers, si j'ai la bonne fortune d'en avoir, veuillent bien me pardonner cette nomenclature toute nantaise de jeux connus ailleurs sous d'autres noms.

Sur le coup de deux heures, nos bonnes venaient nous arracher à ces attrayantes parties. Nous nous rangions alors en groupes autour de leurs petits paniers de provisions. Tout d'abord, elles en exhibaient la bouteille en osier clissé, remplie d'eau et de vin mêlés, puis, proprement enveloppées dans des serviettes, d'épaisses tartines de pain qui, recouvertes soit d'une *très légère* couche de beurre, soit d'une *acide* confiture de groseilles, n'en portaient pas moins le nom de *beurrées*. Dans les grands jours, les mamans leur avaient remis un sou par tête d'enfant, sou avec lequel elles nous achetaient le fameux *guillaré*, cette indigeste pâtisserie du crû, qui tient le milieu entre le pain et le gâteau. De ces guillarés, on n'en fait plus de si gros aujourd'hui, même pour un prix double ou quadruple de celui des anciens jours. Le comble de notre bonheur était, quand nous en avions licence, d'employer ce bienheureux sou à l'emplette d'un *plaisir!* Je ne sais à quel signe la brave femme qui débitait cette fine friandise devinait que nous avions la disposition de ce magnifique capital; mais, dès notre entrée sur la promenade, elle arrivait à nous, souriante. Après un mot gracieux échangé avec nos bonnes, elle écartait le fin linge blanc qui enveloppait sa grande corbeille en forme de berceau et nous découvrait les appétissants trésors qui y étaient amoncelés. Nous pratiquions déjà d'instinct, mes frères et moi, les principes de la légitimité, car nous ne reconnaissions le droit de vendre ce bonbon à aucune autre qu'à la *Mère Plaisir*, seul nom sous lequel cette digne femme était connue. C'est un droit du reste qu'elle a glorieusement exercé pendant plus de cinquante ans sur nos promenades publiques.

Mais j'allais oublier la vieille mère Paitel, ses excellents bâtons de miel, dits du *Voyageur*, et ses fameux caramels, *à quatre pour un sou*, encadrés dans de crasseuses cartes de corps de garde: le bon goût le voulait ainsi. (Aujourd'hui on n'en donne que *trois* pour le même prix et *encore* les cartes sont-elles propres!) C'est pendant près d'un siècle que cette brave bonne femme, d'après une chronique dont je n'ai pas été à même de constater la véracité, a exercé son industrie. Pour mieux attirer la pratique, elle faisait sonner bien haut qu'elle avait pour associé le curé de Saint-Nicolas, M. Fournier, mort depuis évêque de Nantes. Elle n'oubliait qu'une chose, la pauvre vieille, c'était de dire que si le digne pasteur lui fournissait l'argent nécessaire à l'achat de sa mélasse, il avait toujours négligé de prendre sa part dans les bénéfices réalisés.

Une classe d'habitués de nos promenades, notamment de la Bourse, était celle d'hommes encore jeunes, à l'air fier, quoique souvent attristé. La tenue qu'ils avaient adoptée rappelait un peu l'uniforme : longue redingote bleue boutonnée jusqu'au menton, et chapeau de forme basse, à ailes larges, crânement retroussées. A leur poitrine était souvent cousu un bout de ruban rouge, et beaucoup d'entre eux étaient amputés, soit d'un bras, soit d'une jambe. On nous disait qu'ils avaient perdu ces membres *à la guerre* et nous n'en demandions pas plus long, légers enfants que nous étions.

De toutes ces promenades, pourtant celle qui avait le plus d'attraits pour nous était la *Tenue Bruneau*. C'était un vaste jardin de pépinières et de cultures maraîchères qui occupait tout l'espace compris entre les rues Marceau, Deshoulières et Harroüys, sur lequel ont été contruits la prison et le palais de justice actuels. Cette tenue, dont les propriétaires abandonnaient gracieusement aux enfants les allées et les pelouses herbeuses, nous paraissait absolument sans bornes. Pour nous, c'était le paradis terrestre, et je n'étais même pas certain que le *vrai*, celui dont ma mère nous entretenait en nous enseignant l'Ecriture sainte, fût plus beau que la Tenue Bruneau, avec sa verdure, ses arbres tout blancs au printemps, ses fleurs brillantes, ses papillons diaprés et ses doux oiseaux chanteurs. Rien ne manquait à la ressemblance, pas même le fruit défendu. Si nous étions admis dans cet éden, nous autres enfants, il va de soi que c'était sous l'engagement tacite de ne toucher ni à fleurs ni à fruits. Par un comble d'inconséquence, pendant que nos bonnes nous rappelaient cet engagement, sous les plus terribles menaces (et je savais si elles les mettaient à exécution !) nouvelles Eves, elles ne craignaient pas d'aller furtivement elles-mêmes dérober des tiges de petits oignons verts ! Qui pis est, elles nous plaçaient en sentinelles, pendant qu'elles accomplissaient ce larcin ! C'était, disait-elles comme excuse, uniquement pour relever l'insipidité de nos éternelles tartines de beurre. Ah ! si mon père, austère magistrat, avait été témoin de notre faute, nul doute que, plein de colère, il ne fût tombé sur les délinquants. Comme l'Ange du Seigneur, il les eût d'abord, eux et leurs indignes bonnes, chassés du *paradis terrestre*, sans préjudice de la verte semonce, sinon de la maîtresse fessée, qu'il nous eût infligée à la rentrée au logis.

C'est assez m'être attardé à ces souvenirs si doux de la première jeunesse. L'âge arrivait grand train ; j'avais déjà cinq ans et demi, et il était temps d'entrer sérieusement dans la vie. Ma pauvre mère, du reste, qui nous avait appris nos lettres et quelque peu à épeler, n'avait plus le loisir de continuer notre éducation, occupée qu'elle était des soins à donner au *petit frère* dont elle nous faisait cadeau à peu près chaque année. Nous fûmes donc placés, mon cadet et moi, à l'école maternelle de garçons et de filles tenue par Mme Sanbain, qui a élevé, on peut dire, toute l'enfance dorée de Nantes pendant nombre de générations.

Oh ! la digne créature qu'était cette brave mère Sanbain, qui, bien vieille et réduite à vivre d'une très modeste pension que lui faisaient quelques anciens élèves, donna généreusement sa dernière pièce de monnaie, un beau louis d'or pourtant, à une pauvre plus malheureuse qu'elle ! Ce qui nous préoccupa tout d'abord, c'était l'étrangeté de son nom de *Sanbain*. D'où lui venait-il ? Nous n'eûmes jamais l'idée, assez naturelle cependant, de penser qu'elle le tenait de son mari, ni, à plus forte raison, d'en interroger l'orthographe, ignorants que nous étions de ses premiers éléments, et nous demandions si on le lui avait donné parce qu'elle ne prenait *jamais* de bains ou parce qu'elle en avait pris *cent*.

J'opinais pour l'hypothèse invraisemblable de ce nombre illimité de bains émollients, tant la rudesse de l'époque semblait adoucie chez elle. Si elle nous fouettait, ce n'était ni trop ni trop peu, et elle ne pouvait guère faire autrement, vu les habitudes de l'époque. Une trop grande mansuétéde ne lui eût-elle pas fait perdre tout prestige à nos yeux, comme à ceux du conscrit, le perdrait un caporal instructeur qui ne jurerait pas ? Sa punition la plus ordinaire consistait à nous mettre à genoux au milieu de la classe, et elle l'aggravait par l'adjonction d'un bonnet surmonté de deux longues *oreilles d'âne*.

Si les punitions étaient rares et douces, en revanche, les récompenses étaient nombreuses et variées. L'une d'elles était la jouissance personnelle d'un des bancs dits *de sagesse*. En bois tout aussi dur que les autres, ils n'en étaient pas moins *individuels* et s'élevaient glorieusement au-dessus des bancs *collectifs*. Mais la récompense par excellence était les récits, malheureusement oubliés par moi, des événements de la Révolution à Nantes, et surtout de ceux concernant son pauvre Sanbain. Sanbain, son mari, capitaine au long cours, avait été forcé de la quitter en pleine lune de miel. Depuis trente ans qu'il était parti, elle n'avait pas eu de nouvelles. Errait-il depuis lors sur les mers, comme Sindbad le *marin*, avec lequel son nom avait une vague ressemblance? Avait-il fait naufrage sur une île déserte, d'où il reviendrait certainement un jour, comme Robinson, avec un perroquet et un *Vendredi* quelconque? Toutes ces suppositions faisaient travailler fort nos jeunes têtes. Du reste, chez l'excellente femme, le chagrin de la séparation avait été si bien adouci par la longueur de l'absence, qu'elle paraissait prendre autant de plaisir à nous faire le récit de son malheur que nous à le lui faire répéter.

Deux années d'école maternelle, c'était bien assez pour l'époque et il n'était pas trop tôt, à sept ans, de commencer l'étude du *fameux latin*. Je fus donc mis à la pension B., la mieux famée de Nantes, mais *externe* seulement ; car, chétive plante *de serre* que j'étais, de serre très tempérée pourtant, je n'aurais pu résister sans transition à la rigoureuse température de l'internat.

Ce qui m'y frappa tout d'abord, ce fut sa bizarre composition. Au lieu de cette gracieuse réunion d'enfants des deux sexes de l'école, le principal noyau de la nouvelle pension était formé de créoles, ou mieux de métis ou de mulâtres (car plusieurs étaient diablement crépus), venus de toutes les colonies du globe, et en particulier de l'Amérique du Sud (1).

Sur ce fond de teints bronzés se détachaient cependant un certain nombre de teints blancs.

Apparent rari Nantes (ou Nantais) *in gurgite vasto*.

Mais pourquoi cette prédominance de l'élément de couleur sur l'élément blanc? La cause en était toute simple : les colons ayant l'habitude d'envoyer leurs enfants, mulâtres ou non, faire leur éducation en Europe, les armateurs auxquels ils les

---

(1) J'ai eu la douleur d'apprendre que bon nombre de mes anciens condisciples avaient été tués dans les guerres des petites républiques américaines ; quelques-une même — horreur ! — ont été mangés par les cannibales !

adressaient les plaçaient tout naturellement à la pension la plus en renom de la ville. Quelques parents nantais se laissaient séduire aussi par l'éclat fallacieux de son enseigne. Le fait est qu'elle avait acquis un grand renom, par les succès qu'obtenaient au Lycée, où on les conduisait, les plus avancés de ses élèves, spécialement en thème et en vers latins. Et ce n'était pas trop de tout ce lustre extérieur pour qu'on lui pardonnât ses énormités intérieures ; je doute, tant sa tenue laissait à désirer, qu'il se trouve aujourd'hui un seul inspecteur d'instruction publique qui n'en demandât la fermeture immédiate (1).

Il est vrai qu'à l'école maternelle, nous n'étions que de jeunes enfants ; mais quelle différence entre les punitions de la bonne mère Sanbain et la rigueur de celles de la grande pension ! Le châtiment corporel y était exercé à notre égard comme si nous eussions été des galériens ou des nègres. Nous laissions-nous aller à causer pendant la classe, au lieu de cet affectueux rappel à l'ordre : « Un peu de silence, *mes enfants,* » nous entendions une voix irritée, celle du sous-maître, qui nous criait : Voulez-vous vous taire, *petits mâtins !* » *D'enfants à mâtins*, il faut avouer que la transition était rude ! Si, malgré l'avertissement, le bourdonnement persistait, le maître, hors de lui, s'élançait de sa chaire : « Tas de mâtins ! » répétait-il, en frappant de droite et de gauche avec son martinet les dos, qui se courbaient sous cette grêle de coups. Mais qu'étaient ces férules sur des dos matelassés par nos vêtements, auprès de celles qu'avec cinq cordes nouées à leur extrémité, nous recevions dans la main nue, pour quelques fautes de trop dans nos thèmes ou dans la récitation de nos leçons ? Les stoïques doublés d'habiles se frottaient bien préalablement les mains d'une gousse d'ail, comme préservatif contre la douleur, et affirmaient au *pion*, distributeur de ces largesses, qu'elles ne leur faisaient aucun mal. Hélas ! les larmes qui tombaient de leurs yeux, quand le bourreau, exaspéré de la bravade, redou-

(1) Avant d'écrire ces lignes, j'ai tenu à faire contrôler mes souvenirs par d'anciens camarades de la pension B. et ils les ont trouvés rigoureusement exacts. Si j'insiste sur son régime, c'est que, du plus au moins, c'était celui de toutes les pensions de l'époque.

blait, plus furieux encore, étaient une éloquente protestation contre la sincérité de leur assertion.

Les férules n'étaient pas notre unique punition. Pour ce même nombre de fautes dans les devoirs ou la récitation, nous étions condamnés, pendant la recréation qui suivait le dîner, à *virer casaque*, c'est-à-dire à retourner notre vêtement la doublure en dehors et à *devenir goujat*. Devenir goujat ou faire l'office de goujat consistait, pendant ce temps, à balayer la classe avec *les mains!* La classe n'était pas tout; il fallait encore nettoyer (toujours avec nos mains) le dessus d'une armoire à livres que salissait de ses déjections incessantes un énorme ara, pauvre enfant des Tropiques, dont la santé, paraissait-il, s'accommodait mal des rigueurs de nos hivers français!

Grâce à la surveillance qu'exerçait sur nous notre père, nous évitions la majeure partie de ces châtiments excessifs et avilissants. Aussitôt que nous étions rentrés à la maison, il tenait à se rendre compte par lui même de la façon dont était fait le thème (toujours le thème!) et dont la leçon était apprise. Quand il trouvait le premier trop lardé de barbarismes ou de solécismes, voire de ces fautes dites à tort *d'attention*, qui eussent passé inaperçues du professeur, il nous grondait en nous les faisant corriger. Mais quelle différence entre une gronderie, même un peu sévère, et les férules que nous réservait la pension, n'eût été certe bienfaisante correction!

Où la pension reprenait ses avantages, c'était dans la récitation des leçons, pour lesquelles un usage bienveillant (ce n'était pas de trop) nous concédait une certaine tolérance de fautes. Mon père, et je l'en remercie fort, car c'est à lui que je suis redevable d'avoir bien appris ma grammaire, mon père, dis-je, n'en n'admettait aucune. A la moindre hésitation, un regard assez peu rassurant pour nous s'échappait obliquement par-dessus ou par-dessous ses lunettes. La certitude où nous étions de n'avoir aucun secours à attendre de lui n'était guère propre à faire revenir notre mémoire défaillante. Après quelques instants d'un silence qui nous paraissait bien long, il nous remettait gravement le livre entre les mains : — « Va rapprendre ta leçon, » nous disait-il, — Hélas! mon cher père, elle était souvent sue, et même bien sue, cette pauvre leçon, et, pour la réciter convenablement, il ne nous manquait qu'un peu de confiance, confiance que, malgré les nombreuses preuves d'affection que vous nous avez données, vous ne réussissiez pas à nous inspirer par votre gravité sévère. Quelle chance, par contre, quand, pour une cause quelconque, c'était ma mère qui était chargée de cette tâche! Si nous nous arrêtions à un mot, vite, elle nous en soufflait la première syllabe. Mais le bonheur suprême était quand ce soin incombait à la cousine Julie. Cette bonne cousine, dont je ne parle qu'avec reconnaissance, était une vieille fille qui rattrapait par les qualités du cœur les avantages physiques dont l'avait privée l'injuste Destin. On peut dire qu'elle avait devancé son époque, car elle gâtait les enfants, tant par les friandises dont ses poches étaient toujours pleines à leur intention, que par les contes mirobolants dont elle avait la mémoire farcie. Quand nous étions embarrassés, ce n'était pas seulement la première syllabe du mot qu'elle nous soufflait, mais le mot tout entier. Nous aurions dû, par gratitude, ne nous présenter devant elle qu'avec des leçons irréprochablement sues. Hélas ! et que c'est triste pour l'humanité, c'était précisément le contraire.

Il y avait un an et demi que nous étions à la pension B. et, grâce à ces utiles précautions, nous n'en avions guère senti les rigueurs. Sans avoir trop goûté les douceurs des âges d'or et d'argent, nous allions connaître la dureté de l'âge de fer. Vers cette époque, nos parents firent un assez long voyage à Paris (on n'en faisait pas alors tous les jours), et, pendant leur absence, d'externes que nous étions au pensionnat, nous passâmes internes. Si nous n'étions pas bien difficiles sur le choix des mets, un excellent usage d'alors voulant que les enfants fussent habitués à *manger de tout*, nous l'étions davantage sur leur qualité et leur préparation. Pour ma part, j'étais un peu ce que ma bonne appelait un *mimi dégoûté*. Jugez donc de la répugnance que j'éprouvai, quand, au lieu de mon chocolat et de mon thé habituels, je ne trouvai pour déjeuner qu'un gros morceau de pain rassis, graissé de beurre rance! Il était rance, ce beurre, mais au point de donner à notre réfectoire, dont les fenêtres trop élevées n'étaient jamais ouvertes un parfum absolument nauséabond. (Et dire que je l'ai pourtant retrouvé avec délices, cinquante ans plus tard..., dans un couvent de trappistes bourguignons, ce parfum qui me rappelait les jours de mon enfance). Mais ce que je n'ai jamais eu la chance de rencontrer encore sur aucune table civilisée, c'est la fameuse sauce rouge qui accompagnait notre ragoût, d'aucuns disaient irrévérencieusement *notre ratatouille* quotidienne et invariable. Il paraît que cette belle couleur plaisait au maître de l'institution ; car, sept fois par semaine, il faisait suivre sa *rouge* ratatouille de durs *fayots* (haricots) non moins *rouges*, que nous nous amusions à faire rebondir le long des murailles du réfectoire, et *rouge* encore était la matelotte de poissons qu'on nous servait les jours maigres. De dessert il n'était jamais question.

Ce fut surtout dans mes habitudes de propreté que j'eus à souffrir. J'aime à penser que c'était par une concession gracieuse pour le teint bistré de nos condisciples exotiques, que nous n'avions la faculté de nous débarbouiller que les jeudis et les dimanches. Le matin de ces grands jours, en hiver comme en été, on apportait au milieu de la cour un bassin rempli d'eau froide. Chacun courait alors prendre au réfectoire sa serviette hebdomadaire pour se laver le visage et s'appliquait, ce qui n'était pas facile, à y trouver un petit coin qui ne fût pas trop maculé de sauce rouge. Cela fait, nos mains, dont plus d'une avait balayé la classe, se plongaient toutes ensemble dans le bassin, sans avoir été préalablement frottées de savon. Le savon ! Fi donc, c'est le luxe d'une civilisation trop raffinée !

— Enfin, un peu moins malpropres, nous allions nous agenouiller, ne croyez pas que ce fût par amour, aux pieds de trois ou quatre affreuses bonnes femmes, chargées d'une opération non moins nécessaire que l'ablution : elles avaient tâche, — ô horreur ! — de débarrasser nos *tignasses*, ignorantes du peigne tous les autres jours de la semaine, de la surabondance d'une trop nombreuse garnison de parasites (1).

Je devrais m'arrêter là, mais le devoir de l'historien est de ne rien cacher. S'il existe partout certains réduits secrets dont la pudeur inquiète de notre langue ne cesse de modifier le nom, je laisse à mon lecteur, d'après ce qui précède, le soin d'imaginer ce que, à la pension B., pouvaient être les *cabinets !* Le latin seul

---

1. C'est probablement à la suite d'exécutions semblables qu'est né le dicton: *Sale comme un peigne.*

pourrait bien le dire, lui qui, dans ses mots, — « brave l'honnêteté ».

Je ne suis, moi, qu'un vieil attardé, auquel on a enseigné que « le lecteur français veut être respecté, » et j'abandonne sans regrets l'occasion d'une description qui ferait pâmer d'aise le cœur d'un romancier naturaliste.

Pour tant de rigueurs, la providence nous devait bien quelque compensation. Elle nous les accorda sous la forme la plus piquante, dans les deux hivers de 1829 et de 1830, les plus froids du siècle. Nous pûmes établir à demeure, dans les cours de récréation, de longues glissoires, sur lesquelles on oubliait bien vite onglées et engelures. Mieux que cela, elle nous permit, à certains moments, de prendre une petite revanche des privations et des mauvais traitements qu'on nous faisait supporter. Si nous étions un peu jeunes pour apprécier à sa juste valeur ce malsain plaisir de *la vengeance* que les anciens appelaient pourtant le *plaisir des Dieux*, nous ne jouîmes pas moins, en vrais écoliers que nous étions, de bons tours que nous pûmes faire à notre maître. Une fois, à l'aide d'ingénieux crochets passés par une chatière de porte, nous trouvâmes moyen d'enlever *cinq ou six cents* abricots, que Mme B. avait fait cueillir pour ses confitures. Il est vrai que comme représailles, et pour être certain de ne laisser aucun coupable impuni, le bon père B. mit pendant huit jours toute la classe au régime du pain sec et de l'eau. Mais les grands jours, ceux dont il fut parlé longtemps, à la pension, étaient les jours où l'on nous menait à confesse. Pour se rendre à l'église paroissiale, il fallait passer devant l'économat. Si nous en trouvions la porte ouverte, en un instant nous faisions râfle de tous les œufs que pouvaient contenir nos poches. Je laisse aux casuistes à apprécier, dans la circonstance surtout ! le degré de notre culpabilité, en ajoutant même que notre contrition ne fut jamais que des plus imparfaites. Disons, par contre, comme circonstance atténuante, que nous ne prenions pas ces œufs pour les manger, et qu'avant d'arriver au tribunal de la pénitence, nous nous amusions traditionnellement à les lancer contre l'unique muraille blanche du vieux quartier du Marchix ; histoire de modifier un peu sa couleur trop crue.

Mais qu'était donc ce Monsieur B. ce chef d'institution qui malgré, toutes les énormités que je viens de citer, avait réussi à donner tant de lustre à la pension qui portait son nom? Le père B., on ne pourra que difficilement le croire, était un *vieux marin*, un vrai *loup de mer*; mieux encore, un ancien *corsaire*, doublé, par le plus singulier des hasards, d'un passionné *latiniste*(1). Au physique, c'était un homme robuste et alerte encore, quoique un peu alourdi par la cinquantaine, Sa tête puissante était recouverte d'une forêt de cheveux grisonnants, et un large front carré surplombait deux yeux noirs et brillants. Si leur regard était dur d'ordinaire, il prenait par instants aussi l'expression d'une réelle bonté.

C'est qu'il était loin d'être méchant, ce brave père B., et nous l'aimions, malgré sa grande sévérité. L'habitude seule du commandement lui avait donné l'apparence de la dureté; du commandement, forcément plus strict à bord que par tout ailleurs, puisque le capitaine y est, suivant une belle expression maritime, *le maître après Dieu*. Le malheur était que son métier de corsaire l'avait mal préparé à celui d'éducateur d'enfants. Les poètes (*vates*) ont le don de percer les voiles de l'avenir, et c'est certainement lui que Horace avait en vue quand il disait:

Illi robur et œs triplex
Circà pectus erat.

Naturellement, l'idéal du père B. était le *navire* dont il était le capitaine; ses sous-maîtres en étaient les officiers ou matelots, et nous, en raison de notre petite taille, *les mousses* (les mousses, ces souffre-douleurs du bord), alors que nous n'aurions dû en être que les passagers! Cette assimiluation de la pension au *navire* était d'autant plus exacte qu'à ses élèves de prédilection il réservait le haut enseignement de la *Rose des Vents*, cette rhétorique du marin.

A l'exemple de toutes les Divinités, il n'aimait pas à se prodiguer, pour ne rien perdre de son prestige. Et ce prestige était bien grand, car, lorsqu'il entrait inopinément dans la

1. Sa capacité au point de vue scolaire était si bien reconnue, que, quand M. Lorette de la Refoulais, un des bienfaiteurs de notre ville, fit construire le local de la Société Industrielle, ce fut lui qu'il choisit, pour en diriger l'instruction. M. B. reçut la décoration de la Légion d'honneur, et son buste, ainsi que celui du fondateur, orne l'entrée de l'école.

classe, lui le grand chef, tenant son martinet, comme un sceptre, à la main, l'image du vieux Neptune et le souvenir du fameux *Quos ego* revenaient tout naturellement à la pensée. A sa vue, la conversation s'arrêtait sur toutes les lèvres, et il n'avait qu'à remuer sa tête léonine, majestueusement grossie par une énorme casquette de peau de loutre, pour faire trembler l'Olympe et tous ses habitants :

... Et totum nutu tremefecit Olympum.

Et la langue des Dieux est presque de rigueur pour parler convenablement de ce digne homme ; car, abandonnant à ses sous-maîtres la correction du thème vulgaire, il s'était réservé, conjointement avec l'enseignement de la *Rose des Vents*, celui de la *poésie latine*. Qu'il était beau, quand il scandait l'hexamètre en arpentant solennellement la salle d'études dans toute sa longueur ! Si nous étions trop jeunes, nous autres élèves des basses classes, pour comprendre le sens de ces vers, attentifs et suspendus à ses lèvres, nous n'en savourions pas moins les harmonieuses beautés.

Conticuere omnes intentique ora tenebant.

Sa voix, tonitruante d'ordinaire, prenait alors des accents d'une singulière douceur. Il les récitait comme une mélopée dont la phrase, composée de quatre premiers membres répétés sur une tierce mineure descendante, se relevait au dactyle pour retomber majestueuse au spondée. Comment, avec un enseignement donné avec tant d'amour et réhaussé à propos de quelques bons coups de *garcette*, pardon ! de martinet, ses élèves n'auraient-ils pas remporté au lycée tous les prix de poésie latine ! J'en sais même un, Leconte de Lisle, auquel l'Académie française vient enfin d'ouvrir ses portes. Où aurait-il trouvé ailleurs qu'à la pension B. le beau moule dans lequel il a coulé ses vers, inspirés par le plus pur souffle antique ?

Ils sont passés, ces jours de fête, s'il l'on peut appeler ainsi ceux de la férule. Au collège de Pont-Levoy, où je terminai mon éducation, le châtiment corporel, que je croyais un complément indispensable de toutes bonnes humanités (j'écris intentionnellement « humanités » au pluriel), le châtiment corporel, dis-je, n'existait plus. Notre directeur se l'était pourtant réservé, mais pour les cas les plus graves. On parlait bien quelquefois d'une certaine et terrible *paloche en cuir* ; mais nul de mes contemporains ne se souvient d'en avoir jamais goûté ; à peine, de loin en loin, les petits recevaient-ils une sournoise taloche de quelque pion attardé. Quand je revins à Nantes, quelques années plus tard, la fameuse pension B., cette fidèle gardienne des grandes tradiction du passé, avait cessé d'exister ; une révolution radicale s'était opérée dans les mœurs scolaires. Aujourd'hui, c'est tout au plus si de temps à autre quelque magister, au fond d'un village bien perdu, ose corriger de la main ou de la houssine, tant il redoute la publicité, les morveux qui lui sont confiés. Où allons-nous ?

Et maintenant, faut-il que je conclue ? Entre le régime de la fermeté et celui de la douceur, dans l'éducation de l'enfance, est-il nécessaire que j'énonce mes préférences ? Rien ne m'y force et, si j'étais sage, plutôt que de m'exposer à d'inévitables horions, je me tiendrais à mon simple rôle d'historien.

Il est des jours cependant où, comme la femme de Sganarelle, il ne nous déplaît pas d'être battus. Admettons que je sois dans l'un de ces jours. Je dirai alors : Si je n'ai pas hésité à blâmer certaines pratiques du passé, ce n'est pas, tant s'en faut, que j'approuve la mollesse de l'éducation d'aujourd'hui, au moins dans la famille.

« Depuis quand, disait un jour devant moi un nestor de nos vieilles pâtures de Saint-Julien, cette patrie des palmipèdes, depuis quand a-t-on vu les *pirons* (1) *conduire les oies* ? » Depuis quand, mon brave homme ? C'est depuis que les parents (dans le cas présent, autant vaut dire *les oies*), se sont mis de leur plein gré à la remorque des pirons. Les courants, je le sais, sont difficiles à remonter, mais quand on s'est laissé aller à la dérive, il faut, sous peine de sombrer, se remettre résolument aux avirons.

« Vous voulez donc faire retour aux rudes habitudes du passé ? » me dira-t-on. Non car ce serait aller contre le but désiré, puisque l'enfant, révolté de cette rigueur insolite,

---

(1) Piron, jeune oie.

aurait pour lui l'appui de l'opinion publique, et que je ne vois pour ma part aucun inconvénient à frotter d'un peu de miel les bords de la coupe qu'il doit vider. Dans son intérêt pourtant, je ne veux pas que la coupe ne contienne que du miel. J'abandonnerai donc, sans trop de regret, croyez-le bien, l'exercice *usuel* du châtiment corporel. Quant à le réprouver absolument, je m'en donnerai bien de garde : ce serait enlever aux parents l'arme la plus efficace que la providence ait placée entre leurs mains. Dans combien de cas son usage n'est-il pas indiqué, soit qu'il s'agisse d'une répression d'autant plus profitable qu'elle est immédiate, soit qu'il faille faire connaître à l'enfant par la douleur infligée celle qu'il a fait subir aux autres (1).

Où je me séparerai absolument des anciennes traditions, c'est en réservant aux parents seuls l'exercice du châtiment corporel, châtiment qui sera toujours tempéré par l'affection qu'ils portent à leurs enfants. Quant à le déléguer aux bonnes ou aux instituteurs, s'appelassent-ils même Mme Sanbain, jamais, au grand jamais ! Il me souvient toujours de ma fessée aux orties ou des férules, même atténuées par la gousse d'ail de la fameuse pension B.

---

(1) Je fais pourtant exception pour le cas d'une de mes nièces, charmante enfant, alors âgée de trois ans. Un jour que nous causions avec sa mère, elle accourut vers elle : « Tiens, maman, lui dit-elle, tout indignée, en lui appliquant de toutes ses forces un soufflet sur la joue, tiens, voilà ce que ma grande sœur vient de me faire ! » Pas n'est besoin, en pareil cas, d'un exemple aussi *frappant* pour convaincre un enfant de ce qui est erreur plutôt que faute de sa part.

Nantes — Imp. Mellinet, Place du Pilori, 5. — Biroché et Dautais, Succrs.

www.ingramcontent.com/pod-product-compliance
Ingram Content Group UK Ltd.
Pitfield, Milton Keynes, MK11 3LW, UK
UKHW012027240726
13965UKWH00002B/625